国 防 大 学 战 略 研 究 所

国际战略形势分析

INTERNATIONAL STRATEGIC ANALYSIS

2009／2010

时事出版社

目　录

第一章　世界总体战略形势

2009 年是国际战略形势继续深刻变化的一年。随着国际金融危机影响深层次的显现，大国关系和国际力量对比呈现出新的特点，推动世界战略形势发生了新的变化。

一、2009 年国际战略形势的主要特点

（一）国际金融危机的深层次影响继续显现，发展问题更加突出

这场国际金融危机是 20 世纪 30 年代经济大萧条以来最严重的一场危机，世界经济陷入严重衰退，全球失业和贫困人口数量上升。由于全球大规模经济刺激方案初见成效，各国经济普遍出现向好迹象。尽管如此，世界经济复苏的前景存在许多不确定因素，引发危机的一些深层次问题仍然没有得到根本解决，实现全面复苏将是缓慢曲折的过程。

在 2009 年，世界经济的平均增长率从 2008 年的 3.0％变为－0.8％，如果根据市场汇率计算则为－2.1％。其中，

发达经济体的增长率从0.5%跌至－3.2%。一些传统的经济强国、大国都在此次危机中受创甚重，美国2009年经济增长率为－2.5%、欧盟为－4.0%、日本为－5.3%、俄罗斯为－9.0%。与此同时，一些新兴经济体则由于金融市场不发达、货币市场不开放等原因，并未受到危机的直接影响，加之出台的危机应对措施较为迅速有效，其经济增长虽有所放缓，但总的来说仍保持较快速发展。“金砖四国”中除俄罗斯外，以原材料和初级产品出口为主要依托的巴西也处境艰难，增长率从5.1%降至－0.4%。而工业生产能力强劲，又有广大内需市场支持的中、印两国表现不俗，中国的增长率从2008年的9.6%微降至8.7%，印度从7.3%降至5.6%，这样的成绩在经济形势一片惨淡的2009年可谓耀眼，令世界刮目相看①。

总体来看，经过2009年一年的萧条之后，全球经济正在进入比预期更为强劲的复苏。但是，各地区的复苏速度不尽相同。继发生近代历史上最严重的全球衰退之后，经济增长已稳固下来，并在2009年下半年延伸到发达经济体。国际货币基金组织预计，2010年的世界产出将增长4%，与2009年10月的估计相比，上调了0.75个百分点。以过去的标准衡量，预计大多数发达经济体的复苏将继续乏力，而许多新兴经济体和发展中经济体在强劲内部需求的带动下，预计经济活动将较强劲②。

这波危机的后续影响目前仍在持续发酵中。在金融危机的冲击下，许多国家的经济出现了大幅波动，其人民生活水平和贫困状况都发生恶化，并由此引发了一系列社会和政治

---

① 国际货币基金组织《2009年年报》。

② 国际货币基金组织2010年1月26日《世界经济展望最新预测》。

危机。与此同时，各国政府也都努力调动各种资源，力求减轻或避免受到危机的伤害，各国克服危机的措施不尽相同，其效果如何也需要时间来检验。发展问题已经成为世界各国需要重点面对的战略问题。

（二）新兴大国崛起的势头逐步加强，国际格局的多极化前景更加明朗

2009年，世界多极化的趋势变得更加明显，发达国家在金融危机的冲击下苦苦支撑，尤其是美国，一方面受到金融危机的打击，经济实力下滑，其大力鼓吹的自由市场经济制度受到世界的质疑；另一方面美国长期无法从反恐战争中脱身，不仅军事力量疲惫不堪，其道德号召力和威信也遭到沉重打击。在此种情况下，美国的软硬实力都受到很大影响，对国际关系的主导能力有所减弱。与之相比，新兴经济体经济发展继续保持比较强劲的增长态势，在国际金融危机大环境不利的情况下，仍能保持一定的发展速度，显示出充沛的活力和潜力。此外，新兴国家还积极参与全球问题的处理和解决。从2009年初举行的20国峰会上就可以看出，传统的西方大国已经无法也无力单独解决当前世界面临的诸多难题，从应对金融危机到保护环境，从促进发展到维护世界和平和地区稳定，都需要新兴的地区强国的参与和配合。在这一年中，新兴国家整体上升的势头明显，其在国际舞台上的影响力和话语权大幅增加。

基于力量对比发展变化，美国开始调整策略，逐步改变布什政府时期的单边主义行为。一方面强化与欧洲、日本、拉美国家等传统盟友的关系，同时又注重发展同俄罗

斯、印度、中国等新兴国家的关系；另一方面积极应对来自各方面的挑战，力图巩固已经取得的利益和优势，塑造其理想中的新型国际关系。奥巴马执政后，美国开始把更多的精力用于解决国内的一系列问题，如金融危机、失业、产业升级、新能源、环境保护等等，而在对外政策方面开始进行战略收缩。2009 年 2 月 27 日，奥巴马宣布 18 个月内从伊拉克撤军。同年 6 月 30 日，驻伊拉克美军作战部队从伊拉克所有城镇撤出。9 月 17 日，美国总统奥巴马宣布放弃在东欧建立导弹防御基地的计划，避免过分刺激俄罗斯。

世界其他主要战略力量也都在各自不同的领域发挥了重要的作用，对世界格局和重大事件的进程产生了重大影响。世界在多极化的道路上又迈出了一大步。欧盟在冷战结束后对美国的离心倾向不断加强，不断加强自身的防务建设，开始与美国的对外政策保持距离，并力图在国际事务中发出自己的声音。法国积极推进环地中海联盟，为欧盟扩大影响，加强内部凝聚力提供了新的平台；俄罗斯作为前苏联的继承者，凭借其资源和军事实力，努力恢复在前苏联空间的影响力，积极应对美国在东欧部署反导系统，在中东、拉美、高加索等地区对美国进行反制，在事关本国核心利益的问题上敢于与美针锋相对；中国通过三十年的快速发展成为世界经济的重要一环，其与西方不同的文化和发展模式对西方的价值体系展现了越来越大的优势；印度的人口和经济总量都处于世界前列，近年来其发展速度惊人，加上日益膨胀的军事能力和大国梦想，未来其不仅在南亚地区居于优势地位，还能够对世界格局产生重大影响。

（三）世界大国内外政策在竞争中加速调整，牵动大国力量对比消涨呈现新的态势

国际金融危机引发世界各大国深刻反思，认识到在当今世界所经历的前所未有的大变革中，务实合作更符合各国的战略利益。在国际金融危机和反恐战争的冲击下，美国的“一超”地位虽然没有受到根本性的影响，但美国战略目标众多和实力相对不足的矛盾很难有大的改变，这将迫使其更多采取多边协商方式并借助其他战略力量实现战略目标。奥巴马上台后，最为明显的表现就是其放弃了小布什政府“灾难性”的外交政策和过高的战略追求，他一方面宣布将逐步撤出在伊拉克的部队，集中精力应对阿富汗的反恐行动；另一方面也提出愿意以更加平等的姿态与其他国家交流，利用“巧实力”赢得战略上的主动，其对外政策中的“单边主义”和“霸气”有所收敛。

但与此同时，各方围绕后金融危机时代的竞争也在加剧。各主要力量都在着眼于后金融危机时代的国际竞争，竞相加快和调整各自的发展战略和对外战略，尤其重视对军事战略的深刻调整，更加重视军事在国家安全中的作用，特别是重视极地、网络和太空等有利于增强未来竞争地位的新领域争夺，力求在未来世界格局中占据主动地位；大国关系新一轮调整的基本特征是既竞争又合作，大国之间的协调合作将明显增多，相互关系的务实性和稳定性有所上升，但利益分歧和矛盾摩擦并没有消失；西方国家的总体实力仍然占先，在国际体系中仍居主导地位的状况尚难以根本改变。

（四）亚洲总体保持崛起势头，国际地位进一步上升，但地区政治、安全形势将处于矛盾多发期

亚洲地区特殊的地缘战略环境，以及在应对金融危机冲击中表现出较强的发展活力和潜力，使世界大国更加重视该地区在其国家战略中的地位作用，加大对该地区的重视程度以及战略投入。亚洲地区战略格局因此将加速演变，在国际战略全局中的地位进一步上升。该地区的多边合作机制，如东盟、东盟10+1、东盟10+3、中日韩、上海合作组织等区域合作进展活跃，仍将是重要的多边合作平台。同时，朝核、伊核、东南亚国家政局、南海以及南亚等地区热点问题并未解决，时起时伏，地区安全形势呈现矛盾多发趋势。

尽管出现了亚洲金融危机，亚太地区仍是世界上最具经济发展活力的地区之一，发展经济是各国的首要任务。亚太各国经济相互依存加深，以和平手段解决彼此的争端，注重寻求共同利益的汇合点，加强合作与协调正在成为本地区国家关系的主流。各种区域性和次区域性的多边合作不断发展，安全对话与合作正在多层次、多渠道展开。

2009年，亚洲区域一体化势头强劲。第十五次东盟峰会、第十二次东盟10+1和东盟10+3领导人会议及第四届东亚峰会围绕应对金融危机、气候安全等问题进行了磋商，达成多项成果。东盟10+3领导人同意建立东亚外汇储备库，以维护本地区金融市场稳定，各国领导人还就推进东亚共同体建设达成共识。此外，美国对参与区域一体化也表现出极大兴趣，与东盟签署了《东南亚友好合作条约》，宣布重返亚洲。

2009年，东北亚地区合作出现新景象，第二次中、日、

韩领导人北京会议发表了《中日韩合作十周年联合声明》和《中日韩可持续发展联合声明》，确立了未来三国合作优先领域。

2009 年，上海合作组织在推动区域经济发展、维护地区安全与稳定等方面的合作继续深化，成员国领导人签署《叶卡捷琳堡宣言》，表示积极推动新兴产业合作，推动贸易投资便利化，挖掘观察员国家和对话伙伴国家的潜力，扩大合作领域。此外，成员国领导人还签署了《反恐怖主义公约》等合作文件，进一步巩固了反恐合作的法律基础。

但是，地区内不和谐因素仍将长期存在，维持地区安全任重道远。朝核问题诱发地区紧张局势短期难以改善，朝核后危机时代的安全变局需要未雨绸缪。奥巴马政府对阿富汗新的增兵计划将激化阿国内极端势力，阿富汗问题伊拉克化趋势日渐显现。奥巴马新阿—巴战略继续使巴基斯坦陷入美国反恐战争泥潭，南亚局势仍将动荡。缅甸、泰国国内局势持续动荡，南亚地区恐怖威胁不断增强，南海有关国家掀起新的波澜，使得亚洲地区成为世界上各种矛盾多发地区。

（五）非传统安全进一步突出，环境、能源、气候等问题将成为国际斗争中的重要议题

国际恐怖主义、环境污染、能源、全球气候变化、信息安全等非传统安全问题在国际政治和国际安全中的地位将更加明显，其中，全球气候变化、国际恐怖主义威胁和信息安全挑战应特别引起关注。一方面，这些问题的危害性将促使国际社会加大对其关注；另一方面，非传统安全问题与传统的国际政治、国际安全的交织融合将进一步增加，大国以此为杠杆

向其他国家施加压力，遏制新兴力量出现的意图日益明显。

在2009年底召开的哥本哈根国际气候会议上，气候问题已经不单单是一个技术问题了，它已经成为全球关注的政治议题，但是西方发达国家却不顾历史和现实条件，推卸自己的历史责任，试图在气候问题上设置碳关税，构筑绿色技术壁垒，对发展中国家发起碳战争，要新兴的发展中大国率先减排，其实质就是要发展中国家以牺牲本国经济发展为代价，为发达国家的污染来埋单。这无异于削弱，甚至剥夺发展中国家的生存权与发展权。这种打着保护环境大旗来遏制他国发展的意图理所当然地遭到广大发展中国家的反对，以中国、巴西、印度、南非为代表的“基础四国”坚决要求按照《京都议定书》的有关规定，以“共同但有区别的责任”为原则进行减排。未来，发达国家和发展中国家有关气候问题的较量还将长期持续下去。

2009年的经济危机再次显示，能源问题不仅关系到国计民生，还超越了传统的经济范畴，上升到政治，甚至是国家战略的层面。由于世界经济低迷，生产萎缩导致国际能源价格暴跌，给许多以能源出口为主要收入来源的国家沉重打击，甚至影响其国际政治影响力。此外，能源的产地和通道也成为大国争夺的焦点，亚丁湾反海盗护航行动就体现了这种背后的博弈。能源问题成为国际格局中牵一发而动全身的重要因素。

2009年国际恐怖活动仍然十分猖獗，世界多个地区恐怖势力重新抬头，反恐形势趋于严峻。在欧美，西班牙“埃塔”组织在其成立50周年之际，发动多次恐怖袭击，显示其活动能力仍然存在。德国等欧洲国家挫败多起恐怖图谋案。12月25日，美国本土发生了未遂炸机事件，暴露其国内安全体系仍有严重漏洞。在中东、北非，恐怖势力抬头，2009年恐怖袭击事件达2100多起，远超2008年的1492起。“基地”在也门等地的分支势力也兴风作浪。索马里乱局持续，阿尔及利亚等国极端势力活动势头未减，对外频频发出恐怖威胁。在中亚，“伊斯兰圣战团”等回流迹象明显，吉尔吉斯、乌兹别克斯坦等国安全形势再度吃紧。在东南亚，泰国、菲律宾等国恐怖案件不断，印尼境内极端势力再度抬头。在南亚，自杀性袭击愈演愈烈，恐怖袭击事件达到历史新高。据统计，南亚恐怖事件数量已占全球的40%—50%。美国主导的反恐战争迄今已持续9年，现在却陷入越反越恐的局面。

2009年信息通信技术及其应用更新步伐加快，世界的信息化和网络化程度大大提高，信息技术对社会政治的影响也在加大。美国总统大选期间，奥巴马有效利用个人网站，收集了大量的支持和捐款；在伊朗大选期间，微博成为外界窥探政情的“透明窗”和政治矛盾激化的“催化剂”；在中国，“谷歌”事件已经成为中、美之间结构性矛盾的现实反映。信息安全日益成为人们关注的重点，各国为争夺信息优势展开角逐和竞争。从技术能力和应用角度来看，美、欧等国在信息领域的优势地位暂时无法动摇，但广大发展中国家已经认识到信息安全的重要性，正在积极制定本国的信息安全战略，保障本国的信息安全。

二、影响国际战略形势变化的主要因素

2009年国际战略形势的发展变化，既是冷战结束以来世

界战略格局发展变化的继续，同时又是诸多现实因素影响和综合作用的结果。

（一）大国利益较量仍然是推动国际战略形势变化的内在动因

冷战结束后，尽管大国之间加强了对话与合作，但相互较量并没有停止，较量的重点已从冷战时期的以军事力量为主，转向以科技为先导、以经济为基础的综合国力竞争。夺取科技优势，促进国家经济、军事、教育等方面的全面发展，壮大综合国力，为夺取或保持在世界战略格局中的有利地位创造条件等等，已经成为国际竞争的主要内容。世界主要战略力量之间战略利益上的摩擦，包括围绕战略资源、战略发展空间、战略主动权的争夺依然激烈。其中，老牌世界强国与新兴国家利用与反利用、控制与反控制尤为突出。

新兴国家主要指在经济全球化过程中迅速发展起来的新兴经济体，包括中国、印度、俄罗斯、巴西、南非、墨西哥等国家，是世界经济全球化催生的新兴力量。在全球化的背景下，这些国家通过国际贸易分工和自身的资源禀赋迅速发展起来，一方面是全球化的受益者，另一方面由于历史和现实原因，对现有的国际经济政治格局感到不满，力求对其进行改革，为自身发展争取到更加有利的空间，成为改革现有国际秩序的积极推动者。在国际金融危机中，主要发达国家受到金融危机的影响而势力衰落，使得新兴国家与老牌强国的利益冲突显现出来。新兴国家与老牌强国的矛盾冲突在经济领域主要体现为控制与反控制的斗争，在政治和安全领域则体现为遏制与反遏制。这种矛盾通常可以在一定的框架内解决，具有一定的可控性。

（二）各国战略利益高度融合，使得国际合作成为大国维护战略利益新的战略选择

科技与经济的发展使世界进入了经济全球化和信息数字化时代，大国间的相互依赖程度空前。国际贸易和技术的发展带动了国际分工，也带动了资本、人才和资源的跨国流动。世界经济全球化是各国经济日益成为一个整体，形成一损俱损、一荣俱荣的关系。世界各国的战略利益逐步走向一致和融合，大国合作已经成为维护国家利益的必然选择。面对共同的机遇和挑战，尤其是为了应对金融风暴冲击，世界各国普遍意识到合作的重要性和价值，表现出很强烈的合作愿望。各国频频举行多边会谈，努力在全球性问题上协调各方的立场和行动，力图以统一的步调来实现各种解决措施。

就国家安全利益而言，日益多元化的安全威胁已经突破了传统的地理疆界，诸如大规模杀伤性武器扩散、毒品贸易、跨国犯罪、环境保护、恐怖主义、卫生防疫等问题，已经不是一个国家能够单独解决的问题，需要国际社会的通力合作和共同应对。

在上述因素的共同作用下，世界各国的国际合作无论是广度还是深度都具有强劲的利益驱动。

（三）应对国际金融危机现实需要促使各国调整内外政策

始于2008年的国际金融危机，是自1930年大萧条以

来最严重的经济危机，不仅对现行的国际经济秩序提出了革新要求，而且也对西方发展模式的先进性提出了质疑。世界各国尤其是西方发达国家都纷纷对本国的内政外交政策做出大幅调整，以求减轻危机造成的损害，缓解面临的困境。

金融危机的爆发使美国面临自冷战结束以来最为严峻的国内形势和复杂的国际局面。奥巴马上台后，立即开始全方位调整政策，与小布什的“新保守主义”政策划清界限，对内开始关注民生、经济，对外注重国际协调，停止反导系统部署，推进无核世界和环境保护等议题。奥巴马的“新政”改变了小布什总统时期注重通过军事力量推进美国的政策和理念的战略，在解决国际热点问题上表现出一定的柔性，客观上对国际战略形势的发展变化起到了积极作用。

欧盟各国在危机中受影响的程度不尽相同，但通过内部的协调和援助来解决部分国家面临的危机，从而使欧盟整体上保持平稳，成了紧迫的需要和共识。为此，欧盟继续加快一体化进程，选出了自己的“总统”和“外长”，以凝聚内部关系，增强抵御金融危机的能力。

俄罗斯在此次危机中严重受创，经济负增长接近10%，其所拥有的主权基金也大幅缩水，国内经济问题严重，人民生活水平下降。在此情况下，俄罗斯内外政策开始调整，一方面强调发展经济，另一方面也展现了愿与西方协调的姿态。2009年5月，俄出台新的国家安全战略，首次提出将经济安全和军事安全并重。6月，同意与北约恢复自俄、格冲突以来中断的军事合作，为国家经济恢复创造良好的外部环境意图明显。

（四）新兴国家崛起是国际战略形势变化的重要外在动力

新兴国家纷纷崛起，是国际战略形势发展变化的重要的推动力量。在国际金融危机中，在世界主要经济体经济指标纷纷下滑的形势下，“金砖四国”经济总和占全球GDP的比重还是由2007年的13%上升为2009年的15%。根据日本的研究，“展望五国”（越南、印尼、南非、土耳其和阿根廷）将继“金砖四国”之后，成为下一代有潜力的新兴国家。根据推算，从2005—2050年，西方七国集团的经济规模与现在相比最多扩大到2.5倍，“金砖四国”将扩大到20倍，而“展望五国”可能扩大到28倍。

当前，像这样高速发展的新兴经济体现已遍布于亚洲、非洲、南美洲、东欧等世界各个地区，形成了“新兴经济体群”。其迅猛而持续的发展可能在未来几十年内极大地改变世界经济格局，进而改变由西方国家和西方文明主导世界的局面。大量非西方的新兴国家崛起，将打破西方政治、经济、文化一统天下的局面，树立起不同于西方的发展模式。

三、今后国际战略形势的发展趋势

在上述因素的综合作用之下，今后国际战略形势将呈以下发展趋势：

（一）尽管世界战略格局多极化趋势更加明朗，但多极化格局的形成仍是漫长过程

从上述世界各种力量发展变化的情况可以看出，国际金融危机加快了国际战略格局多极化趋势，传统的由西方主导世界的国际秩序正在发生权力转移。未来的多极格局，不仅有全球范围内的，也有地区范围内的。多极化的发展趋势增强了广大中小国家参与国际事务的机会，削弱了超级大国控制和左右国际局势的能力，有利于世界的和平与稳定。但是，还必须看到，世界战略格局这种多级化趋势将是个漫长的过程，以美国为主的“一超多强”战略格局在未来相当长时期内仍将继续存在。

尽管此次国际金融危机对美国社会的冲击巨大，曾经实力强大的银行业及汽车制造业陷入绝境，失业率居高不下，经济大幅萎缩，其国力受到严重影响。但就综合实力来看，美国仍然在国际舞台上占据无以挑战的主导地位，其超强的军事、科技实力和美元的金融霸权地位并没有发生根本动摇，其他战略力量在短时间内尚无人与其抗衡或取代。美国更加注重通过“巧实力”将自己的意志强加于他国，逐步摆脱金融危机困局。因此，未来的国际战略格局既不可能完全按美国的意图发展，也绝不会是美国一家独霸的局面。

（二）金融危机的深层影响将逐步体现，国际关系将伴随大国利益的较量进入后金融危机时代

金融危机不是一次简单的周期性商业波动，它对改变现

行的世界经济格局和经济秩序提出了现实要求，也必将推动国际战略力量对比发生新的变化，从而牵动国际关系、国际战略格局发生变化。

一是亚洲战略地位将上升。在人类历史上大部分时间里，亚洲都是整个世界的核心和文明的摇篮，其人口、经济、政治和科技实力在世界所占的比重远远高于其他地区。只是在最近400多年来，欧美文明通过工业革命取得了对世界的控制权和领导权，大西洋成为世界的中心。现在这种情况正在发生改变，世界的重心正在从大西洋向太平洋转移，亚太地区将成为全球新格局中的关键地区。在此次国际金融危机中，全球经济进入衰退，但东亚经济受危机的影响程度并没有像1998年亚洲金融危机时那样严重，东亚整体实现了经济增长，特别是中国的增长更加引人注目。此外，南亚和东南亚在危机中也有不俗表现。随着能源价格稳定回升，西亚和中亚等能源丰富的地区经济状况也逐步好转。

二是传统国际金融体制改革势在必行。金融危机对世界经济格局带来的冲击，一个重要方面就是对国际储备货币的影响。以美元为主导地位的国际货币储备体系普受质疑。就连美联储主席伯南克都表示，未来世界将会有更多其他储备货币可供选择，如果美国不能保证长期财政稳定，美元将会处于危险地位。在G20峰会上，欧洲和中国都提出应建立新的国际货币体系。中国、白俄罗斯、阿根廷等许多国家还签署了互换货币协议，对改变美元独霸天下的局面进行积极尝试。

三是世界经济将继续面临沉重的发展压力。联合国粮农组织2009年10月14日公布的一份报告指出，经济危机导致饥饿状况急剧恶化，全球饥饿人口已达到创纪录的10.2亿人，发展中国家最贫困人口受到的影响最大，目前饥饿人口最多的是亚太地区，共有6.42亿。其次是撒哈拉以南非洲，饥饿人口达到2.65亿。2010年2月17日，联合国机构和亚洲开发银行联合发布报告指出，由于受全球经济和金融危机影响，预计亚太地区将新增2100万赤贫人口。国际劳工组织2010年1月26日发布的《2010年全球就业趋势》报告指出：2009年全球失业率达到6.6%，失业者总数将近2.12亿；预计2010年失业率仍将居高不下。面对严峻的经济形势，在粮油价格波动、气候变化和国际金融危机等多重不利因素的影响下，实现联合国2000年制定的“千年发展目标”还面临严峻挑战。

（三）“新边疆”等特殊领域将成为世界大国竞争的新战场

由于高新技术发展对世界各国综合国力的影响日趋增大，世界主要国家加大投入，并制定本国的高科技发展战略规划。太空、网络、极地、新能源、环境等所谓“新边疆”已经成为各大国进行综合国力竞争的新焦点，是视为后危机时代大国博弈的战略“制高点”。

2009年1月，美国国防部发表的《四年防务评估》将“网络中心战”列为美国的“核心能力”。6月，美组建网络司令部，对美军现有的网络作战力量进行整合。英国6月也提出国家安全计划，把网络安全提升到国家战略高度予以重视，任命国家网络安全负责人，以阻止网络间谍活动，计划中还指出最大的威胁是来自中国和俄罗斯。

（四）中美关系将面临新的严峻考验

2009年中美关系有一个很好的开局，打破了历届美国政府上台之初都会上演中美关系大幅波动的一个怪圈，此举也一度被看成是奥巴马新政的一个重要部分。中美关系被美国视为21世纪最重要的双边关系。但我们也要看到，由于中美之间存在结构性矛盾，中美关系的发展将会面临诸多严峻挑战：

一是美国对中国和平发展的疑虑将严重影响中美之间达成战略互信。2009年美军舰船不断抵近我领海侦查，不断强化亚太地区的军事同盟和军事存在，表明美国对中国仍存战略疑虑。

二是美国不断触及我核心利益，仍将是中美关系健康发展的严重障碍。2010年1月29日，美国政府决定再次向台湾出售武器，集中反映了美国坚持奉行对华遏制战略的现实。2010年2月18日，奥巴马会见达赖，表明西藏问题仍然是美国分化中国的战略“棋子”。今后只要美国在上述问题上不改变政策，中美关系的发展就会因此受到严重损害。

三是美国有些人以意识形态的“有色视角”看待中美关系，将极大增加两国关系发展的复杂因素。“谷歌”事件在西方迅速引起回应，甚至上升到国家政治高度，便是现实写照。

四是人民币汇率问题将成为中美之间能否建立平等经济关系的重要因素。美国方面一直认为，本国经济出现的问题，一定程度上归责于人民币的估值偏低。美国2010年4月甚至要依据《综合贸易和竞争法》将中国确定为货币操纵国。这种仅以自己的利益为标准来规范与他国经济关系的做法，不仅有悖于国际公理，也不利于建立健康稳定持久的经济秩序。

（国防大学战略研究所副所长、教授　马刚；
国防大学战略研究所硕士研究生　张楠）

第二章 世界军事形势

2009年世界军事形势维持了总体稳定的基本态势，各国在安全领域的共同利益增多、合作意愿增强，军事交流和协调有所发展。与此同时，国际安全环境更加复杂，安全威胁继续向多元化方向发展，热点问题难以解决，非传统安全威胁增多，由此带来一些地区军事冲突的频率和烈度都有一定程度提高。随着全球性金融危机的溢出效应逐步扩大和大国军事战略深入调整，国际军事领域的竞争也在加剧，由此提出进一步强化军事互信和安全合作的实际需要。

一、世界军事形势的主要变化

（一）总体局势稳定 多种安全威胁复杂交织

2009年，大国关系的基本框架没有发生大的改变，世界形势总体上仍然保持比较稳定的局面，国家间军事协调和交流有所加强。与此同时，影响国际安全的不确定因素增多，国家间利益关系更加复杂，一些地区局部性动荡有增无减。

多种安全威胁出现上升势头。2009年，传统安全威胁仍然是各国国家安全的核心。民族宗教矛盾、边界冲突、领土争端、资源争夺使地区局势持续紧张。2009年新年前后，以色列对巴勒斯坦伊斯兰抵抗运动（哈马斯）发动代号为“铸铅”的军事行动，造成至少1414名巴勒斯坦人死亡、5500人受伤，加沙地区的经济损失高达16亿美元，使本已非常复杂的中东地区局势更加恶化，为巴以问题的解决增添新的隐患。2009年10月21日，阿塞拜疆和亚美尼亚因纳卡地区归属问题发生争执，阿总统宣示将动用武力解决，亚美尼亚针锋相对于10月23日开始进行大规模军事演习，一时间地区局势骤然紧张。11月10日，朝、韩两国军舰在西海（即黄海）水域发生交火，南北双方军事对抗加剧。在朝核危机剑拔弩张、久拖不决的背景下，这一交火事件使地区安全局势再度紧张。

近年来，恐怖主义、有组织犯罪、生态环境安全等非传统安全威胁一直处于上升态势，特别是恐怖主义已发展为影响国际安全的一个重要因素，引起了世界主要国家高度关注。2009年塔利班武装在阿富汗境内的活动更加活跃和广泛，其活动范围已占国土面积的70%左右，并呈现出跨国蔓延态势。在巴基斯坦的塔利班武装已从西北边境地区向其他地区渗透，多次制造自杀爆炸事件，还袭击警察局和陆军总部等敏感目标，引起了社会恐慌，对巴政权构成威胁，使南亚地区的安全形势更加脆弱。此外，一些地区的恐怖活动也呈上升趋势，印度、菲律宾等国也已成为恐怖袭击高发的国家。

海洋权益争端频发，太空安全问题凸显。随着海洋资源战略地位的提升，围绕海洋权益的争端日趋激烈。根据《联合国海洋法公约》，所有缔约国必须于2009年5月13日前向联合国大陆架界限委员会提交200海里外大陆架划界资料，否则将被认为是自动放弃。为此沿海国纷纷宣示海洋主权，但划界案多有重叠情况发生，导致一系列矛盾不断显现，其中比较具有代表性的是北极争端、南海争端和日俄岛屿争端。这些问题若处理不当，有可能成为武装冲突的导火索，成为地区动荡的重要诱发因素。

太空是未来人类发展的新边疆，能否在太空竞争中取得优势将有利于提升一个国家在未来世界格局中的地位。一个时期以来，太空探索与开发日趋活跃，各国尤其是空间大国对太空的关注和投入不断加大，太空已成为拓展国家利益的重要平台。美国大力发展攻防兼备的全球导弹防御计划，更新太空学说。俄罗斯依靠强大军工实力，不断研发可应用于外层空间的新型武器装备。日本、印度等国也加大宇宙空间技术发展的力度。人们对太空军事化和太空安全已产生深度忧虑。2009年2月11日，俄、美两国卫星在距离地球700公里处相撞，从另一角度唤起各国对太空安全的担心。有科学家估算，当前宇宙中太空垃圾数量已达到1.5亿片，这也将给太空安全带来巨大隐患。

海盗势力已成威胁国际安全的顽疾。近年以亚丁湾为代表的几个地区海盗活动猖獗，严重威胁了全球海上贸易和海事安全，引起国际社会的广泛关注。虽然在联合国框架下，世界主要大国或组织采取了包括派遣护航舰队等防范措施，但由于事发海域过大、多国海军缺乏有效的协调机制和必要的联合行动，目前海盗活动依旧十分猖獗，局面没有根本好转。据国际海事局海盗报告中心发布的报告，2009年上半年全球海盗袭击次数就达到240起，超过了2008年同期的两倍，其中索马里海盗袭击148起，成功劫持31起。如何有效遏制日益猖獗的海盗势力，已经成为国际社会亟待解决的一个难题。

（二）军控转机初露，不扩散局势依然严峻

军控与裁军是影响世界和平与地区稳定的重要因素，并深刻影响到大国关系乃至国际战略格局的调整，推进军控与裁军进程已成为维护世界安全与稳定的重要基石。然而，军事强权仍然存在，个别国家依靠军事优势践踏国际关系准则的行为时有发生，这促使一些国家将拥核视为维护国家安全和支撑国家地位的战略支柱，由此而来核危机僵局难破，核扩散风险加剧，军控与裁军仍然面临巨大挑战。

核危机僵局难以破解。在“六方会谈”框架下本已渐趋平息并朝最后解决方向迈进的朝核危机，于2008年出现反复和倒退之后，2009年再度升级。4月14日，朝鲜外务省发表声明，宣布退出朝核问题六方会谈，并将按原状恢复已“去功能化”的核设施。5月25日，朝鲜继2006年进行核试验后，再次实施地下核试验，朝核危机紧张局势进一步升级。为了缓解压力，防止危机失控损害本国利益，朝鲜先后借美国前总统克林顿、韩国现代集团总裁玄贞恩和中国国务院总理温家宝等重要首脑或知名人士访朝时机，向国际社会表现了灵活姿态，使朝核危机紧张局势有所缓和。目前，一方面朝鲜在其安全问题得到彻底解决和朝美关系实现正常化之前，不会完全弃核；另一方面，如果美国支持或默许朝鲜部分“拥核”，即：只是对朝鲜核武器实行严格限制，并禁止其继续进行核计划及核扩散，而在实际上承认朝鲜的“部

分拥核”地位，那么东北亚地区既有的安全平衡将被打破，甚至可能出现核扩散的“多米诺骨牌”效应，地区安全形势与地缘战略格局将受到极大冲击。鉴于此，朝核危机的未来走势依然困难重重。与其相似，伊核危机也呈现胶着状态。虽然奥巴马执政以后在对伊政策方面进行了积极调整，试图缓解危机、推动和解，但是伊朗在事关国家核心利益的核问题上不会轻易妥协。经过几个月的周旋之后，11月7日，伊朗最终拒绝将其低浓缩铀输出境外进行再加工的建议。伊朗的表态使伊核危机再度升温。针对国际原子能机构的批评，美以两国有针对性的军事演习以及美拟对伊实施的严厉制裁，伊朗采取了一系列针锋相对的措施，并于11月29日宣布新建10座铀浓缩工厂，并寻求自行生产纯度为20%的浓缩铀，为国内核电站提供足够的燃料。

在国际社会为解决朝鲜和伊朗核危机几度陷入僵局、进展缓慢的同时，为缓解能源紧缺的现状，越来越多的国家考虑发展民用核能，这一趋势客观上增大了核材料、核技术扩散的风险。由于存在着地下核走私网络，恐怖分子制造核恐怖事件的可能性也无法排除，国际安全面临不可忽视的潜在隐患。

核裁军进程初露转机。核裁军能否取得进展的关键在于美、俄两国。小布什总统执政时期，推行单边主义和追求绝对优势政策，使国际军控与裁军进程基本陷于停滞。奥巴马执政后，在“巧实力”外交理念指导下，调整美国的核战略，举起“无核世界”的旗帜。4月5日，奥巴马在布拉格发表演讲说：“美国决心让世界成为没有核武器的、和平与安全的星球”，并称美国要在其中起带头作用。在进行口头宣誓的同时，美国也采取了一些“实际行动”。4月初，在伦敦20国峰会期间，美、俄两国总统发表声明，宣布开始就《削减战略武器条约》进行磋商，以达成新的协议替换于2009年12月5日到期的美苏《削减和限制进攻性战略武器条约》。7月6日，美、俄两国总统签署《关于进一步削减和限制进攻性战略武器问题的共识》的备忘录，就削减数量达成一致，即战略运载工具减至500—1100枚，核弹头减至1500—1675枚，具体数字今后谈判商定。尽管这无损美、俄两国的核优势，但对核裁军进程来说无疑具有积极意义。9月24日，联合国安理会首次就核不扩散与核裁军问题组织各国首脑峰会，意在探讨"平衡推进核不扩散、核裁军与和平利用核能进程的有效途径"。面对之后出现的战略武器管制真空，美、俄两国都希望能够缔结新的战略武器削减条约。条约虽然能够达成，核武器数量也有望减少，但在实际上却难以阻止主要国家继续更新升级核武器系统的努力。美国2009年完成了B-61核弹延长寿命计划，试验改进了"民兵"-3型洲际弹道导弹，并开始生产巨型钻地弹。俄罗斯把2009年国防采购总额的25%用于保持战略核力量，为战略火箭兵装备了10枚新型洲际弹道导弹，改进了包括"图-160"在内的空基战略武器，还试射了改造的RS-20洲际弹道导弹。英国开始加速新型核潜艇的制造。法国也将于2010年后把更新后的潜射弹道导弹装备核潜艇。

美放弃在东欧部署反导系统，后续地缘政治影响不可低估。推进北约东扩和在东欧部署反导系统是影响冷战后美俄关系发展的两大症结。为争取俄罗斯在解决更为棘手的反恐和防扩散等问题上的支持，奥巴马政府逐渐调整对俄政策，并于9月17日宣布放弃上一届政府制定的在波兰和捷克部署导弹拦截及监测装置的计划。这一决定为改善美、俄之间的紧张关系和双方签署新的裁军协议创造了条件。当然，美俄之间矛盾根源并未因放弃东欧的导弹部署而根本消除。一方面美国的反导系统由陆基改为海基，其灵活性和威慑效应不是削弱而是得到加强。另一方面为了安抚东欧国家“抛弃东欧”的说法，美国决定在波兰部署“爱国者”防空系统，在保加利亚和罗马尼亚再建两个军事基地，这表明美国对俄罗斯的战略围堵政策短期内还难以有根本改变。

（三）需求拉动合作，国际军事协调趋于频繁

安全威胁多样化发展和安全局势不确定性的增强，对各国加强军事领域的协调与合作提出了更高要求。2009 年世界大国战略磋商、高层交流频繁，世界主要军事联盟在努力强化组织和功能的同时，也不得不适应国际关系的新发展，进行必要的变革。

大国积极开展战略协调。2009 年世界大国之间的战略协调更趋频繁，突出表现在各国首脑充分利用各种多边活动磋商安全问题。4 月 1 日，G20 金融峰会在伦敦举行，期间各国领导人就双边和多边的军事安全问题进行了密集协商。美、俄两国首脑就开展核裁军谈判取得一致，中、美两国领导人就包括共同促进朝鲜核问题、伊朗核问题、苏丹人道主义援助、南亚在内的地区冲突和紧张因素妥善解决进行了沟通与协调。6 月 14 日，上海合作组织成员国元首理事会第九次会议和“金砖四国”领导人会晤在叶卡捷琳堡举行，期间各国领导人就解决中亚地区面临的严重安全威胁进行协商，另外还在应对粮食安全、能源安全、救灾领域合作、共同打击恐怖主义和毒品走私等活动方面取得广泛的共识。类似重

要的多边会议还有4月5日在布拉格召开的欧美峰会、7月上旬八国集团同发展中国家领导人对话会议、9月下旬联合国气候变化峰会、安理会核不扩散与裁军峰会和G20第三次金融峰会等。通过这些峰会，大国领导人频繁见面，对共同面临的安全问题进行广泛而深入的磋商，达成了广泛共识，采取了卓有成效的措施，充分发挥了大国的战略影响力。

军事联盟调整出现新动向。冷战后，军事同盟面临的最大问题是由于缺乏传统的共同威胁而导致的内部凝聚力下降。为了解决这一问题，同时也是为应对安全形势发展提出的挑战，北约不断调整自身功能定位，吸收新成员加入，拓展防区范围并将干预地区冲突、防止大规模毁伤性武器扩散、打击恐怖主义等行动作为新的使命。4月1日，随着阿尔巴尼亚和克罗地亚的加入，北约成员国总数已上升至28个。7月7日，北约召开制定新《战略构想》研讨会，提出北约新的安全威胁来自不同的意识形态、失败国家、不负责任的领导人、危险的技术以及对环境的漠视，对此北约必须采取预防性行动。但北约内部在新使命是否合理和扩展成员数量是否合适等问题存在不同意见，加上除美国外，北约各国在出兵阿富汗问题上集体消极，可以看出北约内部分歧严重，在很多问题上已难做到用一个声音说话。与此同时，随着世界形势和日本内部政局的变化，美日同盟也出现裂痕。日本新首相鸠山由纪夫执政后不久，就相继提出与美国谈判修改美军驻日协议和2010年1月从印度洋上撤回为美国等国舰艇供给燃油的自卫队舰艇等两项议案，以此改变对美国亦步亦趋的形象。虽然从目前形势看，认为日本摆脱日美军事同盟还为时尚早，但日本的行动无疑证明了日美军事同盟必然要进行调整，日本独立性日益增强的迹象给美国亚太战略提出了新挑战。

应对非传统安全威胁成为军事合作的有效平台。为了有效应对各种非传统安全威胁，世界各国通过多种方式加强军事合作，一些地区组织也开展了许多有益工作。如5月18日召开的上合组织首次公安部和内务部部长会议上，就维护上合组织所在地区的安全和稳定及完善组织框架的各项安全合作机制进行了磋商并达成共识。中、俄两军除了定期进行陆地和海上联合反恐演习外，还有针对性地进行反海盗和护航巡逻专项联合演练。9月18日，在亚丁湾执行护航任务的中、俄两国海军编队组织了代号为“和平蓝盾—2009”的海上联演。11月初，中国国防部举行了亚丁湾护航国际合作协调会议，欧盟海军、多国海上力量、北约、俄罗斯、日本、印度等执行联合或独立护航任务的国家和组织派代表与会。与会各方就如何在亚丁湾实行分区护航合作深入交换了意见，并一致同意，将在此次北京会议的基础上继续进行护航国际合作磋商，争取就在国际海事组织批准的“国际推荐通行走廊”实现分区护航合作达成共识。

（四）防务博弈激烈，大国军事战略调整深化

2009年是全球金融危机持续发酵、负面影响进一步显现的一年。全球各战略力量实力对比在这一危机催化下起伏消长，国际战略格局加速演变，大国为实现战略平衡和争夺战略优势而展开激烈的战略博弈。

美国强化全球战略布局，围绕反恐进行大幅战略调整。奥巴马政府上台后，在继续推进、强化其全球战略布局的同

时，围绕打赢反恐战争，对反恐战略、防务战略进行了大幅度的调整。2009 年初美国国防部长盖茨《均衡战略》一文的发表，标志着美国防务新战略的正式确立。不同于美前任国防部长拉姆斯菲尔德倡导的激进式军事转型，“均衡战略”强调美防务建设应主要在三个方面均衡发展：一是作战准备要实现应对现实冲突或战争与防范未来挑战的均衡；二是作战能力要实现保持传统军力优势与提高应对新威胁、新挑战能力的均衡；三是继承美军好的传统文化和制度与改革创新体制要实现均衡。这一战略较以前更为稳健务实，已成为奥巴马政府防务政策的核心内容，并逐步落实在美军战略规划和军队建设的各个方面。

为改善全球反恐状况，美国对反恐战略进行了全面调整。在反恐定位上，停用“全球反恐战争”提法，改称“海外应急行动”，并将反恐目标缩小到“基地”组织及极端主义势力，力图消除过去“反恐意识形态化”所导致的美国与伊斯兰世界的对立。在反恐主体上，彻底放弃小布什的单边主义，采取国际合作的多边主义。在反恐战略布局上，将战略重心从伊拉克转移至阿富汗，并把对塔利班和“基地”组织的打击重点从阿富汗扩大到巴基斯坦。在阿富汗反恐战略目的确定上，将原来力图把阿富汗变成一个中央控制的民主国家的目标，降低为制止“基地”和其他恐怖组织建造庇护所。只是到目前，美国反恐新战略的启动并未明显改善阿富汗形势，新战略的部分内容已受到质疑。

在东北亚，美国在继续调整和加强西太平洋军事部署的同时，多次打破外交常规，大力维护和加强美日同盟关系。并通过将美韩军事同盟提升为全面战略同盟，以及明文承诺向韩国提供“延伸威慑”大力提升美韩同盟关系。在东南亚，美国加速“重返东南亚”，签署了《东南亚友好合作条约》，恢复了与被美称之为“人权遭严重践踏的国家”缅甸的接触。在南亚，美国通过与印签署《终端用户监督协议》等重要文件大幅提升美印军事关系，强化美对印的影响。在中亚，美国用高昂租金获得吉尔吉斯斯坦马纳斯空军基地一年使用权，并继续投入巨资在阿富汗各地兴建军事基地。

俄罗斯军事改革艰难推进，新军事战略基本框架成形。随着俄罗斯军队新一轮改革的深入推进，俄军内外要求调整改革方案的呼声不断高涨，消极对待、抵制、反对改革的事件时有发生。迫于压力，俄国防部不得不对之前批准的一些激进措施进行重大调整。更为严重的是，席卷全球的金融危机打乱了俄军改革的部署，俄 2009 年国防预算根本无法满足原来改革计划的需要。受这两方面因素制约，俄军改革可能不得不推迟完成。

在推进军队改革的同时，俄对其军事安全战略做了许多发展和调整，俄在 2009 年底推出的新军事学说也要在这些战略框架中进行。2009 年 5 月，俄出台了《2020 年前俄罗斯联邦国家安全战略》。该战略超越了俄传统战略将国家安全局限在军事或地缘政治的认识，将其扩大到国防、内政、外交、经济以及教科文卫等多个领域；经济安全被提升到与军事安全同等重要的地位，经济和社会安全标准在衡量国家安全水平的标准体系中甚至被放在军事标准之前，提出“通过发展确保安全”、“以安全促发展”的思想；将主要国家力图获得军事优势、首先是核力量优势的一系列政策，列为俄目前面临的主要军事安全威胁。

3 月俄罗斯公布了《2020 年前及更远的未来俄罗斯在北极的国家政策原则》。提出在 2020 年前要将北极建成俄主要的资源基地。为确保战略实施，俄将“在北极的俄罗斯部分成立能在各种军事政治形势条件下确保军事安全的部队集群、军事组织和机构”。这一文件的出台意味着俄北极战略的正式确立。

10月下旬，俄罗斯国家杜马通过俄总统梅德韦杰夫提出的《国防法》修正案。该修正案扩大了总统在境外动用俄军队的权力，俄总统将可以下令派兵在境外进行军事活动。在此之前，俄总统没有国会授权不能轻易动用军队，尤其是在国外用兵。修正案增加了四种可在境外动用军队的情况：反击对俄军队或俄驻外军队的攻击、反击或防止对其他国家的侵略、保护国外的俄罗斯公民、打击海盗。很明显，这一修正案已将俄战略边界从本国和俄认定的势力范围拓展到其他地方，俄甚至可以据此实施全球军事干预，凸显出俄强力维护和拓展其战略利益的决心。

日本加速推进军事大国战略，酝酿出台新防卫政策。日本民主党执政后，显示出摆脱美国、推行独立亚洲战略的意向。这一政策目前面临来自国内外多方的阻力，新的《防卫计划大纲》原计划于2009年底前制定，现完成期限也不得不延长至2010年底。

继派遣海上自卫队舰艇在印度洋为美国等国军舰提供后勤补给保障后，日本开始向索马里海域派遣自卫队打击海盗，并以此为由开始在吉布堤修建日本首个海外军事基地。6月日本出台《应对海盗法》。该法规定，一旦认定海外发生海盗威胁，日本政府可根据需要派遣自卫队应对，而无需征得国会同意。这一法律使日本向海外派遣自卫队的行动获得更加灵活的空间，是对日本和平宪法所禁止的在海外行使武力和“集体自卫权”的又一次渐进式松绑。

6月初，日本政府确定将太空开发作为国家战略的首份《宇宙基本计划》。该计划的一个侧重点就是把太空开发的成果更多地应用于军事安全，并计划利用卫星进一步扩充和强化自卫队的情报搜集能力和预警监视能力。

过去的一年，日本明显加强了对其西南海域的控制和军事部署。11月日本自卫队举行了迄今为止规模最大的三军联合演习。这次演习以争夺钓鱼岛为重点，体现了日本控制其西南海域岛屿、海上战略通道以及海洋权益的战略意图。

印度深入推进强军战略，大步向军事大国迈进。印度认为其国家安全目前正处于一个严峻时期，需要加快军队装备的现代化进程，加强国防实力。印度政府2月宣布的2008—2009财政年度预算案中，国防预算比上一财政年度上升近24%，增幅为印度1947年独立以来最大的一次。而且印政府还宣布这一国防预算不是上限，如有必要，还将继续追加新财年国防预算。

在印度洋方向，印度开始加强在马尔代夫的军事存在，包括向其首都马累及周围岛屿永久部署直升机执行监视任务，在马诸多环礁上建立雷达网等。这些活动对于增强印度对于印度洋的控制以及慑止区外大国进入印度洋有重要意义。

为强化攻势防御战略，印继续重启、建造、修复、升级印东北部、西北部边境军用机场以及在中印、中巴边境附近建设公路网，还宣布未来几年将在中印边境增兵至10万。从6月开始，印开始向北邻中国藏南地区的阿萨姆邦部署印度空军最先进的苏—30MKI战斗机，在中印边境的军事部署由此得到进一步加强。

二、2010年世界军事形势展望

展望2010年世界军事形势走向，全球总体稳定的基本态势有望继续保持，面对日益复杂的安全环境和多元化安全威胁，各国共同利益增多，并将进一步强化相互协调的努力。如果世界经济从严重危机中实现广泛复苏，大国之间合作的一面还可能得到相应强化。新的形势下，军事竞争不仅依赖武力和强权，也日趋依赖对权力的良性运用和思想的影响。国家间关系的非零和特性将进一步显现，“非友即敌”、“非合作即对抗”、“非得即失”等传统思维将被证明越来越不合时宜，谋求国家的生存和发展需要更具包容性和更具远见的战略思维和战略实践，处理国家间关系既要有利于自己国家利益的实现，也要具有必要的弹性，为新条件下国家间的战略博弈提供宽松一些的条件。

历史反复证明，安全局势的演变从来都不是直线的，在实际中将继续表现为旧逻辑与新现实的相互作用和反复较量，两者最后实现某种程度的平衡。包括朝核问题、伊朗核问题在内的一些热点问题在困难中孕育一些积极的变化，如果能够取得进一步突破，将为2010年全球和地区安全带来新的希望。与此同时，局部性动荡在新的一年很可能有增无减，一些热点问题的反复会给国际局势带来震荡和冲击，如南亚、外高加索、中亚等地区就需要引起高度关注，传统安全威胁与非传统安全威胁在这些地区深度交织，恐怖主义仍将牵引大国的战略关注，而阿富汗局势也难有比较大的起色。上述热点问题和热点地区，无疑能够很好地检验出大国军事战略调整的进程和成效，其中奥巴马在执政两年后，其战略调整的框架将趋于清晰。

2010年，尽管在全球金融危机和经济衰退的余波冲击之下，一些大国军事力量发展速度将受到一些影响，但军事战略调整、更新军事理论的进程不会放慢，其中美国的“混合战争”理论尤其值得重视。历史反复证明，越是在经济动荡中，一些国家越加重视军队在维护国家安全中的作用。2010年，美国将强化全球战略布局，围绕反恐继续实现战略调整；俄罗斯将在推进军队改革的同时，更加强调综合安全；而印度也将加快向军事大国迈进的步伐。

经济困难也不会使主要国家军费开支减少，军事投入仍将呈现增长的态势。如美国2010财年军费开支高达6360亿美元，超过2009年的6120亿美元。俄罗斯是受金融危机冲击比较严重的国家，2009年GDP负增长达到7.9%。然而俄罗斯军费开支将持续增加，2010年将达到“史无前例”的11740卢布（1美元约合31.2卢布）。印度的军费开支也连年走高，并开始自主建造航母，其第一艘核潜艇“歼敌者”号也已经下水，向拥有三位一体的核打击力量方向发展。

2010年，在太空和反导领域的军事竞争将有所强化。美国将加快发展新型导弹防御技术，升级“宙斯盾”系统，增加反弹道导弹能力建设。俄罗斯加紧空天防御体系建设，力求构建能应对任何空中威胁的空天防御体系。日本开始重点发展海基导弹防御系统，目前正进行第四艘“宙斯盾”级驱逐舰的弹道导弹防御能力升级。

（国防大学战略研究所副所长、教授　唐永胜；
国防大学战略研究所讲师　庞宏亮）

第三章 朝鲜半岛安全形势

2009年，朝鲜半岛形势迭宕起伏。朝鲜先后发射卫星、进行第二次核试验、试射导弹，宣布退出六方会谈，半岛无核化进程严重受挫。朝韩、朝美关系经过了一个时期的对抗与僵持之后，下半年逐步缓和，对话和协调得以重启。美韩同盟关系得到了进一步巩固和加强。当前，朝鲜半岛形势既存在着改善的良好契机，同时面临着诸多根本性障碍，前景仍然充满变数。

一、朝鲜先后进行了一系列示强活动，半岛无核化进程严重受挫

韩国李明博政府上台后，在对朝政策上一改金大中、卢武铉两届政府时期的“阳光政策”和“包容政策”，提出了“弃核、开放、3000”的对朝政策三步曲，对朝立场趋于强硬，韩朝关系陷入谷底。2008年12月，美、朝在朝核计划申报验证问题上出现严重分歧，朝核问题谈判陷入僵局。2009年1月，奥巴马政府上台后，并未立即着手解决朝核问题，朝对美新政府上台后调整对朝政策、改善两国关系的高度期望落空。2009年3月，美、韩又在韩国及其周边海空域

举行了代号为"关键决心/鹞鹰·2009"的联合军事演习，引起了朝鲜的强烈不满。

为吸引国际社会的关注，促使美、韩改变对朝政策，更多地实现自己的利益诉求，朝鲜采取了一系列强硬举措。2009年4月5日，朝鲜高调宣布使用"银河2号"运载火箭成功发射了"光明星2号"试验通信卫星，以此显示其远程运载能力及其核威慑力。4月14日，朝鲜以联合国安理会通过谴责其发射活动的联合声明"侵犯其主权"为由，宣布退出朝核六方会谈，并宣称将着手恢复宁边的核设施，对剩余的乏核燃料棒进行后处理。

针对朝鲜的一系列举动，美、日、韩等国反应强烈，认为朝鲜是借发射卫星之名进行导弹试验、发展远程打击能力，推动联合国安理会通过了谴责性主席声明，将朝鲜发射活动定性为违背联合国安理会决议的行动，要求国际社会对朝进行制裁。朝鲜借发射活动吸引美国关注进而改善自身处境的企图不但未达到预期目的，反而使自身处境更加被动。在此背景下，朝鲜进一步升级对抗行动，宣布永远退出六方会谈，并于5月25日再次进行了核试验。对于朝鲜的核试验活动，联合国安理会通过了第1874号决议，对朝再次进行核试给予了最强烈的谴责，要求各会员国彻底履行2006年通过的联合国安理会第1718号对朝制裁决议，并扩大对朝武器禁运范围、强化对进出朝鲜的货物检查及金融制裁。1874号制裁决议涵盖了朝鲜政治、经济、军事等多个领域，在政治上对朝鲜再次核试给予了"最强烈谴责"，措辞明显强于1718号决议；在经济上提出了禁止对朝提供除人道主义援助以外的所有金融援助；在军事上将武器禁运范围由"作战坦克、装甲战斗车、大口径火炮系统、作战飞机、攻击直升机、军舰、导弹或导弹系统”扩大到“除轻小武器以外的其他武器”。此次制裁是朝核危机以来对朝制裁最为严厉的一次。同时，美、日、韩三国还强化了对朝鲜半岛及其周边的军事部署，提升了战备等级。朝鲜则针锋相对地强化军事应对态势，并于7月初连续试射了11枚短程导弹，半岛军事对峙进一步加剧。

朝鲜进行核试验及发射活动、退出六方会谈等举措，对半岛无核化进程带来了重大影响：一是朝鲜作为六方会谈的主要当事国，其退出六方会谈直接导致了六方会谈的中断。二是严重影响了朝鲜与其他五方的互信，也给朝鲜的国际形象带来了重大负面影响。朝鲜此次核试验活动，导致无论是美、日、韩，还是国际社会都对朝鲜无核化的承诺和诚意深表怀疑，这将严重影响朝鲜与相关各方的互信，势必给未来半岛无核化进程带来更严重的障碍。三是朝鲜的举动使朝韩、朝美及朝日关系进一步后退，半岛及地区安全形势更加恶化，影响了解决朝核问题的氛围。

就其实质而言，朝鲜的一系列举措，仍是以往通过制造危机改善自身处境、获取实际利益的一贯做法的延续，并没有脱离缓和—紧张—缓和的轨道。2009年下半年，朝鲜主动采取措施缓和与美国、韩国等相关国家的关系，也说明了这一点。但同时也应看到，朝鲜进行核试和导弹试验也有着提升核打击能力的内在考虑。随着实际核打击能力的进一步提高，朝鲜可能进一步增加与美讨价还价时的要价，甚至逐步放弃原来“彻底弃核”的承诺，半岛无核化进程届时将受到严重冲击。

二、朝韩关系经过一个时期的磨合，逐步趋于稳定

李明博政府上台后，对朝韩首脑签署的《北南共同宣言》和《北南关系发展及和平繁荣宣言》拒绝承认。同时，注重加强韩美政治、军事合作，在外交和军事上与美国密切协作，共同对朝施压。韩国政府的强硬态度使南北关系陷入了2000年以来的最低点，2009年的南北关系可以8月份为界分为两个阶段，前一个阶段以对抗与僵持为主，后一个阶段逐步趋于缓和。

2009年8月之前，为了向韩国李明博政府施压，促使其改变强硬的对朝政策，朝鲜采取了一系列对抗性举措，南北关系不断受到新的冲击：

一是南北军事对抗加剧。针对韩国的对朝政策，朝鲜人民军总参谋部2009年1月17日发表声明宣布，由于韩国李明博政府继续执行对朝敌视政策，朝鲜将同韩国进行“全面对抗”。1月30日，朝鲜祖国和平统一委员会宣布废除朝韩间停止政治、军事对抗的全部协议，同时宣布有关朝鲜西海（黄海）南北军事分界线的协议也全部作废。韩国政府对朝鲜的废除协议声明保持了谨慎克制的态度，在坚持对朝既有政策的同时，避免双方矛盾激化。同时，韩国军方加强了边境地区的戒备，向可能爆发冲突的黄海海域增派了海上力量，强化了对朝鲜的侦察与监视。2009年4、5月份朝射星、核试后，南北双方均提升了军事戒备的等级，韩朝关系一度呈剑拔弩张之势。5月26日，韩国宣布从即日起正式全面加入由美国倡导的“防扩散安全倡议”（PSI）。对

此，朝鲜方面表示，韩国正式加入该倡议把朝鲜半岛局势“拖入了战争状态”，朝鲜将对此“采取坚决的措施”，同时宣布以下三项措施：将对拦截检查行为实施军事打击、不再受停战协定约束、不保证韩西海五岛[①]的法律地位及其周边海域的安全。半岛军事对抗色彩愈发浓重。

二是半岛和解进程严重受挫。李明博政府上台后，拒绝承认前两任总统与北方达成的两个宣言。而在朝鲜看来，这两个《宣言》是迄今为止朝、韩达成的最为重要的纲领性文件。朝鲜最高领导人金正日 2008 年 9 月 5 日发表谈话称，对待两个《宣言》的立场和态度，“是区分北南和解还是对抗、统一还是分裂的试金石”。朝鲜认为，朝韩关系在过去 10 年里出现的缓和、和解与相互合作的新景象正是双方贯彻落实两个宣言的成果，而李明博无视这两个宣言、全面否定其前任承诺的行为是“对全民族意愿的粗暴蹂躏”。2009 年 1 月 30 日，朝鲜宣布废除《关于南北和解、互不侵犯与合作交流协议书》，表示要给李明博政府“沉重一击”，使其遭受“可耻的失败”。朝鲜半岛南北和解进程严重受挫。

三是经贸合作和人员往来基本中断。2000 年以来，在朝、韩双方的共同努力下，朝鲜半岛局势有了很大改善。然而，李明博政府上台后，朝韩关系急转直下。2008 年 12 月 1 日，朝鲜开始执行军方此前宣布的有关南北关系的 5 项措施，包括驱逐开城工业区和金刚山旅游区内与韩国当局有关的机关及企业的常驻人员，中断运营还不到一年的开城旅游，中止双方之间的货运列车运行等，朝、韩过去 10 年来

① 西海五岛为延坪岛、白翎岛、大青岛、小青岛、隅岛。

积累的互信和合作基础遭到严重破坏，南北关系由此跌入低谷。进入2009年后，朝鲜又扣押了一名韩国企业派驻开城工业园区的工人，并在开城工业园区的租金和工人工资问题上提出了更高的要求，朝韩关系日趋冷淡。5月15日，朝鲜中央特区开发指导总局向韩方发出通知书，宣布开城工业园区有关土地租金、工人工资、税率等法规和合同无效。对此，韩国方面表示不接受朝方单方面决定，不考虑从开城工业园区撤离。7月30日，韩国渔船“800沿岸”号在日本海因导航设备故障误入朝鲜领海，被朝鲜抓捕。两国之间的合作与交流受到严重影响。

经过一年多的反复磨合后，朝、韩逐渐认识到，半岛局势紧张不符合双方利益，均有意修复南北关系。2009年8月，在半岛局势特别是朝美关系总体趋缓的背景下，朝韩关系开始出现松动缓和迹象，双方良性互动增多。一是采取具体措施为交流提供便利。朝鲜8月20日宣布，全面废除2008年底制定的“12·1”限制措施，恢复陆路通行，解除对韩方人员滞留朝鲜的限制。朝鲜还释放了被其扣留的韩“800沿岸”号渔船。韩则取消了对国内向朝鲜提供援助和赴朝访问的限制，向10余个民间援朝团体提供了数十亿韩元的“南北合作交流基金”。二是南北交流互动得以重启。8月10日，韩现代集团会长玄贞恩访朝，受到了金正日的接见和宴请，双方就重启金刚山和开城旅游项目、恢复南北离散家属会面等达成协议并发表了联合公报。8月20日，朝借韩前总统金大中逝世之机，派党中央书记金己男率“特使团”赴韩吊唁，与韩政要及官员进行了接触，并受到韩总统李明博的接见。这是李明博政府上台后南北双方首次进行高级别接触，标志着朝韩关系僵局出现松动。三是互相表达南北和解的愿望。朝多次通过党报《劳动新闻》等媒体公开表达与韩改善关系的意愿，呼吁双方应继续致力于推动南北和解合作进程，甚至宣称改善南北关系已成当务之急。朝党中央统战部长金养健还曾公开表示，“必须尽快改善南北之间的关系”。韩总统李明博也多次声称愿意随时与朝对话。在南北关系总体缓和的情况下，朝、韩虽然于 11 月 10 日在半岛西部北方限界线附近海域发生短暂交火，但双方总体能够保持克制，并未采取过激反应。

朝、韩互相释放善意有着各自的考虑。朝鲜缓和与韩关系，目的在于打破现有的国际制裁压力，获得韩方援助，缓解国内的经济困难，推动韩改变对朝强硬政策。韩国李明博政府也感到有必要缓和与朝关系，以减少国内对政府的压力，提升韩在半岛问题上的影响力。今后一个时期，朝韩关系总体缓和势头有望保持。同时也应看到，目前朝、韩互动仍处于试探阶段，尚未涉及深层次问题。双方在履行南北关系两个《宣言》，特别是朝核等问题上仍存在严重分歧，能否重回和解合作轨道仍然存在变数。由于南北之间缺乏互信，两国间一点小的磨擦与冲突均有可能被放大，进而给半岛和解进程和地区安全局势带来冲击。

三、美朝关系趋于缓和，但双方立场分歧加深

美国与朝鲜是朝核问题的主要当事方，美朝关系主导着朝核问题的发展进程。2009 年，美朝关系跌宕起伏，经过一年的磨合后，美新政府与朝鲜基本摸清了对方的政策及立场，美朝关系有望趋于稳定。但两国在涉及朝核根本性问题

上分歧反而加深，美朝关系的发展仍然充满变数。

2009 年，美国奥巴马政府上台后，在对外政策上提出了“巧实力”理念，强调与传统盟友、新兴大国和多边机构建立强有力的“伙伴关系”，在国际问题上注重国际协调与合作。在朝核问题上，奥巴马政府拒绝与朝鲜举行双边谈判，注重与中、日、韩等国的协调，坚持在六方会谈框架内解决朝核问题。2009 年，奥巴马政府在朝核问题上主要有以下举措及特点。

一是对朝鲜的“走边缘”行动采取冷处理政策。奥巴马政府上台之初，朝鲜对美新政府高度期待，希望民主党政府能够改变布什政府时期的对朝强硬立场。但奥巴马政府在上台后相当长的时间里并未将朝核问题列为外交优先课题，没有给予太多的关注。为吸引美方关注，朝鲜 2009 年先后采取了射星、退谈、核试等一系列示强举措，试图通过向美、韩及国际社会显示强硬推动朝核问题的解决。对此，奥巴马政府并没有软化立场，随着朝鲜的节奏被动仓促应对，而是静观其变，采取了冷处理的态度，推动联合国安理会通过了对朝制裁决议，使朝鲜通过“走边缘”政策改善自身处境的企图落空。

二是注重国际协调与合作。在国际问题上，相对于布什政府，奥巴马政府明显加强了国际协调与合作，在朝核问题上拒绝了朝鲜提出的通过美朝双边谈判解决朝核问题的愿望。8 月 20 日，美国负责公共事务的助理国务卿克劳利重申，只有在朝核问题六方会谈框架内，美国才会继续同朝鲜举行会谈。12 月，博思沃斯访问朝鲜，实现了奥巴马政府上台后的美、朝首次正式会谈，但博思沃斯坚持他的朝鲜之行是在六方会谈框架内进行的，目的是使朝鲜重返六方会谈，

“这只是解释性对话，而不是谈判。”而且，在访问朝鲜之前，博思沃斯先行访问了中国、日本与韩国，与三国协调了立场。早在9月2日，美国助理国务卿坎贝尔在华盛顿举行的研讨会上谈到博斯沃思此次出访时就强调说，维持六方会谈框架，重视2005年关于朝鲜弃核问题的联合声明，这是美国的基本政策。对于拒绝回到六方会谈的谈判桌并要以核拥有国身份与美国谈判的朝鲜，坎贝尔强调说，接受美国的基本政策是美、朝磋商的前提条件。①

三是采取严厉措施对朝施压。对于朝鲜的示强活动，美国积极推动联合国安理会对朝进行制裁，在朝鲜核试验后推动通过了联合国安理会第1874号决议，对朝鲜进行全面严厉的制裁。为防范朝鲜的核及常规武器扩散，美国积极推动“不扩散安全倡议”，督促韩国加入该倡议，协调其他国家一起推动对朝的监视与检查。7月，有关国家拒绝朝鲜“江南”号货船停靠，迫使其返航回国。8月，印度扣留了朝鲜货船。随后，有3艘疑似运载武器前往伊朗的朝鲜货船在途中被监控，难以到达目的地。美方负责联合国安理会第1874号决议实施情况的协调员菲利普·戈德堡8月还率政府代表团访问了马来西亚、中国、俄罗斯、新加坡、泰国、韩国和日本等国，推动落实联合国安理会就朝鲜核计划和导弹计划出台的相关决议。同时，针对朝鲜3月12日宣布于4月4日至8日发射卫星，美国海军2艘“宙斯盾”驱逐舰3月底靠泊韩国釜山，届时就位日本海活动以监视朝鲜的导弹发射。

在以强硬态度对待朝鲜示强活动的同时，美国并未关闭

---

① 参见：“美官员称愿有条件与朝直接接触”，《文汇报》2009年10月21日。

谈判的大门。10 月 5 日，美国国务院发言人伊恩·凯利表示，美方与六方会谈其他各方希望朝方重返会谈，以实现朝鲜半岛“全面和可验证”的无核化目标。10 月 13 日，美国负责公共事务的助理国务卿克劳利说，美国政府并没有因为朝鲜日前再次进行短程导弹试射而改变对朝立场，依然希望朝鲜回归朝核问题六方会谈。此前，美国还于 8 月份安排前总统克林顿对朝鲜进行了访问，安排墨西哥州州长理查森与朝驻联合国官员金明吉举行了会谈，使美、朝双方相互了解立场，开展对话。

由此可以看出美国在朝核问题上的立场主要有：一是坚持在六方会谈这一多边框架内解决朝核问题。美国仍会与朝鲜举行双边会谈，但不会改变通过多边机制解决朝核问题的基本原则。二是制裁施压与接触对话相结合，以强硬对强硬，以对话对对话，通过持续的“冷处理”，削弱朝鲜较量筹码和意志，迫其进一步降低要求，最终重回六方会谈和弃核轨道。

朝鲜在朝核问题上的意图日趋清晰，通过射星、核试等吸引美国及国际社会的关注，通过退出六方会谈实现美、朝双边直接会谈，以此实现自己的利益诉求。继 4 月宣布退出六方会谈后，朝鲜外务省发言人 7 月 27 日重申朝鲜将不参加朝核问题六方会谈，并认为还有其他对话方式可以解决问题。抛开六方会谈，谋求通过美、朝双边谈判解决自身关切的意图明显。朝鲜明确表明，它准备与美国举行“一个核国家对另一个核国家”形式的双边谈判，无核化应严格界定在美、朝双边之间。朝鲜宣称：“我们并不反对朝鲜半岛，甚至是世界的无核化，我们反对的是六方会谈框架，它侵犯了朝鲜的主权及其和平发展核能的权力。”金正日在中国国务院总理温家宝10月访朝后称，朝鲜愿意回到包括六方会谈在内的多边会谈。但朝鲜中央新闻社（KCNA）指出，朝鲜愿意参加多边会谈，是以美、朝对话的成果为前提的。

由此可以看出，朝鲜在完成射星、核试后，其立场与目标可能发生了变化，由最初的放弃核武器、实现无核化变成了与美进行对等的核裁军和军备控制。如朝鲜提出，朝鲜已是“堂堂正正”的有核国家，应将半岛无核化问题放在建设“无核世界”的大框架中加以解决，朝鲜是想将六方会谈转换成美、朝双边核武器裁减谈判，仿照印度的核发展模式，取得合法利用民用核能的权力。对于朝鲜的这一打算，美国断然拒绝。奥巴马强调，朝从前曾对其他国家进行过“威胁”，并在世界范围内进行过核技术扩散，这意味着朝不应该被接受为拥核国家。朝的核计划对亚洲及世界的和平与安全构成“严重威胁”，美不会承认朝“将要或应该成为一个拥核国家”。美国务卿希拉里·克林顿也表示：“美国永远不会与一个有核的朝鲜建立正常的、不存在制裁的关系，朝鲜领导人对此不应抱有幻想。”①

经过一年的磨合，美新政府与朝鲜已基本摸清了对方的立场，美朝关系可能趋于缓和。与此同时，随着两国在朝核问题上的立场越来越清晰，美、朝之间的矛盾与分歧将进一步尖锐，深层次矛盾将进一步凸显，美朝关系未来仍充满变数，甚至不能排除大的危机的可能性。

---

① Secretary of State Hillary Rodham Clinton at the United States Institute of Peace，October 21，2009，America. gov.

四、韩美关系处于新一轮调整之中，双边关系得以巩固

李明博政府上台后，高度重视与美国的关系，将对美关系作为韩国外交的重中之重，谋求通过强化美韩同盟增加和扩大韩国的地区及全球影响力。早在正式执政前，其外交团队就宣称对美外交将占韩国外交的50%。[①] 2009年2月奥巴马政府上台后，奉行以强化同盟为优先的政策取向。2009年，在朝鲜不断采取示强举措的情况下，美韩关系出于应对朝核形势的需要，得到了进一步加强。

一是战略同盟关系进一步巩固。2009年，美、韩两国总统实现了互访。6月，韩国总统李明博对美国进行了为期3天的访问。期间，两国领导人就朝核问题及美向韩提供包括核保护伞在内的延伸威慑问题进行了磋商，并发布了包含韩美同盟面向未来发展蓝图的《韩美同盟未来展望》。《展望》提出，韩、美两国将以巩固的合作关系为基础，在双边、地区及全世界范围内建立全面战略同盟关系。11月，美国总统奥巴马对韩国进行了访问，期间双方再次确认了美韩同盟关系和两国的安保合作关系。10月21日，美国国防部长盖茨与韩国国防部长金泰荣举行了年度安保会议，在会后发表的公报中，美方强调："我们再次承诺将利用包括美国的核保护伞、常规武器打击能力和导弹防御能力在内的所有军事力

---

① 汪伟民："进退失据：检视李明博的内外政策"，《东北亚论坛》，2009年3月，第68页。

量，向韩国提供延伸遏制力。”[①] 为进一步发展同盟关系，美、韩还商定于2010年朝鲜战争爆发60周年之际举行由两国外交和国防部长参加的“2＋2”会谈，商讨发展面向未来的同盟关系的具体方案。此外，美、韩还就20国首脑峰会、气候变化、防扩散、反恐等国际问题上协调了立场，显示双方有意扩大合作领域，将两国同盟发展成为“全球性战略同盟”。

二是军事合作得到了进一步提升。2009年，针对朝鲜半岛局势发展变化，美、韩多次举行联合军事演习，提升韩军主导下的协同作战能力。2009年3月，两国在韩国及其周边海空域举行了代号为“关键决心/鹞鹰·2009”的联合军事演习，参加此次演习的美军人数达到2.6万人，韩国海陆空三军也有5万多名官兵参加演习，重点演练了韩美联合部队司令部及所属司令部依据美韩“5027作战计划”处置危机的能力，旨在提高战时作战指挥权移交后美、韩两军联合作战能力。8月17日至27日，美、韩又在韩国境内举行了代号为“乙支自由卫士”的联合军演。美韩联合司令部称，演习在假定“有外敌入侵”的情况下举行，以韩国军队主导、美军支援的模式进行，超过5.6万名韩国军人以及1万多名驻韩美军和驻扎在其他海外基地的美军部队参加了演习。此外，美、韩还积极加强军售合作，不断升级更新韩军作战装备，以提高韩军自身的作战能力。5月，美正式决定向韩出售“全球鹰”无人机，以替代驻韩美空军的U－2型战略侦察机，6月又决定向韩出售GBU－28激光制导炸弹，韩国还计划向美购买40枚“标准－Ⅱ”型导弹，装备在KDX-Ⅲ型

---

① 转引自陶文钊：“奥巴马的外交‘新政’与战略调整”。《国际观察》2010年第1期，第8页。

导弹驱逐舰上。

三是应对地区及国际问题上的合作得到了进一步加强。为了应对越来越严峻的国际反恐形势，韩、美军方 5 月商议签署了由美情报机构第一时间向韩驻外部队提供反恐等方面情报的谅解备忘录，以使其采取“先发制人”的攻势击退敌人。韩、美军方还就美国防情报局向韩军派遣专员等事宜进行了探讨。2009 年 4 月，韩国应美方要求加入了由美国主导的“防扩散安全倡议”。此前，韩国于 2005 年在美国的要求下以观察员的身份参与了“防扩散安全倡议”8 个项目中的“派遣参观团参观成员国之间的域内外演习”和“听取报告会”等 5 个项目，但没有参与“正式参加演习”、“域内外切断演习时提供物资援助”等项目。10 月，两国国防部长会谈时，韩国表示将继续支持美在亚丁湾及黎巴嫩的行动。

此外，美、韩还再次确认将于 2012 年完成战时指挥权的移交，届时美国将会把其拥有的 7 个基地连同设施一起移交韩国。但两国在美韩自由贸易区问题上并没有取得大的进展。

五、未来朝鲜半岛形势展望

在未来一个相当长的时期内，朝鲜半岛无核化进程将继续主导半岛战略形势的发展演变，而美朝关系又是半岛无核化进程中的主要矛盾。因此，美朝关系对于探讨朝鲜半岛未来形势发展至关重要。

美国现行的对朝政策已经走进了死胡同。美国现行的对朝政策带有浓重的冷战色彩。冷战后，美国政府长期认为朝鲜现有政权的倒台和体制的变革只是时间问题，因此美国无需对朝进行认真的接触，只需等待朝鲜现有政权的垮台，朝核问题自然迎刃而解。美国在朝核问题上的目标主要包括以下三点：一是全面消除朝鲜核武器及核计划，消除朝鲜核扩散带来的危险。二是在解决朝核问题的过程中，改造朝鲜政权，将其纳入自身的战略轨道。三是通过解决朝核问题强化自身在东北亚的主导权。[①] 但在具体解决过程中，美长期将朝鲜问题简单化，没有认真面对现实，并在此基础上形成一个完整的对朝政策。通过比较冷战结束之初与当前朝核问题的发展态势，可以看出美国的对朝政策是失败的。首先，20年来朝鲜的核打击能力得到了实质性提高。国际社会估计，目前朝鲜可能拥有 26—38 公斤钚，足以制造 3—6 枚核炸弹。同时，朝鲜的核爆炸当量已经达到了数千吨（估计在 2000—4000 吨之间）。[②] 从投送能力看，朝鲜的导弹技术 20 年来也得到了长足的进步。在 2006 年的发射试验中，火箭在发射不到一分钟时间内即宣告失败，但在 2009 年的试验中，火箭的一级和二级发动机均飞行正常，并投送到了预定海域。此外，2009 年的火箭试验射程为 3000 公里，比原有的大浦洞导弹的射程缩减一半，显示朝鲜导弹研发已呈现出系列化

---

① 参见虞少华："危机下的朝核问题走向"，《国际问题研究》2009 年第 5 期，第 34 页。

② 参见 Siegfrid S. Hecker，"Report of Vistit to the Democratic People's Republic of North Korea. Pyongyang and the Nuclear Center at Yongbyon"，Center for International Security and Cooperation，Standford University，Feb. 12－16，2008，http：// iis-dh. standford. edu/pubs/22146/HeckerDPRKreport. pdf.；Blaine Harden，"North Korea Nuclear Blast Draws Global Condemnation"，Washington Post，May 26，2009，http：//www. washingtonpost. com/wp-dyn/content/article/2009/05/25/AR2009052501672. html.

发展的趋势。[1] 美国国防情报局认为，“朝鲜可能已经具备了将核弹头装载到弹道导弹上的能力”。[2] 由此可见，20 年来朝鲜的核打击能力取得了实质性的进步。其次，美国长期寄希望于朝鲜现有政权的垮台，但到目前为至，朝鲜尽管经济困难，但政权和政治体制依然稳固，仍维持着较强的军事实力。再次，美国应对朝鲜核危机的能力仍然相当有限。2009 年朝鲜先后射星、核试，不断进行示强活动，美国除了推动联合国安理会对朝实施制裁外，并无其他手段给予有效应对。从这个意义上讲，美国冷战后的对朝政策是失败的。长期以来，美国在朝核问题上更多的是一个危机管理的过程，而未形成一个完整的战略来彻底解决朝核问题。

为推动朝核问题的解决，美国需要大幅调整对朝政策。相对于冷战结束初期，朝鲜在美、朝博弈中的地位上升了。而相对朝鲜核打击能力的提升，美国则显得越来越被动，解决朝核问题也自然变得越来越急迫。目前，美国面临阿富汗问题、伊拉克问题及伊朗核问题，这些问题均比朝核问题紧迫得多、复杂得多，解决起来难度也自然大得多。因此，美国不可能在朝核问题上投入太多的资源。对美国而言，解决朝核问题的手段无外乎军事打击、封锁和制裁、接触与谈判。事实证明，单凭前两种手段既是不可能的，也是无效的。在资源和手段不增反减的情况下，美国需要的是调整手段，降低目标。目前，朝鲜发展核及导弹计划的最终目的仍是确保国家安全及在此基础上进行国家建设，融入国际社

---

① Marushige Michishita，“Playing the Same Game：North Korea's Coercive Attempt at U. S. Reconciliation”，the Washington Quarterly，October 2009，p. 146.

② Lt. Gen. Michael D Maples，“Annual Threat Assessment”，statement before the U. S. Senate Committee on Armed Services，March 10，2009，p. 26，http：//www. Dia. mil/publicaffairs/Testimonies/statement _ 31. pdf.

会。实事求是地说，朝鲜的要求并不算高，只是美国长期以来在朝核问题上将目标定得太高，既要实现朝鲜的无核化，又想改变朝鲜现行的政治制度。目前，美国需要重新检讨和制订一套新的完整的对朝政策，在目标上更多地放在无核化上，在手段运用上更多地注重接触与协调。当前，美国最为担心的是朝鲜的核扩散，朝鲜的政治制度不可能对美国构成威胁，顶多只是价值观层面上的冲击，根本不可能威胁到美国的核心利益。在手段方式上，更多地注重接触与协调，这无论对于美、朝，还是对于东北亚的其他国家，都是可以接受的选项。这一选项既符合当前奥巴马政府的外交理念，也有利于美国与地区的其他国家共同承担朝核危机的风险。对朝、美双方来说，朝鲜希望以核问题的谈判为契机实现朝美关系正常化，而美则想通过朝美关系改善实现“完全的和可核查的半岛无核化”。[①] 双方虽然内在考虑各异，但存在结合点，具有可行性。

从目前看，奥巴马政府正在酝酿“大妥协”方案，试图通过“一揽子计划”一次性解决朝核问题，这也表明美国出现了调整对朝政策的迹象。如果这一计划能够得以实施，成为美国的政策主张，半岛无核化进程无疑将是光明的，进而朝鲜半岛这一“冷战的最后一块坚冰”将逐步融化，热点将降温。相反，如果美国继续奉行原有的对朝政策，朝核问题将继续积累新的矛盾与对抗，危机不可避免，并有越来越严重之势。

（国防大学战略研究所硕士研究生　曹先玉）

---

① 焦世新：“从封锁到接触：奥巴马政府对朝‘新政’”，《现代国际关系》2010 年第 3 期，第 17 页。

第四章　东南亚地区安全形势

2009年东南亚地区的形势虽有变化，但总体平稳。除个别国家外，东南亚国家的政局基本稳定。各国为了抵消金融危机带来的不利影响，纷纷出台刺激经济措施，普遍出现不同程度的复苏迹象。为应对传统与非传统安全威胁，各国加强军队和国防建设，提升部队战斗力。在区域内国家的共同努力下，东盟一体化建设取得实质性进展。区域外大国调整对东盟政策，加强与东南亚国家的接触与交往。

一、东南亚各国内外兼顾，协调合作，经济出现明显复苏迹象

（一）金融危机对东南亚国家经济的影响

随着国际金融危机向实体经济的扩展，对高度外向型的东盟各国经济的影响十分明显。2009年东盟国家经济增长明显放缓，有的甚至出现了负增长。由于各国在发展水平、经济规模、产业结构、市场的开放程度上存在较大差异，受金融危机冲击的程度也各不相同。新加坡和马来西亚高度依赖出口，更容易受到外部风险的影响，受到的冲击最大。泰国

不仅受金融危机的冲击，还有国内政局不稳的因素，致使经济出现了负增长。菲律宾、印尼和越南等国形势稍好，仍然保持正增长。菲律宾受在外劳工就业率下降、侨汇收入减少和下半年多次台风袭击的影响，表现较越南和印尼差，GDP增长为7年来最低，仅为0.9%。而农矿产品生产国老挝、柬埔寨和缅甸受到的影响较轻。2009年老挝的GDP是53.8亿元，增长了7.3%，人均国民生产总值达到了896美元。缅甸GDP达到了2.3万亿缅元，同比增长10.1%。[①]

（二）东南亚各国应对金融危机影响的主要措施

在金融危机的冲击下，东南亚国家政府纷纷进行政策调整，实施宽松的货币政策和积极的财政政策，以稳定金融市场，恢复投资者信心。主要措施有：出台刺激经济计划，扩大投资、刺激内需，加大基础设施建设，刺激国内经济增长，对外扩大与东盟和亚太国家的区域经济合作。

货币金融政策：马来西亚中央银行自2008年11月以来连续3次降息。泰国央行在2008年12月至2009年4月期间，累计降息250个基点至125个，为5年来的最低点。印尼中央银行多次调降基准利率，累计降息125个基点。2008年以来越南盾先后两次主动贬值，还多次下调基准利率和准备金率，对向银行贷款的组织和个人实行贴息贷款。

财政政策：金融危机爆发后东南亚地区第一个陷入衰退的国家就是新加坡，这也是该国建国以来最大的一次经济衰退。为应对危机，新加坡政府2008年底推出了总值29亿新

---

① 《2009年缅甸GDP达到2.3万亿缅元》，http：//www.sina.com.cn2010年02月24日。

元的“助企业、保就业”的扶助配套措施，2009 年 1 月再次提出了 205 亿新元的振兴配套措施，这是新加坡政府首次动用储备金，因而使得财政赤字创下历史新高。马来西亚政府出台了 177 亿美元的刺激经济预算案，同时增大经济开放力度，改善投资环境，取消了在马来西亚上市公司必须要由马来族人投股 30%的要求，以吸引外资，提振国内外市场对马来西亚的信心。泰国是东南亚第二大经济体，2008 年底泰国政府先后出台了总值超过 200 亿泰铢的扶持乡村企业计划及 460 亿泰铢的经济振兴配套计划，2009 年 2 月又推出了 1.9 万亿泰铢的振兴经济方案。印度尼西亚政府在 2008 年 10 月颁布十项措施以应对国际金融危机，2009 年推出了 63.1 亿美元的刺激经济计划和 340 亿美元的国家基础设施发展规划，增加 8.8 亿美元建设基础设施。越南在 2009 年将经济工作的重心由控制通货膨胀转变为防止经济衰退。主要措施是扩大投资、刺激内需，加大基础设施投入，全年社会总投资达 704 万亿越南盾（相当于 2745 亿人民币），比 2008 年增加了 16%；发放低收入补助，扶持贫困地区，为失业人员提供技能培训，允许一些原料生产和进口企业缓缴企业所得税、增值税、进口税以及免征个人所得税等。

除了各自采取措施应对国际金融危机的影响外，各国还加强内部整合，深化与区域内和亚太地区其他国家的合作，拓展发展空间，增强应对金融危机的能力。

在金融危机期间，新加坡加快实施对外双边自由贸易政策，包括和中国这类的新兴市场签订了双边自由贸易协定，以进一步吸引外资和提高出口的竞争力。到目前为止，新加坡已与秘鲁、美国、日本等 16 个国家和地区签订了双边自由贸易协定，成为世界上签订自由贸易协定最多的国家之一。2009年1月，越南和老挝也签署了关于2009年及以后越南—老挝进出口关税优惠商品协议。

在大规模的经济刺激措施之下，东南亚各国除新加坡[①]外均出现不同程度的复苏，统计数据普遍好于预期指标。马来西亚的经济从第二季度开始复苏，第四季度实现正增长4.5%，增幅高于预期的3.2%。2009年全年，马来西亚GDP下降1.7%，好于官方－3%的预期。[②] 泰国2009年第4季度首次出现正增长，GDP同比增长5.8%，2009年全年GDP负增长2.3%，优于原预测的－3%。[③] 印尼2009年全年经济增长4.5%，低于2008年6.1%的增幅，但高于政府设定的4.3%的增长目标。菲律宾2009年11月出口总额达到36.9亿美元，同比增长5%，是自2009年1月份以来的首次增长。菲律宾国家统计协调局说最新GDP和GNP数字显示菲律宾经济已开始走出全球金融危机的阴霾。越南经济增长了5.32%，成为本地区经济增速较高的国家之一。

（三）东南亚国家经济发展面临的机遇和挑战

在新的国际经济环境之下，东南亚国家面临着新的机遇

---

① 2008年第二季度开始，新加坡经济连续四个季度萎缩，陷入衰退。但从2009年第二季度开始，新加坡经济又连续两个季度大幅反弹。不过，就在外界认为新加坡经济将稳步走上复苏之路时，2009年第四季度，新加坡经济经季节调整后按年率计算再次下滑6.8%，全年经济增长是－2.1%。新加坡总理李显龙说“对新加坡经济来说，2009年是急剧波动的一年。”

② 《马来西亚四季度GDP年增4.5%》，http://money.591hx.com2010年02月24日 财讯网。

③ 《泰国2009年GDP萎缩2.3%》，http://www.sina.com.cn 2010年02月23日15:27，商务部网站。

和挑战：第一，由于美国和欧洲都陷入了经济衰退，东南亚作为新兴市场将更加受到重视；第二，在国际经济秩序改良的过程中，东南亚国家可能会争取到更多的筹码来拓宽自己的发展空间；第三，在经历了 1997 年和 2008 年两次内源性和外源性的金融危机之后，东南亚经济积累了较强的抗风险能力，经济运行将会更加健康和稳定；第四，东南亚国家在加强区域合作上将更容易形成共识，东盟合作进程将加快，并朝着实质性合作方向迈进。①

但是另一方面，全球经济复苏虽然已经开始，基础尚不牢固，复苏势头仍十分脆弱。许多国家经济复苏都是宽松货币政策和积极财政政策共同作用的结果，个人消费和企业投资与生产能否真正推动经济复苏，尚无法确定。东南亚国家在 2010 年还将面临通胀率快速攀升的挑战。2009 年 11 月，受到信贷快速扩张、经济增长加快以及油价高涨等因素影响，越南的通胀率增幅达到 4.35%，相同的情况也出现在泰国和印尼。根据泰国商务部发布的声明，大宗商品价格，尤其是石油价格的飙升是造成该国通胀率上扬的主要因素。泰国 12 月不包含食品和能源消费的核心通胀率仅为 0.2%，而泰国当月通胀率则为 3.5%。越南已在 2009 年底开始实施加息 100 个基点。印尼央行 2010 年 1 月 6 日宣布，将该行主导利率维持在 6.5%的 4 年半以来最低水平不变，这是印尼央行连续第 5 个月做出利率不变的决定。通胀率分别达到 14 个月和 8 个月高点的泰国和菲律宾，也做出了类似的谨慎表态。

---

① 黄乃文：《美国金融危机影响下东南亚国家的经济表现与未来走向》，《东南亚研究》2009 年第 1 期，第 40 页

二、地区形势总体保持稳定，个别国家政治动荡

2009 年东南亚大部分国家政局稳定，金融危机并未像 1997 年那样引发严重的经济、社会危机，马来西亚和印尼的政权实现顺利交接。区域内国家关系逐步改善，内部整合步伐加快。国际社会的关注点主要集中在泰国政治民主化的进程和缅甸局势上。

（一）国家间关系发展良好，各国积极参与国际事务

东南亚国家在共同应对金融危机的大背景下，区域内国家间关系逐步改善，各国高层领导人互访频繁，次区域合作得到深化，积极参与国际事务。一是高层领导人互访频繁。马来西亚总理纳吉布与印尼总统苏西洛互访；5 月纳吉布访问新加坡；6 月，泰国总理阿披实访问马来西亚。越泰关系有所发展，7 月，阿披实和泰国国会主席猜·奇先后访越；越柬、越老特殊关系继续得到巩固，高层互访频繁；11 月 25 日老挝总理波松访问柬埔寨，两国表示将进一步加强两国睦邻友好合作关系，当天柬、老两国还签署了边界协议。二是深化双边和次区域合作。马来西亚和越南联合提交大陆架划界案，就南海合作进行试验性商讨。老挝与越南在军事培训、装备军需援助、边境管理和边境建设上开展合作，还举办了越、老、柬三国合作发展三角区域峰会、承办了亚太国家议会会议。三是积极参与国际事务，扩大国际影响。9 月，世界卫生组织东南亚地区卫生部长第二十七次会议在尼泊尔

首都召开，会议通过了一份防控甲型 H1N1 流感的纲要。越南 3 月，以“联系成员”身份加入跨太平洋战略经济协定谈判；10 月担任联合国安理会轮值主席国；主持了亚欧外长会议、国际货币基金组织和世界银行年会；并于 2010 年接任东盟主席国。

（二）泰国党派争斗，街头政治变身否定民主结果的工具

泰国从 2006 年发生军事政变，他信政府被推翻以来的三年内，由他信到素拉育、沙玛到颂猜、再到阿披实，更换了五位总理。阿披实自 2008 年 12 月上台执政以来，就一直受到亲他信的泰国反独裁民主联盟（反独联）领导的“红衫军”的挑战。“红衫军”多次在泰国首都曼谷和其他地区举行反政府集会，而流亡海外的他信也屡屡通过视频和电话连线等方式动员自己的支持者参加集会。2008 年 12 月 17 日，阿披实上任伊始，开局不利，遭遇“红衫军”封锁道路，新内阁无法前往国会，只好在外交部发表施政纲领。2009 年 3 月，反对党在国会提出弹劾总理和其他 5 名内阁成员的不信任案，未获通过。3 月 27 日，在曼谷集会的“红衫军”包围泰国总理府，要求阿披实下台并重新举行选举，包围时间长达 20 多天。4 月 8 日，反独联更是发动了号称“泰国历史上最大规模”的 10 万人反政府集会，以期一举推翻阿披实政府。4 月 11 日，大批“红衫军”示威者冲入在泰国海滨城市帕塔亚举行的东盟与对话国领导人系列峰会会场，致使峰会被迫中途取消。随后，“红衫军”与政府的冲突进一步升级，迫使阿披实宣布在曼谷及其周边地区实施长达 12 天的紧急

状态法。12月10日，数千名“红衫军”在曼谷举行和平集会，纪念泰国宪法日。他信在当晚通过视频发表讲话，感谢“红衫军”集会并表示愿意与政府进行谈判。

2009年泰国的政局动荡主要是“挺他信”派与“反他信”派之争，国内政治力量为了各自利益不停地较量，街头游行成了推翻民主选举结果的有效手段，造成泰国内社会分裂，影响国家经济发展，泰国国际形象严重受损，并使得泰、柬双边关系紧张。在今后很长一段时间里，“红衫军”不可能偃旗息鼓，阿披实政府还要与之周旋。泰国的政局动荡也使得人们对泰式民主进行反思——“从1932年泰国实行君主立宪制以来，泰国人民一直在追求民主的道路上前进，但假如军队仍能操纵政治，法制不能有效地保障民主的实施，金融能肆无忌惮地渗透民主，而政党不能充分行使其政治功能，那么泰国的民主化进程还将困难重重。”①

（三）缅甸面临大选压力，果敢事件影响深远

在西方压力下，缅甸军政府虽然同意按照2003年承诺的“七点民主路线图”在2010年举行新宪法制定后的首次全国大选，但政局走向仍存在着很大不确定性。2009年2月，缅甸政府宣布要特赦6000名囚犯，以使更多人能参加2010年的大选。缅甸军政府一直对缅北的少数民族武装不放心，2009年正是4个特区与政府签订和平协议满20年。为确保军政府获得大选优势，2009年4月，军政府向国内所有民族武装力量施压，要求后者一律把军队改编为边防军，并接受

① 陈建荣：《泰国民主的前景：军权、法制、金钱与政党》，《东南亚研究》2007年第6期

军政府官员监管。按照缅甸2008年宪法“一个国家，一支军队”规定，缅甸国内所有的半自治少数民族武装都必须接受政府收编，成为边境保卫部队，听从政府而不是地方领袖的命令。为做好武力整编的准备，缅甸军政府自6月份起频繁调动精锐部队，缓慢地向中缅边境和泰缅边境集结。2009年8月缅甸局势发生突变，缅甸政府军和地方武装在靠近中国云南的缅甸果敢地区发生军事冲突，超过3万名缅甸边民进入中国境内。随着缅甸政府加大对北部地区武装的清剿力度，缅甸问题开始升温。11月，据缅甸国家媒体报道，缅甸军政府已经说服克钦族独立军和东部克耶邦部队两支少数民族武装部队转型成为“边境保卫部队”，这使得他们朝着和平大选的方向迈出了重要一步。目前尚有“佤联军”、“克钦新民主军”、“掸邦东部民族民主同盟军”拒绝整编，继续与政府军对峙，形势紧张，缅北动荡可能加剧。

缅甸俯瞰印度洋，扼守马六甲海峡，又是连接中国、东南亚和南亚的陆路通道，战略地位十分重要。缅北局势动荡不仅危及我边境安全，还将影响我在缅的战略利益、西南能源战略通道安全，处置不当还将对中缅关系产生不利影响、伤害海外华侨华人的感情。

2010年除缅甸将举行选举外，菲律宾也将举行大选。2010年5月，菲律宾大选选出正副总统，12名议员，18000名国家和地方官员，各派加紧为选举布局。种种迹象表明菲律宾选举形势复杂。2009年，菲律宾境内，尤其是南部地区，连续发生多起绑架人质事件。据菲律宾一家民间反犯罪机构公布的数据，仅2009年上半年菲全国就至少有85人遭绑架，超过半数绑架案件发生在治安不稳定的南部棉兰老地区。最为严重的一次是：2009年11月23日，菲律宾南部发生了有多名政界人士和记者遭劫持和屠杀的恶性暴力事件，致使57人遇害。菲律宾当局指控马京达瑙省省长的儿子，温都赛市市长小安达尔·安帕图在安是主要嫌疑人，其目的是阻止反对派曼古达达图与其竞争省长职位，这一震惊世界的政治仇杀案更是暴露了菲政坛家族和帮派政治的黑暗面，对该国政治和社会生活产生恶劣的影响。

在反恐方面，东南亚地区的反恐取得一定成果。2009年4月，从新加坡逃跑出境的东南亚地区恐怖组织“伊斯兰团”在新加坡的头目马斯·塞拉马拉在马来西亚落网；8月，东南亚地区恐怖组织“伊斯兰团”地区头目努尔丁·穆罕默德·托普被印尼警方击毙。但是，菲律宾棉兰老地区7月多次遭炸弹袭击，印尼“7·17”发生了两家酒店连环爆炸案，可能都与恐怖组织“伊斯兰团”有关。这也表明反恐只注重恐怖组织的核心人物，忽视其基本架构，并不能根除恐怖主义。东南亚多数恐怖组织实力受损，正调整策略，加紧宣传、招募活动。2010年该地区反恐形势仍然不容乐观。

（四）南海问题依然敏感，区域外大国介入明显

南海争端由来已久，2009年中国与东南亚海上邻国在南海问题上的摩擦显著增多。起因是2009年5月13日是《联合国海洋法公约》缔约国向联合国大陆架界限委员会提交200海里外大陆架划界案的最后期限，有关争端方抓紧时间圈海划界，综合运用政治、经济、军事和法律手段同中国争夺岛屿与海域归属权。区外大国也借机加强同东南亚国家的接触与交流。一方面攫取经济利益，另一方面强调自己在该

地区的存在，试图扩大对南海问题的发言权，遏制中国的崛起。

各国政府动作频繁。2009 年 3 月 6 日，时任马来西亚总理巴达维登陆南沙群岛的弹丸礁，宣示主权；3 月 10 日，菲律宾总统阿罗约签署领海基线法，将中国的黄岩岛和南沙群岛部分岛礁划为“所属岛屿”；4 月 25 日，越南任命“黄沙岛县”（即西沙）人民委员会主席，负责监管西沙群岛；5 月，马来西亚和越南联手向联合国大陆架界限委员会提交了大陆架划界案；越南单独提交“外大陆架划界案”，声称对中国的西沙和南沙群岛享有主权；6 月 22 日，印尼抓捕局进入中国传统海域，抓扣 8 艘中国渔船和 75 名中国渔民，此举为多年来所罕见。

另外，有关国家加强军事力量建设，增强对争端海域的军事控制能力。通过采购和自制等手段更新武器装备，提升军队在争议海区的巡逻和快速反应能力，加大对南沙群岛及其附近海域控制能力，以加强对我的军事威慑。

与此同时，美国在南海地区投棋布子，对南海的政策也随着东南亚政策的调整发生了改变，使南海形势更加复杂，也为南海争端的和平解决增加了难度。2009 年上半年，美大炒“无瑕”号和“麦凯恩”号事件。美国国务院东亚太平洋事务局的官员斯科特·马西尔 7 月 15 日在参院听证会上表示美在南海地区的自由航行权受到威胁。[①] 虽然 6 月 4 日盖茨表示美国“对南海没有态度”，但国防部长办公室助理罗伯特·谢尔却在 7 月 15 日的参院听证会上称中国对南沙和西沙

① 转引自蔡鹏鸿：《美国南海政策新动向》，《现代国际关系》2009 年第 9 期，第 6 页。

地区提出的领土主张存在争议，没有得到国际上的承认。[①] 这一系列的言论和举动偏离了美国一贯的南海政策，表明美现行政策出现了倾向于支持其他争端方的新动向。

三、东南亚各国加强军备建设，军队现代化步伐加快

（一）采购武器装备，提升军队作战能力

2009年东南亚各国纷纷自制、采购先进的武器装备或是升级已有装备，加快高新技术的研发，提升军备质量。值得注意的动向是：各国注重海空军建设，斥巨资装备海空军，加强制空制海能力。马来西亚从法国购买的2艘“鲉鱼”级潜艇先后服役，并计划再买4艘潜艇，部署在南海和印度洋海域；该国向德国订购的第3艘“梅科”级护卫舰正式服役，其余3艘也将到位。菲律宾从美国接收了6艘配备重机枪的高速巡逻艇和2架巡逻直升机，从韩国接收了15架T—41B教练机，从俄罗斯接收了3架苏—30MK2战斗机，在2010年继续接收3架苏—27SKM战斗机；美、澳援建的“海上边境控制系统”于2009年2月正式投入使用。菲国防部称，这是为了“应对菲律宾面临的海上潜在威胁，尤其是南海诸岛的外来威胁”。越南在2009年1月与俄罗斯签订8架苏—30MK2战机合同；2009年4月，越订购6艘“基洛”级636型潜艇，合同金额高达18亿美元；2009年5月，接

---

① 转引自蔡鹏鸿：《美国南海政策新动向》，《现代国际关系》2009年第9期，第6页。

收俄新型“堡垒－P”岸基反舰导弹系统，成为该型导弹首个进口国；2009 年 12 月，俄为越建造的首个“猎豹”级护卫舰下水。越南还积极着手发展太空技术，致力于火箭制造和军民两用空间技术的研发。印尼 2009 年的国防预算为 28.4 亿美元，增长了 9.8%；2009 年 7 月，发射了载有全球定位仪和加速器装置的国产火箭，提升了国防装备的自主生产能力。

（二）形式多样，加强军事合作与交流

2009 年东南亚地区的军事活动明显增多，各国通过参与演训交流，提升实战能力，扩大国际影响。可以说东南亚是联合军演的热门地区之一，除少数联演外，多数军演都有区域外大国主导或参与，其中值得注意的是越、美军事上互靠动作明显，菲、美联演明显升温。

2008 年 12 月，新加坡和马来西亚两国在马六甲海峡进行为期 10 天的联合演习，以加强双方在马六甲海峡的合作。2009 年 2 月，“金色眼镜蛇”联合军演在泰国举行，有来自泰国、美国、日本、新加坡和印尼的军事人员参加。2009 年 3 月 24 日至 4 月 2 日，新加坡和印度两国海军在南海举行代号为“SIMBEX”的演习。10 月份新加坡、澳大利亚、新西兰、马来西亚和英国等 5 国举行了陆海空联合演习。

2009 年越、美军事交往明显增多，军事关系升温迅速。2009 年 4 月，越南国防部代表团首次登舰参观美国停泊于南海的“斯坦尼斯”号航母；6 月，副总参谋长陈光奎考察夏威夷希凯姆空军基地；6 月 8 日，越南和美国在华盛顿举行

了有关全球和区域环境安全、国际安全问题、人道主义问题和国防合作的第二次战略对话；12月，越南国防部长冯光清访美，全面提升越美军事交流合作关系，美方表示考虑向越南出售武器。

近年来，菲律宾加强与美国的军事合作，联演规模扩大。传统、例行的联演如“肩并肩”、“卡拉特”、“平衡活塞”、“跳跃展望”，规模都有所扩大。2009年的“卡拉特”演习，两国有8000余人参加，美国有4艘“宙斯盾”级驱逐舰参加，为历史上最多的一次。10月，菲政府顶住国内舆论压力，提出在《共同防御条约》和《访问部队协议》的基础上加强菲美军事关系。两国联合反恐成效显著，在美国的协助下，菲军方发起打击阿布沙耶夫和摩洛伊斯兰解放阵线的军事行动，有力打击了恐怖组织。2009年7月，政府与摩洛伊斯兰解放阵线达成了停火协议，签署了《保护平民协议》。

四、东盟加快推进一体化建设，但受内外因素制约明显

（一）共同体建设取得实质性进展，区域化合作步伐加快

在应对金融危机的共同需求之下，东南亚国家内部整合步伐加快，东盟共同体建设取得了实质性进展，东盟与六国的自由贸易协定也逐渐生效。

自2008年底《东盟宪章》正式生效后，第14届东盟峰会和第15届东盟峰会分别于2009年2月和10月举行。在第

14 届东盟峰会上，各国领导人签署了《东盟共同体 2009—2015 年路线图宣言》，重申将在 2015 年如期建立以安全、经济和社会文化共同体为支柱的东盟共同体；发布了政治安全和社会文化共同体蓝图等文件，使东盟共同体建设进入更加具体和实质性的阶段。第 15 届东盟系列峰会围绕如何进一步推进东盟建设、应对国际金融危机、加强能源和粮食安全、应对气候变化和加强灾害管理，以及推进地区合作进行了深入讨论，并取得了诸多成果。在应对国际金融危机、维护经济稳定方面，东盟十国领导人强调，有必要继续实施国内经济刺激计划，以确保经济持续增长；并一致同意东盟主席国领导人和东盟秘书长应受邀参加未来的 20 国集团峰会，以便表达东盟的整体态度，并更好地协调地区与全球性经济政策。

东盟与区域外国家的经济合作也取得了巨大的进展。2009 年 2 月，东盟与澳大利亚、新西兰签署自贸协议（AANZFTA)，并于 7 月 1 日生效。8 月 9 日，东盟与印度就货物领域的自由贸易达成协议，2010 年启动。8 月，东盟与中国签订了《投资协议》，该协议是中国—东盟自由贸易区建设进程中最后一块里程碑。至此，中国—东盟自贸区的主要法律框架已经建立。东盟与中国、日本、韩国、澳大利亚、新西兰和印度等 6 个对话伙伴国展开了“10＋6”经济部长会议。与会各国着重讨论了东盟自由贸易区框架以及“10＋6”框架下的经济议题，这将为推动东盟自由贸易区建设进程起到积极作用。在第十二次东盟与中国、日本、韩国（10＋3）领导人会议上，各国领导人同意在年底前实施规模为 1200 亿美元的清迈倡议多边化协议，并建立一个独立的区域经济监测机构；同意建立东亚外汇储备库，以维护本地区金融市场稳定。尤为值得一提的是，各国领导人重申，将“10＋3”机制作为实现东亚共同体长期目标的主要载体，由东盟在其中发挥主导作用。

从2009年来看，东南亚区域化合作日益增多，一体化趋势明显，多层次的区域和次区域合作拓展了各国的发展空间、增加了发展机遇。东盟10国内部的合作增进和提升了各国政治互信、推动了经济发展，提高了东盟在国际舞台上的地位；“10＋3”框架内的经济、金融合作增强了东南亚国家抵御金融危机的能力，促进了地区经济的复苏；从东亚峰会框架内的合作看，各国在能源、环保和气候变化方面的协调增强了该地区应对全球危机和自然灾害的能力。

（二）东盟一体化建设需克服内部差异、应对外部挑战

虽然东盟一体化建设取得了重要的成就，但是也有许多复杂因素的挑战，这些因素既有东盟内部的，也有来自外部的。内外互动，使东盟的一体化进程和东盟在地区事务上的主导地位遇到了障碍。

东盟自身构成情况复杂，内部差异较大，阻碍了共同体建设的进程。各成员国在政治、经济与社会文化等方面的发展不一致，新加坡人均年收入近3万美元，缅甸却只有不到200美元。老挝与越南是社会主义国家，马来西亚、泰国、新加坡、菲律宾却是资本主义国家。菲律宾是天主教国家，泰国与缅甸则是佛教国家，马来西亚与印尼却是穆斯林国家。东盟内部国家之间在领土等方面也存在争议。东盟6个

老成员国从2010年1月开始实行贸易零关税，但是也有国家出于保护本国工业的考虑，可能会拖延时间。印尼部分高官表示，零关税实施后印尼一些劳动密集型产业将遭受重大打击，因此有可能重新调整暂不实行零关税产品的清单，甚至拖延实施自贸区协议。印尼是东盟第一大经济体，如果在自贸区成立初始就表现出贸易保护主义倾向，东盟经济共同体的建设必然会受到影响。

在更大范围的东亚地区合作上，东盟的主导地位也面临挑战。东盟的目标是确保东亚合作以东盟为核心，将区域外人国拉入东亚合作网，让大国相互牵制、相互制衡。但东盟实力有限，主导大国关系和地区合作的能力不足，在解决地区冲突上没有固定的机制。在2009年11月召开的APEC会议上，澳大利亚和日本分别提出了“亚太共同体”和“东亚共同体”的倡议，暗示着由于地区局势的变化，东盟的中心地位遭到了质疑。东盟担心这两个方案的提出将使东盟丧失地区主导权，而且东盟各国对待这两个倡议的态度也不一致，印尼对以上两个倡议就表示了支持。对此，东盟极力呼吁要考虑整体利益。

五、以美国为首的大国调整政策，增加对该地区的关注和投入

随着东盟的影响力不断上升，区域外国家不断调整对东盟的政策，增加了对该地区的投入，而东盟国家出于战略利益的需求，也主动与这些大国发展关系。迄今为止，澳大利亚、新西兰、中国、英国、法国、德国、捷克和美国已先后任命驻东盟大使，巩固和发展与东盟的关系。东盟已与中、

日、韩、印、澳、新西兰、欧盟和俄罗斯先后建立了“10＋1”机制。在2009年最为引人注目的是，美国高调“重返”东南亚；美缅关系有改善迹象；湄公河流域开发同时获得美、日青睐。

（一）美国高调“重返”东南亚

奥巴马2009年初上任以后，调整了对亚洲的政策，希望提升对亚洲国家的影响力。作为其政策调整的一部分，美国也加快了与东南亚国家密切关系的步伐。2月，国务卿希拉里·克林顿访问印尼和东盟秘书处，成为第一个造访东盟秘书处的美国国务卿。7月，希拉里·克林顿在泰国普吉出席东盟地区论坛期间，代表美国签署加入了《东南亚友好合作条约》，并宣布向东盟派遣首任大使。11月15日，美国总统奥巴马和东南亚国家联盟（东盟）十国领导人进行了“美国—东盟领导人会议”，奥巴马成为首位与东盟十国领导人会晤的美国总统，此举表明美国将在安全领域加强与东盟的对话，全面参与地区事务。会上，东盟还对美国与缅甸接触的政策表示欢迎。

《东南亚友好合作条约》诞生于1976年举行的首次东盟首脑会议，是东盟主要文件之一。直至2009年2月，除东盟十国外，已有十五个域外国家加入《东南亚友好合作条约》，中国、日本、韩国、朝鲜、俄罗斯、印度等国均已加入。美国加入《东南亚友好合作条约》被认为是美国“重返东南亚”的强烈信号。美国加强对东盟的重视和利用，有利于其对缅甸和朝鲜施加影响，遏制其他大国在这一地区日益增强的影响力，以免被排除在快速发展的东亚事务之外。还有一个重要的原因是经济利益。金融危机发生后，亚洲经济表现抢眼，尤其是区域内经济合作成果显著，东盟框架下的自由贸易区不断扩大，美国不希望自己被排除在外，避免在地区经济合作中处于不利地位。

（二）美缅关系松动，走向值得关注

缅甸军政府自1988年接管政权后，美国对缅甸采取了一系列外交孤立和经济制裁的强硬政策，致使美缅关系不断恶化。在布什8年执政期间，美国政府将缅甸列为“暴政前哨”，对缅甸的经济制裁更是逐年加码，但是制裁并未起到预期的作用。奥巴马政府上台以后，美国调整政策，“萝卜和大棒”并用，开始同缅甸接触，希望通过接触增加了解，推动缅甸朝着美国希望的方向变化，还企图借接触继续施加压力，同时也可在中、缅之间打入楔子，抗衡中国对缅日益扩大的影响力。

对缅甸而言，美国对缅政策的调整当然值得欢迎。事实上，缅甸也作出了某种姿态，使得2009年发生了美、缅双边关系史上近十余年来的多个“第一次”。2009年8月，美国民主党参议员韦布作为近十年来第一位应邀访问缅甸的国会议员，会见了缅甸国家和平与发展委员会主席丹瑞大将，还会见了被软禁的昂山素季，并带走了被缅甸判刑的美国公民耶托。9月29日，坎贝尔率美国政府代表团与缅甸政府代表团在纽约举行了美、缅两国政府近些年来的首次高级别对话。而11月4日，美国主管东亚和太平洋地区事务助理国务卿坎贝尔又对缅甸进行了为期两天的访问，会见了缅甸军政府领袖和民运领袖昂山素季及其他反对党人士。双方表现都相当谨慎低调。坎贝尔是自1995年以来访缅的最高级别的美国官员（在克林顿政府时期，美国驻联合国大使奥尔布赖特曾于1995年访问缅甸）。缅甸政府高规格地接待坎贝尔，并满足美方提出的部分要求。11月4日，美国的助理国务卿坎贝尔在结束访问时说，美国正准备采取步骤改善美缅关系。

（三）大湄公河次区域开发获美、日青睐

针对中国与东南亚国家开展的大湄公河次区域合作(GMS)，日本和美国也先后加大了对该地区的重视和投入，并提出了不包括中国和缅甸的湄公河流域合作方案。

近年来，日本对不少国家的经济援助逐年减少，但对东南亚国家的援助却有增无减。东南亚是日本最重要的海上经济通道，因其巨大的资源潜力和战略地位，历来被日本视为战略攸关的地区。另外，就是日本希望通过与东南亚国家的合作逐步落实鸠山政府提出的“东亚共同体”设想。2009年11月，日本与泰、越、老、柬4国举办了首届首脑会议，发表了《东京宣言》和《行动计划》，确立日本与湄公河国家“以繁荣为目标的新型伙伴关系”。日本承诺未来三年向湄公河流域国家提供50多亿美元的政府援助，以完善当地的基础设施，加强人员交流。

美国提出“湄公河流域四国合作计划”。希拉里·克林顿在2009年7月与泰国、越南、柬埔寨和老挝外长举行了会谈，向4国提出了建立湄公河流域新合作框架的提案。美国的目标是与4国共同建立“美湄合作”的新框架，在环保、教育、医疗等3个领域开展合作；还计划将湄公河与密西西

比河结为“姐妹河”，在两条河流的管理部门之间建立关系。2009 年，美国在湄公河的环保项目上投资 700 万美元，同时奥巴马政府还在积极向国会争取额外的 1500 万美元用于改善四国的食品安全。

（国防大学战略研究所研究生　李云飞）

第五章　中亚地区安全形势

2009年，中亚地区的安全形势仍然不稳定。受全球金融危机的冲击，中亚地区各国经济发展形势仍然十分严峻，但由于应对举措及时得力，危机尚在可控范围内，没有造成国家局势动荡等恶果。美国调整反恐战略并增兵阿富汗，加大对阿富汗和巴基斯坦境内“三股势力”的打击力度，南亚境内的“三股势力”回流至中亚地区，对中亚地区的影响和威胁日益增大。地区各国因水资源、能源等问题引发的矛盾和分歧日益加深，地区各国间的矛盾呈现扩大趋势。此外，美俄等围绕中亚地区地缘政治和地缘经济的竞争更趋激烈，使得中亚地区安全形势发展更加充满了不确定性。

一、2009年中亚地区战略形势发展变化及其特点

2009年，中亚地区形势发展呈现出一些新变化和新特点。它们突出表现在金融危机的影响和冲击持续发酵，国内政局动荡的因素开始显露，地区内部各国分歧不断扩大，大国的中亚政策正处于新一轮调整期。这些变化和特点使中亚

地区安全形势发展的不确定性更加明显。

（一）金融危机影响明显，地区各国经济发展形势严峻

2009年4月，国际货币基金组织曾做出评估，年初哈萨克经济增长率为－2%，吉尔吉斯经济增长率仅为0.9%，乌兹别克和塔吉克因各自经济结构的特殊性受到外部冲击较小，经济增长率分别为7%和2%。中亚各国国内金融形势因全球经济危机引起的波动也日趋严重，吉乌的通货膨胀率均高于12%，塔达到11.9%。尽管中亚各国纷纷采取了方案应对危机的冲击，但在这一冲击面前，原本脆弱的各国经济所要经受的考验仍是中亚地区各国独立以来最为严峻的。

1. 经济增长明显放缓，工业生产下降。哈国属于原料出口依赖型且外贸依存度较高的国家，经济金融开放程度较高，随着以原油为代表的能源和原材料商品价格的下跌，哈国经济遭受沉重打击，受金融危机的冲击最早也最深。2008年哈国GDP仅增长3.3%（2007年为8.5%），2009年一季度增长率为－2.2%（2008年同期为6.0%），工业生产下降4.6%。受哈国、俄罗斯经济下滑的影响，吉国2009年一季度GDP仅增长0.2%（2008年同期为5.2%），工业生产下降19.5%。

2. 货币持续贬值。受金融危机、外资撤回、油价下跌、银行资产质量下降、流动性短缺等因素的影响，2009年哈、吉和塔国货币大幅贬值。自金融危机以来，在哈央行强烈干预下，坚戈对美元汇率一直在1∶120上下波动，汇率总体保持稳定。2009年2月4日，哈央行宣布放弃汇率的干预政

策，坚戈对美元由 2 月 3 日的 122.32 贬至 143.98，跌幅高达 17.7%，贬值率为近 10 年来最大的一次。截至 2009 年 5 月底，坚戈对美元的汇率为 150.44，比年初贬值 24.55%。哈国货币贬值立即对吉、塔等中亚邻国构成影响，2009 年一季度吉国本币索姆对美元汇率跌幅接近 10%，2008 年 7 月至 2009 年 3 月累计跌幅达 18.35%；2009 年一季度塔国本币索莫尼对美元汇率下跌 10.5%。

3. 金融体系的脆弱性凸显。金融危机发生以来，哈国从国际金融市场的融资大幅减少，触发了哈国银行体系的流动性危机。由于难以筹措到新的外来资金，到期的中、短债务必须按时偿还，迫使哈国紧缩银根，缩小信贷规模。鉴于投资风险增加和融资困难，国际评级机构下调了哈国主权信贷等级和银行贷款信用等级，2009 年 2 月 19 日，惠誉将哈国纳入“负面评级观察名单”，五大主要“系统构成”银行的长期外币违约人信誉等级都下调至“BB”或“BBB 级”，评级展望均下降为“负面”。吉国的银行近一半为哈国银行控股，全球金融市场发生动荡后，这些银行的资金通过其母公司注入已经枯竭，而且 1.5 亿美元的银行外债（主要是哈在吉境内的银行）在 9 月前到期，资本外流的风险增大，银行的资产质量也随着经济增长放缓有一定下降。塔国 2008 年国际贸易状况恶化，境外务工人员返回，汇款流入额减少（汇款流入额估计占 2008 年塔国 GDP 的 47%，已经成为过去几年中最大的现金流入源），同时随着世界市场对塔国最重要出口商品（铝和皮棉）的需求减少，价格大幅下跌，塔国银行体系受到流动性不足的威胁，IMF 预计塔国银行资产质量将进一步恶化。

4. 各国对外贸易迅速下滑。国际贸易是受全球金融危机影响最严重的领域之一，随着中亚对外贸易伙伴国受金融危机影响，经济均呈不同程度的下降，外部需求减弱，购买力明显下降，哈、吉、塔三国对外贸易迅速下降。2009 年 1—4 月，哈国和吉国出口同比分别下降 50%和 12.5%，进口分别下降 16.3%和 18.4%；据塔吉克斯坦国家统计委员会资料，2009 年 1—7 月，塔吉克外贸额 19.04 亿美元，同比下降 31.2%。其中，出口 4.98 亿美元，同比下降 46.8%；进口 14.06 亿美元，同比下降 23.3%。进口额为出口额的 2 倍，贸易逆差巨大；乌国 2009 年一季度对外贸易额虽增长 8.1%，但与 2008 年同期 33%的增长速度相比，增幅下降了 75.5%。[①]

（二）政局总体保持稳定，动荡因素依然存在

美国《外交政策》杂志 2009 年上半年发布了一项调查结果，将世界上的 177 个国家按照不稳定指数进行排序，中亚地区乌兹别克斯坦、塔吉克斯坦、吉尔吉斯斯坦、土库曼斯坦分别被列在 31、37、41 和 59 位。该项调查的主要依据是经济状况、公民守法程度、外来移民数量、特勤部门活跃度、人民对政府的态度等 12 项关键性指标，排名越靠前的国家存在的问题越多。中亚国家不稳定指数的排序表明，中亚地区存在影响稳定的因素和问题。但总体看来，中亚国家政局总体上保持稳定，没有发生大的动荡，但稳定背后动荡因素开始逐渐显露。

1. 吉新一届总统选举顺利举行，反对派未能挑起大的事端，但当选总统执政仍面临严峻考验。2009 年 7 月 23 日，

---

① 以上数据参见李寿龙：《金融危机对中亚国家的冲击及其对新疆对外贸易的影响》，《金融参考》2009 年第 8 期。

吉举行新一届总统选举。巴基耶夫政权由于近年来致力于稳定国内社会秩序，注重改善民生，着力发展经济，取得了一些成绩和进步，逐渐赢得了民心。特别是年初，巴基耶夫以其高超的政治手腕，妥善解决了美军驻吉玛纳斯空军基地问题，在俄美间左右逢源，使吉因玛纳斯空军基地撤留问题同俄美签署的协议分别为该国赢得20亿美元贷款、1.5亿美元无偿援助和1.7亿美元资助的丰厚回报。同时，巴基耶夫总统拥有强大的执政资源和多数民众信任，胜选连任其实早成定局。反对派因缺乏实力派候选人和选举经费，相互间政见分歧较大，难以形成统一联盟与巴基耶夫抗衡。另外，由于吉民众渴望国家稳定，加之吉当局掌控局势的力度不断加大，以及俄对吉现政权的强力支持，反对派已无力组织大规模抗议活动，大选前，吉社会政治局势基本保持了稳定。反对派除3月27日在比什凯克组织的抗议活动规模超千人外，其他地区的抗议仅有几十人参加，口号多是要求发展经济和增加就业。美国虽希望吉现政权实行民主化改造，但对吉的影响力已难同2005年“郁金香革命”时相比。巴基耶夫虽然顺利当选，但如何避免国民经济因全球金融危机急剧下滑、妥善处理与反对派的关系、继续促进发展和改善民生等都是他面临的严峻考验和挑战。

2. 各国应对金融危机措施得力，获得民心支持，但危机影响仍将长期存在。受全球经济危机影响，到2010年东欧和中亚地区可能新增1100万贫困人口，挣扎在贫困线边缘的人数增加2300万。金融危机虽给中亚各国产生了严重影响，但在危机面前，各国政府积极应对，在获得国内民众支持的同时，也确保了政局总体稳定。哈为有效应对国际金融危机带来的冲击，在应对经济危机战略部署规划大纲中从国家民族基金共拨出了190亿美元（占哈国内生产总值14%）投入了城市生产基础、运输业、国家主要的工程项目等。上述投资为全国创造了10万个新的工作职位，使哈国失业率保持在7.2%以下，并使国家外汇储备保持了430亿美元的水平上。11月中旬，哈总统通过电视、广播、电话、互联网等方式与民众进行了持续约3个小时的直接对话，明确将从2010年的预算中再拨款1000亿坚戈（1美元约合150.8坚戈），继续实施应对危机的“路线图”计划，以保障居民就业，促进企业生产能力增长。吉政府加大了对医疗卫生、教育领域的投资力度，且在俄美之间妥善处理了美军马纳斯空军基地问题，最大程度上实现了自己的利益。这一举措更加赢得了民心，获得了稳定的社会基础。乌、塔等国常年有大量外出打工者在俄、哈等经济发展相对较快的国家工作，由于金融危机影响，他们基本上都失去了工作，不仅使乌、塔等国原有的国家外汇来源中断，而且大量失业者自国外返回，对其国内的就业和社会治安带来严重影响。乌政府官员就曾表示，该国公民外出打工者于年内回国的人数可能达到100万，而人口只有530万的吉约有50万人在国外打工，吉国内面临巨大的就业压力。贫困和失业使中亚各国社会治安发生恶化，导致对社会前景和个人发展失去希望的人群增多，为极端主义势力的发展提供了更广大的社会空间，也给社会稳定造成了隐患。

3. 南亚地区“三股势力”回流中亚的趋势加强，虽未发生有影响的恐怖事件，但地区安全形势已受到威胁。中亚各国独立以来，以宗教极端主义为意识形态基础，以恐怖暴力活动为基本表现方式的“三股势力”一直是威胁各国乃至地区安全的重要因素。由于中亚地缘政治的复杂性，这一基本因素又与其他因素互动交织，从而使中亚安全形势更加复杂多变。一方面，年内美国反恐重心东移，加大了在阿富汗的反恐力度，巴基斯坦等南亚国家对境内恐怖组织持续实施军事清剿，“乌伊运”等恐怖组织开始由南亚向中亚地区“回流”，中亚地区反恐形势趋于严峻。据中亚各国有关部门公布的消息，近几年“伊斯兰解放党”等宗教极端主义势力的活动并没有因其是否属于恐怖主义组织的讨论而有所收敛。而“乌伊运”等老牌恐怖主义组织也不断地制造一些零星的暴力事件，以此向外界证明其存在和能力。5月底，几名据说是“乌伊运”派遣的武装分子，在企图袭击乌兹别克斯坦安集延市的警察哨所时被警方挫败；8月底，在乌兹别克斯坦准备庆祝独立日和首都塔什干建城2200年时，内务部门在一次清剿行动中将隐藏在市区居民楼中的几名极端分子击毙；10月下旬，乌护法部门又逮捕了几十名极端主义分子。另一方面，受国际能源市场剧烈波动和国际金融危机的双重冲击，年内多数中亚国家经济发展受挫，失业率增加，高层腐败和贫富分化问题严重。恐怖组织利用宗教极端思想诱导民众，借机扩大影响，发展组织力量，“三股势力”有重新坐大的趋势。恐怖组织虽未制造有影响的恐怖事件，但随着南亚地区反恐形势的发展，中亚将日益成为恐怖分子借道的重要地区，从而导致中亚地区安全形势会越来越多地受到恐怖主义的严重威胁。

（三）地区间各国分歧和矛盾呈现出扩大趋势

中亚地区各国之间的分歧和矛盾由来已久，年内因水资源引发的矛盾使各国分歧呈现出扩大趋势。中亚各国之间水资源分布严重不均，主要的两条河流——锡尔河和阿姆河，都是跨境河流，自东向西流经塔吉克斯坦、吉尔吉斯斯坦、乌兹别克斯坦、哈萨克斯坦及土库曼斯坦五个国家。中亚五国经济社会发展水平严重不平衡，吉、塔两国工农业发展相对落后，但占据了上述两条河流的上游地区，夏季因帕米尔高原冰川融化等原因，水量丰富，发电量过剩。而中亚其他三个国家，尤其是一直在争夺中亚“老大”地位的乌、哈两国均处于河流下游，农业灌溉及工业用水严重依赖这两条河流。4 月 28 日，中亚五国总统在阿拉木图召开拯救咸海国际基金会成员国峰会，一致同意继续努力拯救咸海。虽然这次峰会名义上是为咸海，重点却是缓和彼此间相当尖锐的水资源利用问题。但是该问题在这次峰会上没有得到解决。乌反对在该地区跨国河流上游地区兴建大型水电站，认为塔境内的罗贡水电站和吉境内的坎巴拉塔水电站一旦投入使用，会对该地区水平衡产生消极影响，并降低流经乌国境内的水量。乌国态度十分很坚决，要兴建大型电站就必须征得邻国同意，并由联合国牵头进行国际专家鉴定。油气资源短缺的吉塔两国是中亚最贫困的国家，其经济深陷危机多年，它们无力按市场价格支付进口能源的费用，因此将利用本国丰富的水力资源视为纾困之道。塔总统拉赫蒙与吉总统巴基耶夫此行的目的正是要为本国兴建大型水电站的权利据理力争。哈、乌、土三国的看法与吉塔两国正好相反：上游国家未经邻国许可不得兴建大型水电站。双方在水资源问题上各执一词，可能导致地区陷入分裂，从而给地区经济合作蒙上阴影。

此外，2009 年乌多次表示其将退出中亚统一电力系统，也使中亚地区各国间的矛盾逐步明显。作为苏联解体后中亚地区唯一得以保留的能源统一分配模式，乌的退出标志着苏联时期形成的中亚能源统一供应体系将被彻底打破。退出中亚统一电力系统后，乌未来将同中亚其他国家在双边和多边协议的基础上开展电力合作。中亚统一电力系统是将中亚五国的电网相互连接，由位于乌首都塔什干的统一调度中心对各国电力统一调配。该系统较好地解决了各国国内电力资源分布不均的问题，也较为有效地保障了油气资源匮乏的上游国家冬季用电以及水资源短缺的下游国家夏季农业灌溉用水，缓解了各国在跨界水资源利用上的矛盾。长期以来，处于下游的哈、乌等国，在夏季时从上游国家吉、塔进口部分电力，在冬季时向上游国家出口天然气和煤炭，以解决上游国家由于保障水库容量而导致的电力短缺问题。但是由于各国国内电力分布不均，哈南部地区长期依赖中亚统一电力系统，从吉等国进口电力。塔虽然水力资源丰富，但水电大多集中于中部，其北部地区用电需要通过统一电力系统由土经乌进口。吉为保证境内托克托古尔水电站的蓄水量，保障下游国家夏季灌溉用水，不得不在冬季时由乌进口部分电力。乌的退出，除了使各国输电线路电压减小，从而引发系统性故障外，还使吉、塔等国冬季用电出现紧张。塔外交部独联体司副司长胡斯拉夫认为，乌单方面退出统一电力系统破坏了睦邻原则，此举将在一定程度上使中亚水资源问题更趋复杂。未来一段时间内，围绕水电资源的争夺和博弈将成为中亚国家间相互关系和地区安全形势发展的一个晴雨表。

（四）美俄中亚政策处于调整阶段，总体向“俄攻美守”方向倾斜

中亚地区以其独特的地缘战略地位吸引大国力量介入该

地区。中亚国家独立近20年以来，美俄等大国在这一地区纷争不断，而且在不同时期攻防态势表现各异。2008年以来，由于“两场反恐战争、一场金融危机”对美的影响日益凸显，美参与国际事务的能力减弱。奥巴马执政以后开始调整反恐政策，其中亚政策的重心主要是配合美在阿反恐，主动性减弱。而俄总统梅德韦杰夫上任后，断然出兵格鲁吉亚以警示北约不要染指独联体，并借势促吉宣布关闭美军驻玛纳斯空军基地，其外交进攻性增强。为增强对中亚地区的影响力，美国继续在边界安全、毒品走私、核材料禁运、军官培训等方面向中亚国家提供援助。2009年5月初，美塔签署打击毒品走私和法制保护领域政府间合作协议，协议规定美向塔政府提供近1000万美元的额外援助，为塔阿、塔中边境的5个边防哨所改建、边防军学院组建、基础设施发展及人员培训计划等提供财政拨款。为扩大与中亚国家的关系，美还频繁与中亚地区国家举行各类军事演习，如美与中亚国家的“区域合作—2009”、美、哈、英等举行的“草原之鹰—2009”联合军演，在一定程度上促进了中亚地区国家与美等西方国家的军事合作关系。值得注意的是，这类军事演习正朝着制度化、规模化的方向发展，体现了中亚地区各国在俄、美等国家间的合作中，更加注重选择合作伙伴，注重从维护和实现自身利益的角度来发展同大国的关系。俄罗斯积极利用集安组织、欧亚经济共同体、上合组织等，巩固并提升在中亚地区的影响力，致力于在双边或多边框架内加强与地区各国的政治、经济和军事关系，推动组建独联体集体快速反应部队，大力加强中亚地区联合防空体系建设，增加中亚各国对俄的向心力，促使地区局势继续向“俄攻美守”的方向发展。可以预见，美俄的中亚政策当前正处于一个调整期，美俄在中亚攻防态势将呈现复杂变化的局面。无论美俄双方谁在中亚地区博弈中赢得先手，中亚地区安全形势的发展面临的不确定性因素都将大大增加。

二、影响中亚地区战略形势发展的主要因素

中亚地区重要的地缘政治和经济地位使得外部大国力量积极介入地区的事务，从根本上影响着这一地区战略形势的发展。同时，由于中亚国家独立时间不长，内政外交经验虽日渐丰富但尚不能完全摆美俄等外部力量的掣肘；受金融危机的影响，中亚各国对我倚重又有所加强。但不能否认，排除介入的外部力量因素，2009 年影响中亚地区战略形势发展的主要因素仍然是金融危机、恐怖主义、毒品等非传统安全威胁。

（一）金融危机的影响持续深远，各国表现各异

尽管中亚各国经济发展模式、发展水平和开放程度各异，但金融危机对各国均产生了一些影响：哈经济开放程度较高，银行业和实体经济已受到严重冲击。银行融资困难重重，企业开工不足，失业率大幅上升，进出口贸易下降，货币加速贬值；吉由于国际能源价格下降和需求锐减造成投资、出口和内部需求下降，实体经济受到明显影响，但金融体系受到影响较小。吉春季农业播种面积较上一年度有所减少，畜牧存栏头数也有所减少，失业人口增加，不少外出到哈打工的人员陆续返回。吉银行存贷款规模也在不断缩小，

在建的基础设施项目基本处于停工或半停工状态；乌、塔、土三国经济金融相对封闭，受危机的直接冲击较小。受危机的影响，塔1—7月外贸额同比下降了31.2%，其中出口4.98亿美元，同比下降46.8%，进口14.06亿美元，同比下降23.3%，进口额比出口额多2倍，贸易逆差巨大。亚洲开发银行在《2009年亚洲发展预测》报告中指出，2009年全球金融危机继续影响着塔吉克斯坦经济的发展，主要表现在汇款的减少上。亚洲发展银行驻塔吉克斯坦代办处称，2009年上半年塔吉克斯坦工业生产总值下降了13%，这主要是因为出口产品铝需求的下降，但因为受天气影响，农业成为经济增长的主要推动力。电力供应保障也影响了塔国铝的生产，但是由于自身价格的上涨，出口收入水平也在下降。

（二）恐怖主义成为影响地区安全稳定的重要因素

近年来中亚国家高度重视维护国内安全和社会稳定，地区安全形势总体平稳，反恐形势基本可控。但2009年以来，由于美反恐重心东移，加大了在阿富汗的反恐力度，巴基斯坦等南亚国家对境内恐怖组织持续实施军事清剿，“乌伊运”等恐怖组织开始由南亚向中亚地区“回流”，中亚地区反恐形势重趋严峻。近年来，在中亚各国高压打击下，“乌伊运”等恐怖组织大多流窜至阿、巴境内以及阿巴边境一带活动，中亚地区反恐形势有所好转。但2009年以来，由于美国、北约部队及阿、巴政府保持军事高压，实施清剿行动，盘踞于阿、巴边境部落地区的“基地”组织及塔利班武装生存条件恶化。受此影响，大量混迹于“基地”组织和塔利班的

“乌伊运”恐怖分子向中亚地区回流。由于塔吉克斯坦与阿富汗边境地区地形复杂、边防管控薄弱，恐怖分子将塔阿边境作为渗透突破口，并以塔为中转基地，伺机向中亚腹地发展。2009年，塔警方抓获了大量“乌伊运”分子。其中，在8月5日的专项军事打击行动中，击毙11名“乌伊运”武装分子、逮捕30人，并查获一个弹药库。据情报，“乌伊运”准备在塔东部地区建立根据地，接应从阿巴边境部落地区回撤的组织成员，并以塔为中转站，建立至吉尔吉斯斯坦、乌兹别克斯坦等国的地下交通网络，其对该地区的安全威胁不容忽视。自6月以来，吉警方已先后击毙和抓获“乌伊运”等组织的多名恐怖分子，表明恐怖组织进一步加大了对吉的渗透。在塔吉克斯坦，7月8日，塔维尔达磊区中心附近的警察局遭恐怖分子袭击；7月25、26日，塔首都杜尚别又连续发生两起爆炸事件，塔政府军哨所和警察局先后遇袭。

（三）毒品问题仍然十分严重，衍生后果更是不容忽视

当前，中亚地区毒品走私及吸毒问题仍未得到解决，在当地引发诸多社会问题，对地区安全的负面影响日益凸显。毒品犯罪活动长期伴随着恐怖主义，危害各国安全。毒品的非法运输和非法交易是威胁中亚地区安全的老问题，因阿富汗毒品种植面积和产量在近几年不断攀升，主要经中亚地区进行的毒品交易量增大，使中亚各国首先成为目前世界上毒品输出量最大地区“金新月地带”的直接受害者。不仅如此，中亚地区吸食毒品的人数也在这一过程中持续上升。2009年初，联合国禁毒署驻中亚办事处的负责人曾向媒体透

露，目前已经在各国有关部门登记注册的吸毒人数，在乌兹别克斯坦达到13万人，在哈达到10万人，在吉达到2.6万人，在塔达到2.3万人。中亚各国独立以来均组织过海关、边防、安全、内务等相关部门的联合缉毒行动不下数十次，但毒品犯罪案件及查获的走私毒品数量却连年上升。这一趋势不仅恶化了中亚各国的社会治安状况，成为滋生其他犯罪活动的社会土壤，而且作为一项重要的资金来源助长了中亚地区恐怖主义势力的生存和发展。“毒品经济”在中亚地区与宗教极端势力的结合是由来已久的，其中最典型的实例就是“乌兹别克斯坦伊斯兰运动”。早在20世纪90年代，该组织曾控制由阿富汗经中亚地区走私毒品的90%。这种状况虽然随着国际社会的联合行动有所改善，但由于阿富汗问题的影响持续存在仍然困扰着中亚各国政府和有关部门。乌、塔、土三国与阿富汗接壤，是阿毒品走私的主要通道之一，每年有超过30%的毒品经中亚运送至俄罗斯和欧洲市场。中亚、南亚地区的恐怖组织也借毒品走私筹集活动资金，实现“以恐护毒、以毒养恐”。2009年，塔共收缴3200多公斤非法走私毒品。吉警方在8月的两次行动中，即查获多达200余公斤的毒品。与此同时，中亚国家毒品吸食现象也日趋严重。土阿边境地区几乎每家都有吸毒者，贩毒分子武装越境现象时有发生。哈毒品吸食的年轻化趋向明显，有近2/3的吸毒者年龄不到30岁；阿拉木图年内共发生700多起涉毒案件，同比增加20%。由于毒品问题难以得到根本解决，中亚国家的社会稳定和反恐形势将始终面临现实威胁。值得关注的是，毒品问题还有可能腐蚀政府官员，滋生腐败，削弱中亚国家政府的公信力，其对当局执政地位的冲击也不容忽视。

（四）美俄中亚地区博弈加剧，地区形势的发展充满了不确定性

中亚位于欧亚大陆心脏地带，地缘战略位置重要，油气资源丰富，是大国争夺的热点地区。2009 年，美俄两国在中亚地区的博弈呈现加剧趋势，双方较量激烈、矛盾突出，继续成为牵动该地区形势发展的主要外部因素。俄美两国关系虽逐步改善，矛盾趋缓，但俄在独联体出手愈加坚决，不断强化对中亚政策。美总统奥巴马执政后，为强化在阿富汗反恐行动，对中亚的需求上升，但因吉尔吉斯斯坦宣布关闭境内美军基地而陷于被动。美俄对中亚的利益关切各有侧重，军事存在和能源是争夺的两大焦点。中亚国家独立初期，美俄在中亚渗透的领域各有侧重，交叉和磨擦不多。近年来，随着渗透程度的不断深入，美俄围绕军事存在和能源两大问题的争夺日益激烈。在军事存在方面，对美而言，实现在中亚的军事存在是其全球战略部署的重要环节，既可深入俄、中战略后方，策应南亚反恐，也可威慑伊朗。因此，美借阿富汗反恐积极获取中亚 10 多个机场的使用权，一度建立乌哈纳巴德和吉玛纳斯两个军事基地。对俄而言，中亚是其南部安全的天然屏障、独联体集体安全的重要地区，因而坚决反对外部势力涉足。为保持军事安全的主导权，俄先后重开驻吉坎特空军基地和驻塔第 201 军事基地，并说服乌于 2005 年关闭美军基地。2009 年 2 月，俄再次诱压并力促吉关闭美军基地。尽管如此，美仍在积极谋求与中亚国家开展军事合作，极力维护其在中亚的军事存在。在能源方面，对俄而言，垄断中亚能源的开采和外运权是俄控制中亚各国的“战

略武器”。由于苏联时期形成的能源运输格局，目前中亚国家93%的天然气出口和80%的石油出口均需通过俄方管道。2009年内，俄又提出建立“能源俱乐部”，并通过高价收购等手段阻挠中亚国家另建外运管道。

美俄当前在中亚力量对比各有所长，但美在各领域内影响力上升的势头明显。目前，美俄在中亚已形成“各有侧重、各有所长”的力量格局。俄仍是掌控中亚局势走向的主导力量，并在地缘、能源和军事安全等方面占据优势。俄通过集安组织主导中亚地区安全机制，2009年2月再次提出组建快反部队，以进一步加强军事安全领域内的控制权；通过欧亚经济共同体主导中亚各国的经贸合作，借金融危机资助并拉紧吉、塔等国；通过上海合作组织等多边组织与中亚各国开展深入合作。但应看到，美在经济、人文等方面对中亚国家吸引力较大，影响呈上升趋势。中亚国家独立以来，美共提供近20亿美元经援帮各国渡过难关，其大力推动的“西式民主”对脱离于苏联意识形态的中亚各国年轻人有较大吸引力，美非政府组织在中亚各国“草根阶层”的影响力根深蒂固。值得关注的是，美近年来与中亚各国在军事、能源等领域内的合作已取得进展，影响力有所上升。

美俄战略目标相悖、中亚各国转型艰难，美俄今后在中亚的争夺更趋长期激烈。美俄在中亚的战略目标都是谋求主导和控制该地区，因此双方矛盾具有长期对抗性质，难以调和。俄公开宣称独联体是其特殊利益区，对外部势力在独联体活动十分敏感。而美国务卿希拉里在2009年3月与俄外长举行会晤时，一边重启俄美对话，一边却又宣称独联体国家不是任何一国的势力范围，也不是俄恐吓或侵略的对象。与此同时，中亚地缘政治环境独特，各国政治、经济、外交转型艰难，客观上也决定了美俄在该地区争夺的长期性。在政治方面，中亚国家独立之初曾进行西方民主化道路探索，但由于特殊的民族、宗教、历史和文化因素，加之“颜色革命”的冲击，基本上重返“强总统、弱议会、小政府”的威权主义体制。因此，中亚国家的权力交接始终都将面临美等西方国家的干涉，带有很大的不确定性。在经济方面，中亚各国经济基础薄弱、结构不合理，至今未走上良性发展道路，经济发展步履维艰，严重依赖美、俄等外部援助。在外交方面，为保障国家安全、获取外部援助，中亚各国普遍采取在大国间左右逢源的策略，其两面性、多变性特点突出，内政问题往往受到外部势力的牵制。上述因素客观上决定了美俄今后在中亚的争夺将更趋激烈复杂，也使中亚地区战略形势的发展充满了不确定性。

（五）周边地区形势恶化和内部矛盾凸显，中亚各国面临内外交困局面

由于地理位置的接近和跨国民族问题的存在，中亚地区南部邻国阿富汗、巴基斯坦的安全形势直接影响着中亚各国的社会稳定。虽然中亚各国在独立十多年后已经逐渐建立起了自己的国防力量和安全体系，但是阿富汗、巴基斯坦反恐形势的反复，使中亚各国强力部门仍要面对持续的恐怖主义渗透威胁。2009 年以来，阿富汗局势对中亚地区安全形势的影响日益明显。阿富汗局势不稳定，国内武装冲突正向与中亚国家交界的阿北部地区蔓延。美国和北约正在改变对阿策略，实行双重政策，在支持阿合法政府的同时，积极与塔利班领导人进行非正式接触。美国和北约可能利用塔利班分支

机构在阿及其周边地区制造紧张局势，造成该地区需要保护的假象，以确保北约军队顺利渗透到中亚地区，而不会引起中亚国家和俄罗斯的强烈反应。自2005年至今，几乎每年都有来自外部的武装分子袭击中亚各国警察和边防部队的事件发生。据乌兹别克警方透露，2009年5月在该国安集延制造暴力袭击警察哨所的恐怖分子就是由阿富汗经塔、吉进入其境内的。9月底，吉边防局官员宣布，一股武装分子在靠近吉尔吉斯边境与警方交火，为此吉方面不得不关闭吉塔边界。2009初，塔吉克斯坦媒体曾公布一条消息："乌伊运"的主要领导人尤尔达舍夫并没有在2001年的北约联合反恐行动中被击毙，现仍在巴基斯坦靠近阿富汗的部族武装控制区活动。而在10月3日，阿联酋媒体又爆出一条消息：据巴基斯坦安全机构的一位负责人透露，尤尔达舍夫当日死于美军无人机在南瓦济斯里斯坦的一次导弹袭击中。不管尤尔达舍夫是死是活动，塔利班组织在阿富汗和巴基斯坦所制造的一次又一次不断升级的恐怖行动，首先牵动的是中亚各国社会稳定的敏感神经。[①]

在我新疆乌鲁木齐"7·5"事件发生后，中亚各国均提高了警惕，采取各种措施加强戒备。事件发生后不久，哈吉两国即开始从新疆撤出本国公民，警告本国居民不要去中国旅行，并同中国使馆达成协议，停止向该国国民发放中国旅行签证。因2009年7月份吉将举行全国大选，"7·5"事件促使吉政府采取了强硬的预防措施，从7月5日开始短短几天内就连续抓捕了10名曾在巴基斯坦境内接受过培训的极端恐怖分子。盘踞在阿富汗的塔利班甚至公开向塔吉克斯坦

---

① 许涛："中亚：安全因素复合互动"，《世界知识》2009年第24期，第34—35页。

示威，要求塔不要和美军合作，不可支持美军发动对塔利班武装的打击。未来随着美国及北约反恐力度的加大，来自邻国阿富汗及巴基斯坦的国际恐怖主义势力可能把中亚作为重要的跳板和通道来经营。来自巴基斯坦和阿富汗的恐怖分子对塔吉克斯坦南方边境的渗透，让塔感受到巨大压力，同样感受到压力的还有其他中亚四国。针对越境活动的恐怖分子，乌吉双方又开始了无谓的"口水仗"。活跃在两国边境上的恐怖分子已经多次利用乌吉两国关系紧张这一事实，通过劫持对方国家平民来进行挑拨和煽动。面对恐怖分子费尽心机的活动，为了维系可怜的安全感，乌边防军甚至单方面塑造"壁垒"以期将祸水挡在国门之外，他们在距离国境 50 米的地方挖掘 3—4 米宽、4—5 米深的堑壕或者铺设高大的栅栏来阻挡恐怖分子，为了修建该"壁垒"，乌政府甚至迁走了边境的居民。

三、中亚地区战略形势发展对我国的影响

（一）中亚地区经济形势严峻导致我新疆对外贸易水平下滑严重

新疆以其特殊的地缘优势，成为中国西部的外贸大区，是中国与中亚地区开展经贸交流的桥梁。受金融危机的影响，新疆与中亚地区的经贸发展受到明显影响。随着金融危机进一步蔓延，中亚五国经济受到明显影响，也使新疆外贸形势急转直下，呈现进出口急剧萎缩，增速大幅下滑趋势。一是进出口增速大幅下滑。2009 年 1—5 月新疆对中亚国家

进出口总值占全区进出口总值的80.49%，进出口增速同比大幅下滑34.79%。特别是随着危机的持续发展、需求趋缓、油价大幅下跌以及资金外逃，哈国和吉国财政收入锐减，经济发展速度回落，基础设施投资和消费减少，金融体系流动性出现了一定困难，对外支付能力减弱，新疆对第一和第二大贸易伙伴哈国和吉国进出口增速分别下降40.1%和35.8%。导致同期新疆对外贸易增速迅速下滑，同比下降34.0%，且进口、出口呈双下降态势，分别为－1.5%和－38.0%。二是主要贸易方式进出口增速大幅下滑。2009年新疆边境贸易、一般贸易和加工贸易进出口增速大幅下滑，呈现负增长。2009年1—5月新疆边境小额贸易总值为32.95亿美元，占新疆进出口总值的71.64%，累计增速大幅下滑，同比为－35.32%，其中出口和进口累计增速分别为－36.0%和－25.8%。一般贸易和加工贸易进出口增速同期也呈明显下滑趋势，累计增速分别为－31.7%和－17.9%，其中出口累计增速分别为－48.7%和－19.5%。三是传统大宗商品出口降幅较大。2009年1—5月新疆前五位出口商品分别为服装、鞋类、机电产品、纺织品和农产品，除农产品外，其他四类大宗商品出口出现较大降幅，累计增速分别为－48.4%、－32.1%、－16.8%和－35.9%。

（二）“三股势力”对我威胁和影响更加直接明显，使我维护西北战略方向安全压力增大

中亚国家与我新疆地区直接接壤，恐怖势力回流、宗教极端势力活动增多、反恐形势趋紧，对我打击“东伊运”、维护新疆安全稳定带来多种负面影响。特别是新疆发生

“7·5”事件后，哈境内曾发生维族人大规模集会抗议事件，中亚地区维族激进分子对我敌视情绪上升，部分“东突”分子甚至叫嚣要在中亚成立激进组织，要对中亚地区的中国公民实施抢劫及绑架活动。它们对我构成的威胁和影响更加明显：一是恐怖势力向中亚地区回流活动，势必影响中亚地区的社会稳定，对我新疆地区安全稳定构成潜在威胁。二是“东伊运”与“乌伊运”恐怖组织关系密切，在巴阿边境地区共生共存，部分“东伊运”成员可能跟随“乌伊运”回流中亚活动，招募人员、壮大力量。境内“三股势力”分子也可能借中亚地区恐怖分子潜入潜出通道，转道赴阿富汗、巴基斯坦参加“东伊运”，接受恐怖培训后潜入我境内实施破坏活动。三是中亚地区宗教极端思想容易渗透至我境内，煽动境内民族分离主义情绪，影响我新疆地区稳定。四是我在中亚国家石油、天然气能源项目较多，且油气管道途经中亚国家，哈萨克斯坦、吉尔吉斯斯坦“东突”组织活动较活跃，中亚地区暴力恐怖活动增多，对我公民安全、投资项目、经济利益带来威胁。为此，我们要密切关注中亚反恐形势变化，紧盯“东伊运”恐怖组织人员流向，及早做好防范，并出台切实可行的应对之策。

（三）美俄在中亚争夺的新态势将对我国安全构成复杂因素

美俄对中亚政策的调整对我既是机遇，也是挑战。我与美在能源、反恐、缉毒等方面有共同利益，应与美保持一定合作，避免在该地区与美正面冲撞。但也要看到，美在中亚的战略具有进攻性和危险性，对美在中亚各国军事、边防领域内的渗透应保持警惕。在外部势力争夺加剧、中亚各国战略需求加大、我国国力日益提升等多重背景下，我应从维护战略发展机遇期和外交总体布局出发，努力维护中亚地区战略力量平衡，防止大国势力独家垄断中亚事务，维持中亚各国对华友好的势头，要尊重俄在中亚的特殊利益，坚持在“战略协作伙伴关系”框架内与俄开展协调和合作。

（国防大学战略研究所研究生 王冬双）

第六章　南亚地区安全形势

2009年由于地缘政治的变化，南亚一直是国际社会高度关注的重点地区，南亚地区在整个世界安全格局中发挥的作用越来越大，对我国周边安全的影响也越来越明显。

一、南亚地区战略形势综述

（一）国内反政府武装活动越发频繁

南亚各国多数都存在着反政府武装组织，这导致南亚地区战略形势不断出现变数。2009年5月，斯里兰卡政府军击败了长期盘踞在该国北部和东部的反政府武装“泰米尔伊拉姆猛虎组织”，收复了该组织控制的所有地区，消灭了该组织的最高领导人普拉巴卡兰等主要头目。斯里兰卡长达26年的血腥内战宣告结束，其国内安全形势大为改观。但是，从总体来看，南亚地区的反政府武装仍然有很大的影响力。在印度，近一半的行政单元中存在着反政府武装，严重威胁印度国内的安全形势。其中，印度东部地区是受反政府武装活动影响的重灾区。阿萨姆邦就有“阿萨姆联合解放阵线”、

“波多民族民主阵线”、“卡塔普尔解放组织”和“卡尔比国家志愿军”等多个反政府武装组织。在查漠—克什米尔地区还有宗教极端势力和激进的武装组织，在旁遮普邦还有锡克教反叛组织等。这些反政府武装组织使印度国内安全始终处于动荡不安状态之中。在2009年，印度国内的反政府武装制造了多起事件，有时甚至十分猖獗，气焰十分嚣张。2009年4月22日，印度境内一伙约200名反政府武装分子在印度东部恰尔肯德邦劫持一列载有约700名乘客的列车，并与政府军对峙长达4个小时。印度境内最大反政府武装组织纳萨尔派在2009年发动了1000多起袭击，造成600人死亡。在其控制的区域内，该组织还建立了税收、司法、学校等“行政机构”，俨然是一个地方政府。目前，受该组织影响的国土面积达9万多平方公里，受影响的人口近2亿，每年向印度企业勒索约3亿美元作为经费。为了解决这一反政府武装组织，印度政府可谓是绞尽脑汁，但效果不佳。无奈之下，2009年6月，印度政府将其列为非法组织。11月，印度政府开始一项全面清剿该组织势力的全国性计划。

巴基斯坦境内的反政府武装更是不断制造恐怖袭击事件，突袭、炮击、自杀爆炸等等，各种手段几乎无所不用，其枪口不仅指向政府、平民，甚至还对准了联合国机构。2009年10月28日，反政府武装人员使用约150公斤炸药，事先放在一辆汽车内，利用遥控装置在人群众拥挤的白沙瓦当地的一家市场内引爆，造成300余人死伤，20多家商铺被毁，白沙瓦市所有商店关门，成为巴基斯坦近年来最严重的一次汽车炸弹袭击事件。巴基斯坦境内的反政府武装已成为影响巴国内安全形势的主要因素。

（二）印巴之间的领土争端导致南亚地区局势动荡

克什米尔争端是印度与巴基斯坦独立以来影响两国关系的关键问题之一，2009 年 12 月，印度和巴基斯坦军队在克什米尔地区发生了年度内最激烈的交火事件。事件发生后，印度方面极力渲染事件的严重性，并说该事件将影响印军从克什米尔地区撤出的决定。因为在该事件发生前，由于克什米尔地区发生的袭击事件减少，印度已经从印控克什米尔撤出了大约 3 万兵力，成为自 1999 年与巴基斯坦发生军事冲突以来进行的大规模撤军行动之一。由于该事件的发生，印度媒体称，这次事件有可能演变为更大规模的战争，从而引发外界对南亚安全局势发展的种种猜测。印巴两国关系因克什米尔领土问题一直处于紧张状态。尤其是印控克什米尔地区一有风吹草动，印度就认为其背后有巴基斯坦的支持。总的来看，克什米尔领土争端问题仍然是目前印巴两国紧张，乃至影响南亚地区战略形势的一个重要因素。

（三）南亚各国军事力量对比进一步失衡

在南亚地区，七国的武装力量对比相差十分悬殊。在南亚七国中，印度军队和巴基斯坦军队是两支主要的军事力量，但是印度与巴基斯坦的军力对比进一步失衡。其主要表现是：

一是印度不断加大军事投入，加快了军队现代化步伐，进一步拉大了与巴基斯坦军力的差距。据报道，印度已经成为世界上第十大防务开支国。进入新世纪后，印度的防务开支增幅不断加大。印度的国防预算从 2001 年的 133 亿美元，到 2008 年的 8 年内翻了一番，达 264 亿美元。印度 2009—2010 财政年度（2009 年 4 月—2010 年 3 月）的国防预算较上一年涨了 34%，约 290 亿美元，创历史新高。而下一个财政年度（2010.4—2011 年 3 月）的国防预算将在此基础上再增加 8.13%。印度国防部长曾说，印度增加的军费主要用于三军武器装备的更新。据美国《防务周刊》称，印度计划在 12 年内支出 1200 亿美元采购武器装备。在如此雄厚财力支持下，印度三军发展不断加速。在陆军方面，印度计划到 2020 年部署 1500 辆 T90S 坦克。加上其他型号，印军届时将有 4000 辆坦克，从而成为世界上拥有最庞大坦克群的军队。陆军还准备花费几十亿美元改进步兵装备，包括购买步枪、自动步枪、反坦克导弹和火箭发射器等。在海军方面，印度正投入 145 亿美元建造 4 艘新型反潜隐形护卫舰，以强化其反潜能力。未来 10 年内，印度将建造更多舰艇，以期达到拥有 245 艘军舰，成为亚洲规模最大的海军。2009 年 2 月，印度国产航母正式开工建造，成为继美国、俄罗斯和法国之后世界上第四个能够建造大中型航母的国家。该航母预计在 2011—2012 年间下水。此外，印度与英国、意大利等国正在着手联合研制航母。据计划，印度预计在 2015 年前拥有一个至少由 3 艘航母组成的航母战斗群。在空军方面，印度已有 1000 多架飞机，有世界第四大空军之称。目前，印度正与俄罗斯磋商购入苏—30 飞机，与美国磋商购入 F35 等新的作战飞机。同时，印度空军还将购入新型的预警机。印度与俄罗斯还共同研发第五代战机，俄罗斯还将对印度装备的俄制苏—30 飞机进行现代化改造。俄罗斯还将对向印度出售“戈尔什尼科夫上将”号航母并进行现代化改装，出售配套的米格—29舰载机等。据消息称，印度正进行中型多用途战斗机的选型，计划花费100亿美元采购126架新型作战飞机。

特别需要指出的是，印度三军开始大量装备各型导弹。据报道，印度政府已经拨款26亿美元采购与俄罗斯共同研制的“布拉莫斯”巡航导弹的“地对地”型（“布拉莫斯”取名于印度的布拉马普特拉河与俄罗斯的莫斯科河的名字中各取3个字母而成，该型导弹是俄罗斯与印度于1998年2月12日签署协议联合研制与生产的超音速巡航导弹。2001年，首枚陆基型试射成功）。目前，印度的陆军和海军都已装备“布拉莫斯”导弹的陆基型和海基型。空基型“布拉莫斯”巡航导弹也将于2012年开始装备，苏—30MKI将是该型导弹的主要发射平台。

与印度提升军力的势头相比，巴基斯坦却显得有些逊色。巴基斯坦目前拥有的兵力规模仅56万人左右。因经济实力所限，巴基斯坦放弃了与印度在军备上的抗衡，把重心放在军事威慑上。

因此，在国防投入上，南亚地区呈现印度一国坐大的局面。

二是战略威慑力量差距拉大，力量格局向印度一方严重倾斜。印军已于2010年2月开始装备“烈火—3”型弹道导弹。印军装备这种导弹后，战略打击能力将有明显提升。这种导弹是印度目前射程最远的导弹，其可携带核弹头。“烈火—3”导弹的射程达3500公里以上。射程达6000公里以上的“烈火—4”也在设计之中。一旦“烈火—4”型试射成功，印度将成为亚洲地区第二个拥有洲际导弹的国家，将极大地增强战略威慑的范围。如果“烈火—4”型导弹部署在印度的东部地区，将可对西太平洋地区、关岛美军轰炸机基地和第七舰队造成威胁，中国、日本、东南亚地区均在其威慑范围之内。如果“烈火—4”导弹部署在印度的西部地区，将可威慑欧洲的绝大部分。如果它部署在印度的北部地区，可威慑俄罗斯大部分地区。如果部署在印度的南部地区，可威慑印度洋大部分海上目标。可以看出，印度的导弹威慑能力明显高于南亚地区其他国家。

巴基斯坦在1980年就开始其弹道导弹的设计工作，主要针对来自印度的威胁。巴基斯坦的核力量主要由能携带核弹头的作战飞机和固体、液体发动的短程弹道导弹组成。其中，陆基弹道导弹是巴基斯坦主要核打击力量。由于印度政府大力建设国家导弹防御系统，巴基斯坦核武库有可能面临“集体失效”的风险。

目前，印度空军已经接收到以色列产“费尔康”预警机，这种飞机能够探测300公里范围内敌方大量飞机的活动。预计，2011年底，印度空军还可接收其国产的空中预警机。印度防务专家称，一旦印度空军加强了空中预警机的部署，印度将极大地提高对周边地区的空中探测能力，提高空中戒备水平。这也对巴基斯坦的战略威慑力量带来了极大的考验。此外，印度正加大战略轰炸机的购买力度，同时通过不同手段建立核潜艇力量，以便形成“三位一体”的战略威慑能力。这对巴基斯坦来讲是一个真正的威胁。相比之下，巴基斯坦并没有与印度抗衡的战略轰炸力量，更谈不上核潜艇力量了。据外电报道，印度方面估计拥有60—90枚核弹头，巴基斯坦方面可能拥有10—30枚核弹头。在战斗机、潜艇等方面，印巴两国也存在着较大的差距。所以，可以认为，在战略威慑力量方面，南亚地区的力量格局是向着印度这一面严重倾斜的。南亚地区的军事力量基本上处于一种失衡状态。印度一方掌握着军事主动权。

（四）恐怖主义严重威胁南亚地区安全

在南亚地区，印度、巴基斯坦、斯里兰卡、孟加拉和尼泊尔都面临着严重而复杂的恐怖主义威胁，导致南亚地区战略形势经常处于动荡之中。

据印度有关方面统计，目前在印度处于活跃状态的恐怖主义、分裂主义和极端主义组织大约有 176 个之多。巴基斯坦经常被印度指责为支持恐怖主义的国家，实际上其也受到严重的恐怖主义威胁。目前，巴基斯坦境内存在着大约 52 个极端组织。斯里兰卡是种族和宗教矛盾特别突出的国家，恐怖主义也非常严重。除“泰米尔伊拉姆猛虎”组织外，在斯里兰卡曾经出现过、活动过的以建立泰米尔国家为目标的武装组织达 36 个之多。孟加拉也是受恐怖主义威胁比较严重的国家，主要是国内的极左派与政府之间的冲突威胁着国内安全。所以，从全球范围来看，南亚地区是受恐怖影响最为严重的地区之一。2009 年南亚恐怖事件无论从数量、频率和破坏程度上都超过了全球其他地区。

2008 年 11 月孟买恐怖事件发生后，印度并没有遏制住其国内恐怖事件的发生。2009 年以来，印度国内的恐怖事件可谓是频频爆发。2009 年一年里，印度死于恐怖事件的人数达 2226 人。为了防范恐怖活动的出现，印度多次启用国家安全卫队。2009 年 12 月 23 日，印度内政部长在新德里宣布，2009 年，印度当局挫败了 10 余起恐怖袭击活动。为了有效打击恐怖活动，印度内政部长还要求在 2010 年底之前成立印度国家反恐中心，并组建有 40 万名警察充实的保安力量。

自2009年下半年以来，巴基斯坦国内的安全形势急剧恶化，针对联合国驻巴机构、巴三军首脑机关、情报机构和警察训练机构等目标的袭击事件不断发生，严重影响了巴国民众的信心和军队的士气。同时，这些恐怖事件也对南亚地区安全形势造成了恶劣影响。2009年，巴基斯坦死于恐怖事件的人数达11585人，相当于前三年死亡人数的总和。在2009年，巴基斯坦境内共有1.26万人在军事冲突中死亡，死亡人数是2006年的14倍。

2009年5月，斯里兰卡政府军打死泰米尔伊拉姆猛虎组织头目后，从6月份开始，斯国内的恐怖事件基本绝迹，11—12两个月里，甚至出现了零恐怖事件暴力伤亡的可喜现象。

二、影响南亚地区安全的主要因素

（一）大国角逐给南亚增加了不稳定因素

冷战结束以来，印度日益成为南亚地区的主导力量，南亚地区之外的大国与印度之间的较量日益凸显出来。2009年，大国在南亚地区的博弈几近公开化。

首先，美国与印度在如何对付阿富汗—巴基斯坦塔利班问题展开博弈。2009年12月1日，美国总统奥巴马在西点军校宣布向阿富汗增兵3万，显示了美国政府对阿富汗—巴基斯坦新战略的核心。同时，美国从阿富汗南部城市坎大哈向北展开军事攻势，巴基斯坦如何对待塔利班成了考验巴基斯坦政府的一个棘手的问题，美国攻打阿富汗境内的塔利班必然牵涉到巴基斯坦境内的塔利班。因为巴基斯坦境内塔利班与阿富汗境内的塔利班有很深的联系，巴基斯坦政府对待本国塔利班的态度，一方面影响巴美之间的关系，另一方面也将极大地影响巴基斯坦国内安全形势的走向。巴基斯坦是美国的盟国，如何对待巴基斯坦也成为美国解决阿富汗境内塔利班和“基地”组织的一个棘手问题。如何利用阿富汗问题向巴基斯坦施加影响，这也是印度“如何使巴基斯坦弱化”这一战略问题中的一个重要内容。目前，印度在阿富汗具有重要的利益。自 2002 年以来，印度已在阿富汗投入 12 亿美元，成为仅次于美英等西方国家之后的第五大援助国。印度在政治、经济和安全等方面对阿富汗介入的力度之深，任何发展中国家也无出其右。可以说，“印度印记”在阿富汗无处不在，印度在阿富汗的影响越来越大。从印度方面来讲，印度在弱化巴基斯坦；从美国方面来讲，美国既要打击塔利班，也要确保巴基斯坦的安全。不难看出，在如何处理阿富汗问题及塔利班问题上，美印两国正展开博弈。

其次，印度公开表示要帮助中国确保在印度洋海上运输通道的安全。这已被国际社会看作是印度与中国在北印度洋运输通道安全上博弈的征兆。自 2008 年底以来，中国已经向亚丁湾海域派出了五批护航编队，中国护航编队正发挥着越来越大的国际影响，已经赢得了良好的国际声誉。印度认为，印度洋是印度之洋，其他国家介入印度洋事务，特别是中国介入印度洋地区事务，这是印度不愿意看到的事情。所以，随着中国海军护航编队进入印度洋并在亚丁湾护航以来，印度国内不断发出各种“中国军事正威胁印度洋安全”的杂音。这被外界认为是中印两国在印度洋领域展开了博弈。

第三，印度已经成为美俄等大国博弈的角逐场。近年来，印度不断加大投入以期迅速提高武器装备的质量，其中的一个重要途径就是从国外购买军火。印度不断加大国外的军火订单，从而引起一些大国为争夺印度军火份额展开博弈。俄罗斯当仁不让，采取多种措施以期分得大宗军火份额。冷战时期，印度军队的武器装备约有70%来自苏联，俄罗斯成为独立国家后，仍维持对印度主要军火供应国的地位，不仅向印度出售了“戈尔什尼科夫海军上将”号航空母舰，也向印度提供新型潜艇等武器装备，还租借给印度其他武器装备。同时，俄罗斯还授权印度生产常规武器的零部件，提供给独联体有关国家做维修之用。2009年10月，印度政府官方称，印度与俄罗斯达成两项军事协议，其中一项是为期10年的军购协议，所涉金额至少50亿美元以上。印度还与俄罗斯共同研制武器装备，其中共同研制的“布拉莫斯”巡航导弹在2009年又有新的改进。

“9·11”事件后，美国不断提升与印度关系，其中的一个重要表现就是加大输入印度军火的力度。2009年7月，美国与印度在国防与安全贸易敏感领域就构建可靠的伙伴关系达成共识，签订了重大双边协议。美国签订该协议，目的是推动美国和印度的国防与安全贸易，促进美国公司参与印度的军事装备竞标。同时，美国和印度正寻求共享最先进的美国技术和武器系统。印度已经计划到2012年前花费400亿美元采购“最好的技术”，以期升级武器装备。美国在印度这笔大宗军火采购中将占多大的份额，就不难想象了。美国与俄罗斯都在利用各自的优势争取夺得印度军火的最大采购份额。

美俄在南亚的博弈还表现在与印度举行联合军事演习上。印度利用自身的地缘优势分别与美国和俄罗斯进行军事演习，提高自己的国际地位，美国与俄罗斯则采取各种措施力图通过与印度进行军事演习扩大自己在南亚的影响。2009年10月，印度与美国出动近1000名作战部队，动用了重型运输机和作战坦克，举行了两国间有史以来最大规模的军事演习。这次演习引起了世界主要大国的关注。印度与俄罗斯的军事演习则是通过军演的内容来加强关系，并且制度化，2009年，俄罗斯与印度举行了反海盗联合军演、两国海军联合演习、空军联合演习等，演习的地点有的在靠近印度的印度洋、有的在靠近俄罗斯的波罗的海等地。通过这些演习，俄罗斯进一步密切了与印度的军事关系。

（二）印度扩充军备为地区安全增加了不稳定因素

近年来，印度不断以“中国军事威胁”为幌子发展军事实力。目前，印度的“大地”型短程导弹已经装备三军。这种导弹可以携带1吨重的常规弹头或低当量的核弹头，分为三个型号，射程分别为150公里、250公里和350公里。这种导弹的特点是配备多种战斗部，可摧毁大多数军事目标，机动发射，生存能力强，可装载于运输车上垂直发射，也可海上或空中发射。“烈火—3”型中程弹道导弹开始列装，这种导弹的射程在3500公里左右。随着“烈火—3”型导弹装备部队，印度军队装备了成系列的战术战役导弹，形成了远中近、高中低的导弹进攻体系。

此外，印度还装备了完成精确打击任务的“布拉莫斯”导弹。印度军方三军将列装超过500枚的“布拉莫斯”巡航导弹，对周边国家形成了“不对称技术优势”。据息，“布拉莫斯”巡航导弹速度可达2.8马赫，在2分钟内完成发射。印度方面声称，“如果布拉莫斯导弹从印控克什米尔发射，能在30秒内打击巴控克什米尔境内的恐怖训练营，这一威力甚至超过美国的‘战斧’式导弹。”可以想象，这种导弹的威力之大。印度方面还声称，其陆军装备的一种“布拉莫斯”改进型导弹，能够击中500—800公里杂乱环境下的小型目标。如果这一性能属实，印度陆军“精确打击能力”就值得关注。

在中印边界，印度不断以各种借口增派兵力，已经将驻在所谓的“阿鲁纳切尔邦”地区的兵力增加到10万人。另一方面，印度通过调整部署、建立新编部队等方式提高驻边界争议地区内军队的武器装备技术水平，如向印度东北部的提斯浦尔部署最先进的苏—30MKI战斗机等。同时，印度还不断加强边界争议区内的军事基础设施建设。如印度政府批准在中印边界地区修建73条公路，全长达3800多公里，2012—2013年竣工。印度通过上述措施，提升了中印边界地区印方的军力。

（三）恐怖主义在南亚的渗透和影响

近年来，国际反恐斗争出现了由中东向中亚“东移”的态势，随着美国加强对阿富汗的军事打击，巴基斯坦也加强了对其国内塔利班恐怖分子的“清剿”。孟买恐怖事件发生后，印度也加强了国内打击恐怖分子的力度，还将于2010年底之前成立“国家反恐中心”，协调其国内“反恐”力量以形成合力。国际联合反恐行动必对南亚地区恐怖分子形成更严厉的打击。但是还应看到，恐怖主义势力短期内不可能在南亚绝迹，随着反恐斗争重心“东移”，国际恐怖势力也会继续在南亚地区蛰伏，因为南亚次大陆与中亚地区紧密相连，文化宗教又有千丝万缕的联系，这都为国际恐怖主义势力扎根提供了条件，再加上南亚地区本来就是恐怖主义活动多发地带，多年来各国政府都深为苦恼。如果处理不好，外来和内部的恐怖主义势力会形成内外夹击之势，造成本地区局势的动荡不安。

（国防大学战略教研部副教授　韩旭东）

第七章　中东地区安全形势

2009年中东地区固有的矛盾呈现新的变化。以色列与巴勒斯坦之间的冲突、民主化运动与伊斯兰教义之间的冲突、民族认同与宗派主义之间的冲突，使得地区形势变得更加严峻，加上特殊的地缘政治、丰富的石油资源，使得区域外的力量始终在发挥影响，该地区的安全稳定不仅具有长期性和艰巨性，而且充满变数和不确定因素。

一、加沙冲突再起，以巴争端难有实质性突破

2008年底至2009年初，以色列对加沙发动了为期20多天、代号为“铸铅行动”的陆、海、空全方位军事打击。这次军事行动的规模之巨、伤亡人数之多以及破坏程度之大，创下上世纪80年代以来最高峰。以军在该行动中摧毁了情报机关列出的几乎所有目标，切断了伸进以色列南部领土的全部地道，击溃了哈马斯在加沙地带的6个战斗旅，5名哈马斯高级领导人丧生。以军情报官员表示，哈马斯的实力至

少下降了60％。[①] 这次袭击造成巴勒斯坦1205人死亡，5300多人受伤，加沙大部分城市基础设施遭到严重破坏，经济损失近4.76亿美元。联合国驻加沙机构也损失惨重，有4所联合国学校、1座避难所、2家医院、16家医疗中心和16辆救护车被毁。以方则有13人（10名军人、3名平民）死亡，数十人受伤。[②] 此次行动造成了严重的人道主义危机，有150万人生活得不到保障，至少80万人缺水。[③]

“铸铅行动”虽然取得了很大胜利，可并没有挽救奥尔默特辞职下台的命运，3月31日以强硬著称的利库德集团组阁上台，由内塔尼亚胡担任总理，但内塔尼亚胡领导的政府是一个脆弱的联合政府，因为只在120席的议会中占69席的微弱多数，所以除利库德集团外，还包括其他四个党派——工党、“以色列是我们的家园”、沙斯党和“犹太人家园”。所以，内塔尼亚胡的中东政策受其他政治力量的掣肘。

2009年6月14日，内塔尼亚胡政府在回应美国提出的巴以“两国方案”时表态认可，但附加了苛刻的前提条件，即：巴勒斯坦承认不设置军队；采取必要措施来确保以色列的安全；承认以色列是犹太民族的国家。他还坚决反对冻结西岸定居点的数量，主张允许定居点“自然增长”。特拉维夫大学国家安全学院公布的最新民调结果显示，53％的以色列人支持巴勒斯坦在1967年的被占领土上建国，57％的以色列人同意拆除非法定居点。因此，内塔尼亚胡认可“两国

① 《以军发动“铸铅行动”赢得一时，难赢一世》，http：//news. xinhuanet. com/mil/2009－01/28/content _ 10728326. htm。

② 《数字解读“铸铅行动”》，http：//news. xinhuanet. com/world/2009－01/18/content _ 10677336. htm。

③ 《联合国官员称150万加沙居民处境极为危急》，http：//news. sina. com. cn/w/2009－01－09/053117008014. htm。

方案”的表态是有其民间基础的，但是这冒犯了利库德集团和执政联盟内的右翼阵营。为了在美国和他的右翼政坛盟友之间寻求平衡，内塔尼亚胡的表态“进步”有限，并与美国政府的期望与设想差距不小。[①]

2009年初的加沙之战，以色列总理奥尔默特就表示，加沙重建应该由联合国和其他国际组织牵头协调，在巴勒斯坦民族权力机构、埃及及其他“务实”国家的积极参与下展开。哈马斯不应在重建过程中获得任何合法性地位。2010年6月，巴勒斯坦民族权力机构主席和立法委员会选举在即，从目前的选情看，控制着加沙地带的巴勒斯坦伊斯兰抵抗运动（哈马斯）并无必胜的把握；巴另一重要政治派别巴勒斯坦民族解放运动（法塔赫）通过改革举措得到群众认可，影响力呈上升势头。但法塔赫候选人、现任巴民族权力机构主席的阿巴斯不愿再次参选，这为大选带来不小变数。巴勒斯坦在这一选举中能否促成其内部实现和解，并推动巴以恢复和谈，还存在着诸多不确定的因素。

巴以问题既是历史问题，也是现实问题。多年来，双方在巴勒斯坦建国、耶路撒冷归属、以犹太人定居点撤除、巴勒斯坦难民回归、以巴边界划定和水资源分配等棘手问题上存在着严重的分歧。历史的积怨越深，现实的矛盾就越多。在巴勒斯坦内部一直存在着阿拉伯民族主义、政治伊斯兰化和传统的左翼反帝国主义几大力量，因此阿拉伯世界和伊斯兰世界的政治冲突仍将在此继续上演。该地区民众对所有冲突的原因都只归结为一点：西方国家对伊斯兰国家的敌对态度。因此，极端主义已经以新的形式悄然发展起来，用和平

① 杨立群：《内塔尼亚胡有限的妥协》，http：//news. xinhuanet. com/world/2009－06/16/content _ 11548334. htm。

方式解决巴以问题的可能性正在不断减弱。对西方国家的不满和仇恨的积蓄，也将威胁到欧盟成员国的安全。

二、美国撤军伊拉克形成对美伊政府新的考验

历时7年之久的伊拉克战争对伊拉克的环境造成了极大的破坏，大气和河流的污染，文物古迹、基础生活设施的毁坏，被战火摧毁的土地、森林和草原，以及人们日常饮用的井水、河水的严重污染，无不影响和改变着伊拉克人民的生活。战争中美军使用的武器不仅直接破坏了伊拉克土地表面的土壤结构，还在陆地和水域中遗留下了大量的武器弹药，有些在长时间内无法排除，形成持久可怕的环境隐患。沙漠地质学家法鲁克·埃勒巴兹说："不论出于什么原因，即使是合理的农业活动，沙漠地表遭到破坏都会形成新的沙尘暴和沙丘，何况是剧烈的军事活动。战争中美军几千辆坦克和直升机的使用破坏了沙漠的表面，而沙漠地表的自我恢复需要数百年的时间。因此，战争造成的环境退化在很长的时间内都难以恢复。"① 经受战火蹂躏的伊拉克可谓生灵涂炭，民众苦不堪言。

持续7年之久的伊拉克战争不仅重创了伊拉克，美军也同样付出了惨重的伤亡代价。据美国有线电视新闻网报道，2009年12月，美国迎来了首个发动伊拉克战争以来驻伊美军"零战斗死亡"月份，3名美军士兵当月死于非战斗任务。驻伊美军最高指挥官雷·奥迪尔诺说："这对于我们来说是

① 《伊拉克战争对伊拉克环境造成了严重灾难》，http：//news.h2o-china.com/html/2003/05/174701053495060_1.shtml。

个里程碑。”另据美国有线电视新闻网的数据显示，2003 年伊拉克战争爆发至今，共有 4373 名美军士兵在伊拉克死亡，其中 3400 多人阵亡，将近 900 人死于非战斗任务。[①] 美联社还发布了伊拉克战争中美军受伤人员和雇员的死亡数据：截至 2009 年 11 月 2 日，敌对行动导致美军受伤的人数是 31545 人；截至 2009 年 10 月 3 日，非敌对行动导致美军受伤的人数是 38917 人；截至 2009 年 9 月 30 日，美国政府平民雇员死亡的人数是 1442 人。[②]

美国在伊拉克战争中投入的费用已经远远超过了越南战争及朝鲜战争的投入，据法国航宇防务网消息，美国国会批准将在 2010 财年度为伊拉克和阿富汗战争追加拨款 1368 亿美元。“国家重点工程”组织（National Priorities Project，NPP）估计，本年度伊拉克战争耗资将达到 645 亿美元，阿富汗战争则将达到 723 亿美元。与战争相关的国土安全拨款法案是 2009 年 10 月 28 日通过的；统一拨款法案是 2009 年 12 月 16 日通过的；国防部拨款法案则是 2009 年 12 月 19 日通过的。这几次新的拨款法案使美国的伊拉克战争相关花费达到 7473 亿美元，阿富汗战争相关花费则达到 2990 亿美元，总计战争支出已达到 1.05 万亿美元。这些拨款还不包括奥巴马增派 3 万名驻阿美军的相关花费。尽管美国在战争中耗资巨大，但正如中东舆论指出的那样，美国所获得的好处远比付出的多得多。

这场战争目前正遭到国际社会的反对和谴责。2009 年

---

① 《驻伊美军上月零战斗死亡创纪录》，http：//news. sina. com. cn/w/2010－01－03/175619390497. shtml。

② 《伊拉克战争中美军已亡 4354 人，费用近 6970 亿美元》，http：//news. ifeng. com/mil/3/200911/1103 _ 341 _ 1417882. shtml。

11 月 2 日，即将离任、最后一次以国际原子能机构总干事身份在联合国大会发言的巴拉迪说，伊拉克战争是“根据错误托辞，在未经联合国安理会授权的情况下”发动的一场“悲剧性战争”。[①] 他说，尽管国际原子能机构和联合国监测、核查和视察委员会没有发现任何证据表明伊拉克重新开始其核武器计划或与生产大规模杀伤性武器有关的计划，但是有关国家仍然坚持对伊拉克发动战争，这实在令人遗憾。格林斯潘也在其回忆录《动荡的年代》中称，美国发动伊拉克战争的主要动机是石油，他在书中写道：“在政治上承认大家都知道的一点是很不方便的：伊拉克战争主要是为了石油。我对此感到难过。”他认为，萨达姆对中东石油的供应安全构成了威胁。

奥巴马上台后，立即着手全面审查伊拉克政策，重点就是撤军问题。2009 年 2 月 27 日，奥巴马宣布新的对伊政策，包括撤军、重建和外交等三部分。“撤军”部分分两步走，18 个月内撤出大部分军队，结束作战任务，将维持安全的责任完全移交给伊拉克人，实现伊人治伊。第一步在 2010 年 8 月 31 日前撤出大部分军队，留下 3.5—5 万兵力负责支持伊军的行动；第二步在 2011 年底前撤回剩余部队；“重建”部分，美国采取外交、政治等手段和发展并举的模式，帮助伊拉克实现“和平”与“富强”；“外交”部分，美国采取建立一个改善伊拉克和中东地区安全形势的新框架，与包括伊朗和叙利亚在内的中东国家展开全面接触和对话。奥巴马认识到，伊拉克问题的解决要凭借政治手段而非军事手段，其重

① 《巴拉迪说伊战是“悲剧性战争”》，http://www.hbgd.net/html/200911/04/081959233.htm。

要原因是美国已经难以维持伊拉克战争的高昂成本。[①]

美军从伊拉克"泥潭"抽身的战略举措未来面临诸多考验。第一个考验就是伊拉克政府面临维护国内安全的考验。2009 年至今，伊拉克连环爆炸事件有增无减，这为 2010 年伊拉克议会选举埋下阴霾。巴格达大学教授萨巴赫·谢赫认为，随着议会选举日益临近，为影响伊拉克的政治进程，武装分子会借机制造更多的血腥袭击事件，从宗派角度看，一些派别还会借暴力袭击的影响为自己赢得选票。[②]目前，美军已经全部撤出伊拉克城镇，只留有少量美国军事顾问和训练人员为伊军提供支持，伊政府的政治和安全局势正处在风雨飘摇之中，能否稳定伊的安全局势，不仅是大选的关切，更是重建的关键。第二个挑战就是美军"既占而撤"的战略选择可能有以下危险存在：伊拉克沦为伊朗的附庸国；伊拉克成为第二个巴勒斯坦或黎巴嫩；库尔德问题激化、周边国家卷入等等。总之，伊拉克反美武装、极端势力在关键时刻的强势反扑和伊拉克所处的复杂政治、宗教纷争现实，使美国的"撤军战略"在未来面临空前严峻的挑战和考验。

三、美国"制裁与谈判"并举的对伊政策难以解决伊核问题

美国发动的阿富汗和伊拉克两场战争，为伊朗清剿了中

---

① 王薇：《奥巴马宣布 18 个月从伊拉克撤军计划》，http://news.xinhuanet.com/world/2009－02/28/content_10914846.htm。

② 《巴格达再遭连环爆炸袭击伊大选前安全局势堪忧》，http://news.cnwest.com/content/2010－01/27/content_2761489.htm。

东地区的两个宿敌。伊朗逐渐崛起为中东的地区性大国。但是，让伊朗这样一个反美政权羽翼日丰，并不符合美国的“大中东”战略，因此对伊朗的战略围堵与遏制是美国未来中东战略的核心。

伊朗北与亚美尼亚、阿塞拜疆、土库曼斯坦接壤，濒临里海；西接土耳其、伊拉克；南部和东南部濒临波斯湾、阿拉伯海，扼霍尔木兹海峡；东与阿富汗、巴基斯坦交界。可谓“濒两海、连亚欧”，在古代就是“丝绸之路”的重要通道，而今在地缘上依然具有十分重要的战略地位。在20世纪60年代末期，伊朗曾是美国在中东地区的“代理人”和美国在中东的战略支点，当时伊朗也因此得到美国包括F—14战斗机等军事装备的大量援助。然而，70年代末，由于伊朗发生伊斯兰革命，美伊关系急剧逆转，昔日的盟友变成了势不两立的敌人。美国开始极力打压伊朗，并对伊朗进行了长达30年之久的制裁。

2010年2月24日，美国国务卿希拉里·克林顿在华盛顿出席国会听证会时表示，美国正在推动联合国安理会通过一份新的制裁决议，希望在未来一两个月内对伊朗实施新制裁措施。此前，美国国会参众两院在上月和去年10月两次通过了制裁伊朗法案，制裁目标指向伊朗能源部门，规定任何向伊朗出口提炼后石油产品或帮助伊朗生产和进口提炼后石油产品的企业都将受到美国的制裁。

从目前的态势看，无论伊朗是让步还是强硬，以美国为首的西方社会似乎“铁了心要把制裁进行到底”。但是，美国民主党元老布热津斯基认为，“美国在讨论伊朗核问题时必须采取现实主义态度，因为时钟不会倒转。伊朗人已经拥有了浓缩铀的能力，他们是不会放弃的”。[①] 伊朗虽是弱势一方，但其弱中也有强。在伊拉克、阿富汗、黎巴嫩、巴勒斯坦等几乎中东所有热点问题上，都握有与美国叫板的好牌。因此，伊朗比美国更有主动性，这点内贾德看得很清楚，他公开称“西方需要伊朗，甚于伊朗需要西方”。

伊拉克战争后，伊朗利用与伊拉克什叶派千丝万缕的联系，通过加强与叙利亚、黎巴嫩真主党的协调与合作，逐渐在中东形成“什叶派弧形地带”，又称“什叶派新月地带”，这一影响力目前已经突破“什叶派弧形地带”扩展到东、西两翼，即巴勒斯坦和阿富汗。伊朗还通过对哈马斯和杰哈德等组织在政治、经济、军事等多方面的支持来影响“中东和平进程”，并通过参与阿富汗战后重建、维持社会稳定等举措影响阿富汗问题的解决。

2009 年 3 月，伊朗主持召开了“中西亚经合组织”第 10 届首脑会议，此前伊朗还曾多次主持并召开该组织首脑会议，并以此为平台扩大伊朗与成员国的交往与合作，以提升自身的影响力。伊朗还积极发展与上海合作组织的关系。伊朗手中握有的筹码已今非昔比，因此谈判的要价也自然高于过去。

2010 年 2 月，伊朗核问题搅动了慕尼黑安全政策会议。美国总统国家安全事务助理詹姆斯·琼斯说，以外交渠道解决伊朗核问题的门是敞开的，但伊朗“谜一般的挑衅态度”，令西方不得不考虑进一步施加压力。他说，德黑兰必须在核问题上“面对责任”，否则将面对进一步的制裁和更加孤立

---

① 《伊朗核问题：奥巴马重陷布什的怪圈》，http://hualiming.blog.sohu.com/144773177.html。

的局面。[①] 美众议院民主党领袖霍耶也称，强化对伊制裁就是要告诫伊朗政府，“接触的窗口并非无限期地敞开”。[②] 但目前世界主要大国和联合国都认为应该通过谈判解决伊朗核问题，伊核问题已经走到了历史的“关键点”。[③]

长期以来，西方国家对伊朗提炼浓缩铀活动深怀疑虑，担心伊朗可能借机研制核武器，而伊朗方面则坚称自己拥有和平利用核能的权利。伊核问题实际上触碰到了美国的战略底线，即伊朗绝对不能拥有核武器。双方目前亟待建立战略互信，但是，建立战略互信的基础是双方战略利益的一致，显然，崛起成为中东地区性大国的伊朗与美国的“大中东”战略是相抵触的，而对内贾德这样经历过两伊战争考验的老兵出身的新一代领导人而言，战争教给他们的信条是：国家的独立和领土完整只能靠自身的发展来保证，寄望国际公约和西方的善意是行不通的。因此双方剑拔弩张、以强硬对超强硬的施压与对抗也自然就在情理之中了。

2010 年 1 月 19 日，针对以色列多次威胁对伊朗核设施实施军事打击，伊朗国防部长艾哈迈德·瓦希迪表示，伊朗将首先考虑对西方国家部署在海湾地区的军舰实施打击。他认为，目前在海湾地区的 90 余艘军舰“是针对伊朗而来的”。[④] 但他同时表示，伊朗奉行军事上的防御和威慑政策，不会首先发起军事行动。

---

① 《伊朗核问题搅动慕尼黑安全政策会议》，http：//news. xinhuanet. com/world/2010－02/07/content_ 12947688. htm。

② 《制裁与谈判：美国对伊朗政策的两面》，http：//blog. china. com. cn/tianwenlin/art/1429779. html。

③ 《伊朗核问题走到“关键点”》，http：//cpc. people. com. cn/GB/64093/82429/83083/10963014. html。

④ 《美首次针对伊朗进行导弹试验》，http：//world. people. com. cn/GB/1029/42355/10924478. html。

2010年2月11日，在庆祝伊朗伊斯兰革命31周年纪念大会上，伊朗总统内贾德面对情绪激动的群众宣称：伊朗已是“核国家”。他说：“西方大国曾说我们没有浓缩铀的能力，但我们的国家、领导人偏偏迎难而上，并且在真主的帮助下，伊朗已经达到了目标，我们已经生产了第一批核燃料（20%的高纯度的浓缩铀），还可以成倍生产，只要我们需要，随时都可以生产核武器，但我们并不想制造核武器，因为没必要”，“他们（美国人）妄图支配我们的国家，但伊朗人民不会答应”。[①]

2010年2月18日，英国《每日电讯报》抛出一则报道，国际原子能机构（IAEA）在即将提交的一份报告中指责伊朗正在秘密制造原子弹，这是联合国武器核查人员首次正式为伊朗颇受争议的核活动“定罪”。[②]

2010年2月19日，美国常驻联合国代表苏珊·赖斯就这份有关伊朗“已经自主生产出纯度接近20%的浓缩铀”及“正在秘密研发用于导弹核爆炸装置”[③] 的报告表示，这份报告将成为联合国安理会以及国际社会判定伊朗核问题的重要依据。美方认为，这份IAEA报告的出炉，将使伊朗面临更大的国际压力。

俄、法、德也随后就此报告发表了各自的看法。俄罗斯外长拉夫罗夫表示，俄罗斯对伊朗拒不与国际原子能机构合作感到“非常担忧”。他同时强调，俄美都不允许破坏核不

---

① 《伊朗核问题“山雨欲来”》，http：//finance.sina.com.cn/roll/20100225/00217452529.shtml。

② 《国际原子能机构称伊朗正秘密制造原子弹》，http：//news.163.com/10/0220/03/5VUF8HHO0001121M.html。

③ 《伊朗核问题IAEA报告被披露引起各方关注》，http：//tv.people.com.cn/GB/166419/10989200.html。

扩散制度，但在确保核不扩散的方法上并不完全吻合，因此不能说俄美在伊朗核问题上采取一致立场。法国外交部发言人表示，有关方面应对伊朗“立即采取行动”。德国政府发言人指出，伊朗无权制造核武器，德国支持对伊朗实施全面制裁，但反对对伊朗动武。

伊朗迅速做出回应。2010年2月19日，伊朗精神领袖哈梅内伊重申，伊朗并不寻求发展核武器，核武器在伊朗是“违禁的”，但他指出，“美国才是真正的战争贩子国家，正把波斯湾变成军火库”，“他们侵略阿富汗和伊拉克，如今正指责伊斯兰共和国”。①

2010年2月23日，一向以强硬著称的伊朗总统内贾德警告说：“没有任何力量能伤害伊朗。如果有人胆敢入侵伊朗，伊朗就会砍断这些人的手。”② 内贾德曾多次发表让全世界都震惊的讲话，他称纳粹德国对犹太人的大屠杀是“神话”，说“以色列必须从地图上被抹去”；他曾在联大首脑会议上发言说：“少数大国为了自己的安全利益，实行单边主义，使用大规模杀伤性武器，把毁灭性战争强加于人民”，“允许先发制人，实际上是现代的战争狂人”；他还批评欧盟将人权问题与核能问题搅在一起，他说：“欧盟应该从象牙塔上下来，不要站在远处骄傲地指手画脚”，他反问指责伊朗研制核武器的西方国家，“你们以为自己是谁?”

当西方世界痛批内贾德口出狂言时，数百万伊朗人走上街头，打出了“以色列灭亡、美国灭亡”的标语。伊朗尽管

---

① 《国际原子能机构称伊朗正秘密制造原子弹》，http：//news.163.com/10/0220/03/5VUF8HHO0001121M.html。

② 《内贾德：伊朗将砍断入侵者的手》，http：//news.163.com/10/0225/10/60C4IJL0000120GR.html。

遭受过外族入侵，曾沦为英、俄的半殖民地，但这恰恰激发了他们捍卫、复兴波斯帝国荣耀的自尊心。对这个拥有5000多年文明历史的国家来说，盛极一时的波斯帝国是他们永恒的骄傲。伊朗人最爱说："我们曾经辉煌过"，内贾德的助手也说，内贾德的梦想就是重建一个波斯帝国，首都在德黑兰。从对话到对抗，从外交到军事，从中东地区到国际社会，美伊的较量表明，两伊战争后崛起的内贾德一代，经历了8年残酷的战争洗礼，面对外侮，他们拒绝恐吓，选择了同仇敌忾。

美国为控制中东、遏制苏联，早在50年代中期曾拉伊朗加入其在中东拼凑的"巴格达条约组织"，后来该组织改名为"中央条约组织"。无论以前的拉拢，还是现在的打压，一切皆由美国的战略核心利益来确定。美国一直视伊朗为中东地缘战略扩张中的重要一环。伊朗近年来也在中东所有重大问题上直接或间接发挥着作用，逐步积累起在中东与美国抗衡的资本，并通过各种方式给美国制造麻烦。无论是巴以冲突、黎巴嫩局势，还是伊拉克、阿富汗问题，美国都无法回避其中的伊朗因素。美伊两国围绕核问题而逐渐走向新对抗的主要原因在于双方的战略利益发生了碰撞，因此冲突在所难免。

"核武必然衍生核武，只要还有一些国家坚持拥有核武器才能确保自己的国家安全，那么其他的国家也会跟着要得到核武器。"① 巴拉迪的这番话可能有助于解读当前的伊核问题。此番风生水起的伊核问题，再次成为美国整治伊朗的借口。美国对伊朗的地缘战略合围业已完成，在国际舆论上像

---

① Speech by Mohamed el Baradei [EB/OL]. [2006－05－25]. http://www.acronym.org.uk/docs/0605/doc07.html.

当年攻打伊拉克前那样对伊朗核武器研制计划也进行了声势浩大的道义谴责，但是，伊朗不是伊拉克，伊朗拥有核能力的决心是不会改变的。战争可以发财，战争也可能是泥潭。围而不死的伊朗很可能把美国重新拖进战争的泥潭或新的战略困境。伊核问题矛盾会否升级仍将是 2010 年持续关注的焦点。鹿死谁手，还将拭目以待。

四、2010 年中东地区的战略博弈将引发新一轮地区动荡

中东自古以来就是兵家必争之地，法国拿破仑曾说过：“中东地区是世界的关键。”由于中东地处欧洲的外围和侧翼，所以它必然成为强国称霸世界而必须要首先占领的关键地区。中东相邻的国家主要包括苏丹、索马里、阿富汗、巴基斯坦以及土耳其，因此中东地区的稳定不仅对其相邻的欧洲、高加索、中亚和印度次大陆的安全和繁荣至关重要，而且也对整个世界的和平有着重要的影响。美国之所以要掌控中东这一战略枢纽，既为了掌握这个地区丰富的石油和天然气资源，也为继续谋求全球霸权推进北约东扩建立战略支点，进而加强其全球战略控制能力。2010 年，在中东地区，大国之间利益角逐还将继续进行。主要将围绕以下几个内容。

（一）地缘之争

2001 年 12 月，布什在联合国大会上第一次使用“无赖国家”的说法，伊拉克和伊朗随即上了美国国务院公布的

“无赖国家”名单；2002 年 1 月 30 日，布什在“9·11”后第一次发表《国情咨文》时提出“邪恶轴心”的概念，两伊再次当选为“邪恶轴心国”；2010 年 2 月 1 日，奥巴马政府在提交国会审议预算案中提出“前线国家”的说法，阿富汗、巴基斯坦和伊拉克榜上有名。从伊拉克、伊朗到阿富汗和巴基斯坦，从地缘上看，“前线国家”把中东与中亚连成了一体，而“无赖国家”、“邪恶轴心国”和“前线国家”这些称谓的变化，反映了美国战略重心的转移，即战场从中东延伸到了中亚。

阿富汗是美国为扫清北约东扩的障碍而投棋布势的重要战略支点。因此，增兵阿富汗战场是为了撤而打，还是为了占而打，也就不言而喻了。2010 年 2 月 1 日，奥巴马政府公布的新版《四年防务评估报告》中提出“打赢当前战争”的建军思想，这一战略收缩的实质是为了掌控中东与中亚的石油资源和打通北约东扩的战略通道——拔除阿富汗这根钉子。

对俄罗斯而言，阿富汗是俄、美两国在中亚角力的重要战场，利用此次机会进一步提升其在中亚的影响力是俄罗斯的国家安全战略。俄总统梅德韦杰夫 2010 年 2 月 4 日签发的《军事学说》中就应对北约东扩威胁的阐述表明，俄在北约东扩的问题上有自己的底线。此前，俄在中亚的影响力就不可小视，而今邀俄进入这一地区支持与配合美国对阿行动，美国真的是顾虑重重。

对印度和巴基斯坦而言，阿富汗只是它们彼此拉拢以其制衡对方在克什米尔地区的力量而已。尽管巴基斯坦答应协助美国打击塔利班势力，但事实上，巴基斯坦情报组织与塔利班仍然有着千丝万缕的关系。印度是否真心实意为美国打下阿富汗，要看其能从中得到多少好处。

（二）能源之争

美国国务卿亨利·基辛格曾说："如果你控制了石油，你就控制住了所有国家。"前总统尼克松也指出："'谁在波斯湾和中东控制着什么'的问题，比以往任何时候都更是'谁在世界上控制着什么'这一问题的关键。"素有"世界石油宝库"之称的中东，拥有世界上最丰富的石油和天然气储量。石油的发现使中东的战略地位和价值更加突出。

目前，中东的石油产量占全世界的28%，这一比例到2030年可能达到38%。整个中东和北非地区的石油产量到2030年将增加60%，即从2680万桶/天升至4370万桶/天，而天然气的产量将升至目前的3倍，达到9000亿立方米。该地区（特别是沙特阿拉伯、伊朗和伊拉克）将满足欧盟石油需求的50%（目前为45%）。欧盟从该地区进口能源的增长量在很大程度上将取决于俄罗斯的能源政策以及能源运输设备的发展（液化天然气、输油管道）。

石油为这些中东国家的进步与现代化带来希望，也累积着安全的风险。大国为石油资源的争夺必然成为中东地区动荡与战乱的重要诱因。

（三）宗教之争

处于东西方文化结合部的中东，不仅是人类文明的重要发祥地，而且还是犹太教、基督教和伊斯兰教三大宗教的发源地。伊斯兰教与基督教的恩怨持续了1000多年，现在，基督教在冲突中占了上风。这场千年冲突夹杂了许多因素，既有宗教之争，也有地缘政治之争；既有意识形态的冲突，也有赤裸裸的能源之争。尽管各个伊斯兰恐怖组织目前还没有形成一个严密的全球网络，但它们在意识形态上是一致的，主要是向基督教的西方传统价值发起挑战。因此，与西方1000多年的对立不仅不会立即消失，而且双方的对立完全可能在一些不公平的现象刺激下被激化。恐怖主义袭击表明了伊斯兰世界的愤怒和无助，今后仍然会有“圣战”和“十字军东征”。

巴以冲突既是地区性的领土争端，也是一神教的千年冲突。犹太人有权力返回他们祖先的土地，巴勒斯坦的阿拉伯人同样有权力生活在他们的故土上。犹太人在巴勒斯坦故土上建立犹太人的国家，从本质上说，是近千年来“十字军东征”的继续，是西方，主要是英国，在殖民地时代结束之前所做的地缘政治安排。以色列建国之后，犹太教与基督教的对立大大缓和，而犹太教与伊斯兰教的冲突却大大激化了。美国对以色列的偏袒与支持，以及在伊斯兰圣地沙特阿拉伯驻军，导致了许多穆斯林的敌视与对立。“基地”组织的目标之一就是把美军从沙特阿拉伯赶出去，因为沙特是伊斯兰两大圣地麦加和麦地那的所在地，因此在伊斯兰中有特别的号召力。尽管美国已经把在沙特的军事基地迁往迪拜，但是，巴勒斯坦阿拉伯人的四处流浪，无疑是这个地区对立与冲突不断的根源。美国与伊斯兰“圣战者”的战争并没有终结，以色列作为美国代理人的战争也正在酝酿之中，宗教之争是未来中东地区可能发生的战争中不得不考虑的重要因素之一。

（国防大学战略研究所博士后　刘丽群）

第八章　非洲地区安全形势

2009 年非洲地区安全形势与过去一年相比，一些原有的热点有所降温，一些国家内部的危机有所缓解，但索马里内战仍然在继续，马达加斯加、几内亚比绍等国出现了新的危机，在总体稳定的情况下局部地区仍然动荡。世界金融危机严重影响了非洲国家经济增长的步伐，带来一系列国内发展问题，但区域经济合作和一体化的发展，为非洲国家克服经济困难提供了有利的条件。随着非洲在国际格局中地位不断上升，国际社会对非洲更加关注和重视，大国纷纷调整对非洲的政策，扩大在非洲的影响。中国与非洲国家的关系在新形势下继续保持平稳发展。

一、总体稳定的同时局部仍然动荡

2009 年非洲地区安全形势继续保持总体稳定，谋和平、求发展依然是非洲国家主导性的政治诉求。南非、莫桑比克、纳米比亚、博茨瓦纳等十多个国家举行大选，其过程基本平稳，绝大多数国家的执政党蝉联。加纳年初完成了大选后政权平稳交接，全国民主大会在野8年后重新执政，实现了非洲多党制历史上为数不多的“二次政党轮替”。与过去一年相比，非洲有的地区安全局势出现新的动荡，个别国家内乱和无秩状态持续发展，这表明非洲地区的安全形势还是比较脆弱的。

（一）索马里战乱难以平息

索马里从1991年以来一直战乱不断。2008年10月，在联合国斡旋下，以谢赫谢里夫·谢赫·艾哈迈德为首的索反政府武装“索马里再次解放联盟”中的温和派和索过渡政府举行了多轮会谈，双方最终达成权力分享协议。2009年1月，艾哈迈德当选总统并组建了过渡的民族团结政府，这在一定程度上为索马里组建民族团结政府铺平了道路。但“索马里再次解放联盟”中的强硬派在阿维斯领导下与艾哈迈德决裂，与其他强硬的反政府武装组织合并组建了“伊斯兰党”，同时该国另一个主要反政府武装组织“伊斯兰青年运动”同样奉行激进主张，它们拒绝承认新政府和参加国内和平进程，不断制造针对政府安全部队、官员和国际维和部队的恐怖袭击事件。

自5月以来，反政府武装发动新一轮攻势，从政府军手中夺取了摩加迪沙北部多个战略要地。5月17日，“伊斯兰青年运动”占领了索马里中部重要城镇乔哈尔。乔哈尔是中谢贝利州首府，位于首都摩加迪沙以北约90公里。该镇此前是除摩加迪沙外，支持政府武装力量占据的仅有的两座主要城镇之一。与此同时，首都摩加迪沙也处于激战中，该城约有2/3已被“伊斯兰党”和“伊斯兰青年运动”控制，过渡政府仅在非盟维和部队的支持下勉强维持着对总统府、机场、港口等少数要地的控制权。面对严峻的国内形势，6月20日索马里过渡议会通过一项决议，呼吁邻国立即向索马里派兵，以帮助索过渡政府抵御反政府武装的进攻，平息国内局势。22日，索马里过渡政府宣布进入“国家紧急状态”。据来自联合国的报告称，索马里5月爆发的新一轮战火已经让300多人死亡，近千人受伤，超过12万居民流离失所。[①]

据美国官方消息称，活动在巴基斯坦部落地区的“基地”组织数十名成员及小部分恐怖组织领导人，开始向索马里和也门转移，而在索马里战场上确有一些来自外国的武装人员加入对政府军的战斗。美国参谋长联席会议主席马伦指出：“索马里正逐渐成为恐怖分子的避风港，我对此感到十分不安，我们已经发现部分‘基地’领导人正在向索马里等地转移。”[②] 作为索马里反政府武装主要力量之一的“伊斯兰青年运动”，公开宣布与“基地”组织结盟，不仅以推翻索马里过渡政府为目标，更宣称要在整个非洲大陆发动“圣战”。他们一旦夺取政权，极有可能与国外极端恐怖组织结合，会使全球反恐形势更形复杂。

5月15日，联合国安理会一致通过主席声明，谴责索马里伊斯兰极端组织“伊斯兰青年运动”试图武力推翻索马里过渡政府的行为，要求索马里反政府武装立即停止进攻，放下武器，参与和解努力。声明重申支持索马里过渡联邦政

---

① 《索马里政府恳请邻国出兵干预国内局势内战恐将延续》，中广网，http://finance.ifeng.com/roll/20090624/835577.shtm。

② 《索马里内战使全球反恐形势恶化》，中国新闻网，http://world.people.com.cn/GB/9528340.html。

府，敦促国际社会全力支持过渡联邦政府以加强索马里国家安全部队和警察部队，重申支持非洲联盟（非盟）驻索马里特派团（非索特派团），赞赏布隆迪和乌干达两国政府向索派遣部队，并谴责针对非索特派团的任何敌对行动。但索马里的两个重要邻国埃塞俄比亚和肯尼亚表示不会向索派兵，联合国向索马里派遣维和部队事宜也难有进展。目前索马里实际上处于分裂状态，它的西北部和东北部都有各自的政府和军队，这两个地区相对稳定，战乱主要集中在中南部地区，这也是过渡政府与反政府武装争夺的主战场。国际社会的支持是索马里过渡政府与反政府武装进行对抗的最大资本。因为索马里的邻国、美国以及一些国际组织都不希望索马里成为一个宗教人士掌权的政教一体的国家。

索马里长达18年的内战，让这个国家长期处在无政府状态，安全状况恶化，人道危机加剧。一方面，大量贫民生活困难，于是铤而走险当上了海盗，这是近年索马里海盗屡禁不绝的最根本原因。2009年尽管国际社会加大了打击力度，但索马里海盗活动仍然猖獗，而且作案的范围有所扩大。另一方面，许多索马里民众对国家未来已经彻底绝望，纷纷冒着生命危险逃往国外，大多偷渡到也门。据联合国难民署表示，从2009年5月以来，大约有25万索马里人已经背井离乡。[①] 对索马里来说，不结束内战而实现和平，一切问题的解决都无从谈起。

---

① 《联合国机构称上万索马里难民将逃往也门》，中国日报网环球在线，http://news.qq.com/a/20090730/000006.html。

（二）一些国家内部局势依然不稳定

继2008年毛里塔尼亚、几内亚等国发生军事政变后，2009年位于西非的几内亚比绍也发生了军事政变。3月1日晚，国家武装部队总参谋长塔格梅·纳·瓦伊在部队总部大楼遭遇炸弹袭击身亡。几小时后，部分士兵围攻总统贝尔纳多·维埃拉官邸，使其中弹身亡。几内亚比绍军方2日晚发表声明，否认袭击事件系军方针对瓦伊遇害采取的报复行为，称杀害维埃拉的是一群来路不明的士兵，军方正在搜捕嫌疑人。几比政府与军方长期不和，明争暗斗由来已久。瓦伊1998年至1999年曾参与旨在推翻维埃拉统治的“武装叛乱”。2005年8月，维埃拉作为独立候选人再次当选总统，重新掌权，作为军队主要领导人的瓦伊时常公开批评总统政见。由于总统和军队政见不合，几内亚比绍近一个时期多次发生暴力与武装袭击事件。非盟委员会主席让·平和西非国家经济共同体委员会主席钱巴斯3月2日均发表声明，谴责维埃拉被杀事件。3月3日，联合国安理会通过主席声明，强烈谴责几内亚比绍总统维埃拉和武装部队总参谋长瓦伊被害事件，同时声明中呼吁几内亚比绍政府、政治领导人、武装部队和几比人民保持冷静和克制，维护稳定和宪法秩序，遵守法制和民主进程。虽然几内亚比绍国民议会议长雷蒙多·佩雷拉就任临时总统，但国内的政治斗争并没有停止。

2008年底马达加斯加国局势持续动荡，反对派指责总统拉瓦卢马纳纳执政以来，百姓生活没有明显改善，而总统家族却享受着种种优惠。2009年1月26日，因政府关闭反对派的私营电视台而引发的政治危机导致首都塔那那利佛等地发生大规模骚乱。1月31日，反对派领导人塔那那利佛市市长拉乔利纳宣布成立过渡政府，接管国家政权。2月3日，总统拉瓦卢马纳纳宣布解除拉乔利纳的市长职务。7日，总统卫队向试图进入总统府的示威群众开枪，导致300多人死伤。3月8日，塔那那利佛市郊一处军营发生哗变，哗变士兵声称抗议政府镇压反对派活动，2万多名士兵随即响应，总统拉瓦卢马纳纳失去对军队的控制。16日晚，马达加斯加支持反对派的武装部队利用火箭弹和装甲车，攻进并占领了塔那那利佛市中心的总统府。反对派领导人拉乔利纳拒绝了总统提出的通过全民公决对当前政治危机做出决断的要求，同时扬言要逮捕他，拉瓦卢马纳纳被迫辞职并流亡海外。18日，马达加斯加高等宪法法院裁定，拉乔利纳过渡政府合法。19日，过渡政府举行首次内阁会议，决定中止议会两院即国民议会和参议院运转。21日，拉乔利纳就任马达加斯加总统。但随后马达加斯加过渡政府面临严峻的经济和社会治安形势。同时，联合国、非盟、南部非洲发展共同体、欧盟等国际组织指责拉乔利纳以违宪的手段取得国家权力，先后中止对马达加斯加的援助。在内外的压力下，拉乔利纳同意与前总统拉瓦卢马纳纳等马各派领导人就权力分享进行谈判。8月9日，马达加斯加主要派别领导人在莫桑比克首都马普托共同签署了一份关于结束政治危机的协议，成立临时性的全国联合政府，15个月后进行大选。

尼日利亚国内形势比较复杂，存在着严重的民族和宗教矛盾，南部主要非法武装组织“尼日尔河三角洲解放运动”与政府军对峙，北非“基地”组织向尼日利亚伊斯兰教徒提供武器，并帮助其训练武装分子，严重影响国内稳定。7月，一股自称“尼日利亚塔利班”的伊斯兰极端势力在该国北部

6个州策动暴乱，焚烧教堂、袭击当地警察局和政府部门，并与维护治安的安全部队交火，共造成600多人死亡和数千人逃离家园。

曾经长期动荡的苏丹，2009年以来在政府和维和部队的共同努力下，达尔富尔当地的冲突和暴力事件发生频率大为降低，大规模暴力冲突已基本上消除，和平与发展已成为民意主流。但南部形势扑朔迷离，部落间暴力冲突频仍，非法武器泛滥，2009年部落冲突就导致1000多人死亡，数万人逃离家园沦为难民。非法武器在南部地区扩散对当地安全也构成了严重威胁，南部政府多次采取收缴非法武器的行动，但收效甚微。

去年曾发生军事政变的几内亚国内安全形势仍然不稳，9月28日在首都科纳克里数千上街游行示威的民众与安全部队发生冲突，造成60多人死亡。非洲一些国家政局不稳，国内政治矛盾激化酿成危机，其背后是非洲在全球化过程中经济发展不顺利，贫困导致危机的频发。

（三）地区组织在解决安全问题上发挥重要作用

2009年，在维护地区稳定、解决非洲国家内部冲突方面，非洲的一些地区组织发挥了不可替代的作用。

大湖地区曾有“非洲火药桶”之称，它是指环绕维多利亚湖、坦噶尼喀湖和基伍湖等湖泊周边和邻近的地区，涵盖安哥拉、布隆迪、刚果（金）、肯尼亚、卢旺达等十几个国家。而非洲媒体中经常出现的大湖地区则通常专指布隆迪、卢旺达和刚果（金）三国。20世纪90年代以来，大湖地区局势严重动荡，国家间关系错综复杂，各种矛盾和冲突相互交织，数百万人在各种流血冲突中丧生。动荡的形势，使这一地区国家建设几近停止。为了恢复大湖地区秩序，实现和平、消除贫困，在非盟和联合国共同努力下，有关国家建立地区首脑会议机制，签署了《安全、稳定与发展公约》，规定成员国在解决分歧和争端时不得使用威胁和武力手段，各成员国不得支持其他成员国境内的反政府武装或向其他国家派遣反政府武装，也不得在本国领土上姑息图谋对抗或颠覆他国政府的武装力量，这为该地区实现持久和平与发展奠定了坚实基础。2008 年 12 月至 2009 年 3 月，在非盟等组织的推动下，刚果（金）、卢旺达和乌干达联合平叛，不仅重创刚果（金）境内的反叛武装，而且极大改善了睦邻关系，大湖地区局势得以稳定。7 月 17 日，布隆迪、卢旺达和刚果（金）三国在刚果（金）戈马市举行国防部长会议，三国就加强相互间的军事合作达成协议。非洲媒体普遍认为，这一协议有助于初步形成三个非洲大湖地区国家军事合作框架，将为巩固该地区脆弱的和平发挥积极影响。此外，非盟在解决马达加斯加政治危机中发挥着重要作用。目前，非盟维和部队正在苏丹达尔富尔地区和索马里首都摩加迪沙执行使命。

在非洲地区组织中，西非经济共同体（西共体）也在维护地区安全上发挥独特作用。2009 年 7 月，阿齐兹在毛里塔尼亚总统选举中当选，结束了自去 2008 年 8 月发生军事政变以来的政治危机。西共体在化解这场危机中发挥了关键作用，它与非盟协调行动，中止毛里塔尼亚成员国资格，以示对军政府的制裁。该组织还积极协调各派政治立场，最终在毛里塔尼亚邻国塞内加尔达成全面和解协议。3 月，几内亚比绍总统维埃拉遇袭身亡，国际社会担心该国内战悲剧重演。西共体迅速做出反应，派遣一系列代表团赴几比协商政治过渡问题。6月28日，几内亚比绍举行总统选举，经两轮角逐，萨尼亚当选总统，成功实现政治过渡。与此同时，西共体正在大力推动结束科特迪瓦内战，竭力化解几内亚去年军事政变所引发的政治危机。

2009年，非盟等地区组织以本地区和平、发展与复兴为己任，排除外来干扰，灵活加以处理，使危机和矛盾较快得到控制和解决。7月1—3日，在第13届非盟首脑会议上，与会非洲各国领导人讨论了非洲当前的战乱和安全问题，其中包括索马里、几内亚比绍、马达加斯加和苏丹达尔富尔问题。会议还就国际刑事法院3月4日对苏丹总统巴希尔的新指控和逮捕令通过一项决议草案：非盟成员国不遵循《罗马规约》条款规定，拒绝逮捕并移交被起诉的苏丹总统巴希尔。非盟的上述决定，彰显了非洲在重大国际问题上用一个声音说话的意志。

二、在金融危机中艰难前行

2009年，世界经济出现了复苏的迹象，非洲也在金融危机冲击过后寻找复苏点。正如南非总统祖马在第29届南部非洲发展共同体峰会上所说：国际金融危机不应该导致非洲的进一步边缘化，南共体成员国不应低估自身在促进地区繁荣和竞争力方面的重要性。[①] 然而，由于非洲经济基础薄弱，危机已造成许多国家出口商品价格下跌、侨汇和资本流入减

---

① 《第29届南部非洲发展共同体峰会举行》，《新华月报》2009年第10期，第117页。

少，这导致一些国家出现了货币贬值、失业率上升、人民生活水平降低等问题。因此，非洲经济复苏将有所滞后，未来经济发展将面临较多困难。

（一）经济增速进一步降低

金融危机中断了非洲经济保持多年持续快速增长的态势，2009 年经济发展速度进一步降低。2008 年非洲经济增长率从 2007 年的 6.2%下降到 5.2%，[①] 金融危机导致出口疲软和全球初级产品价格下跌是其主要原因。从地区层面看，由于资源禀赋、发展水平、经济结构有所差异，非洲各地区经济受金融危机影响的程度不一。南部非洲受到的冲击最大，地区经济增长率从 2008 年的 5.2%下调到 0.2%；东部非洲受影响最小，仅从 7.3%下调到 5.5%。从实体经济看，南非因经济开放程度较高、资本市场发达受危机冲击较严重。据南非统计局 2009 年 5 月底公布的数据，南非进入了 17 年来的首次经济衰退。尽管多数非洲国家经济出现下滑，但非洲经济并非一团糟，2009 年第一季度，有 14 个非洲国家经济增长超过 5%，另有 13 个国家经济增长超过了人口增长率。[②] 乌干达经济学者表示，在金融危机发生初期，部分西方学者认为由于非洲经济尚未融入全球金融体系，不会受到很大影响。但随着危机的发展，非洲国家不仅遭受严重影响，而且因经济基础薄弱，无力应对冲击。[③]

---

① 《非洲应对金融危机踯躅前行》，《西亚非洲》2009 年 12 期。

② 《非洲应对金融危机踯躅前行》，《西亚非洲》2009 年 12 期。

③ 《受金融危机影响，2009 年非洲经济形势更加严峻》，驻乌干达使馆经商处，http：//xyf. mofcom. gov. cn/aarticle/Nocategory/200905/20090506220501. html。

（二）促进一体化抵御外部冲击

在金融危机冲击下，非洲国家并未坐以待毙，它们在呼吁国际社会信守援助承诺的同时，充分发挥政府调控经济的作用进行自救。许多国家努力稳定国内经济形势，采取积极措施扩大内需，尽力调集国内资源，利用本地区内部市场来维持经营。例如，南非政府要求企业尽一切可能避免裁员，对被裁员工进行再就业技能培训，并考虑进一步调低银行基准利率，降低企业融资成本。肯尼亚政府公布了一项大规模就业刺激计划，将分 3 个阶段斥资 150 亿肯尼亚先令，为全国年轻人创造 30 多万个就业岗位。此外，加快农业和基础设施建设，利用农业基础设施的投资来推动经济复苏。2009 年召开的第 13 届非盟首脑会议以“非洲基础设施建设”和“投资农业促进经济增长和粮食安全”为主题，就表明了非洲国家对基础设施建设和农业生产的高度重视。农业和基础设施落后一直是非洲经济和社会发展的瓶颈，非洲国家已认识到问题的严重性，纷纷将此事提上议事日程。阿尔及利亚总统布特弗利卡在这此会议上发言指出，要摆脱贫困和落后状态，解决饥荒和营养不良问题，非洲必须进行一场真正的“绿色革命”。农业事关非洲国家未来的命运，非洲各国应该把发展农业作为国民经济发展计划的核心。[①]

在应对金融危机的冲击方面，非洲国家强调最多的就是加快区域经济一体化步伐，并认为这是抵御危机冲击的重要手段之一。为此，2009 年非洲一体化动作异常频繁，传递出

---

① 《第 13 届非盟首脑会议举行》，《新华月报》2009 年第 8 期，第 93 页。

非洲一体化加速发展的信号。东南非共同市场、东非共同体、西非国家经济共同体和南部非洲发展共同体均已采取措施，加紧推进经济一体化。6月7日至8日，东部和南部非洲共同市场（东南非共同市场）第13届首脑会议在津巴布韦维多利亚瀑布城举行，此次会议主题为“通过增加产品附加值、贸易和提高粮食安全加强地区一体化”。7日下午，东南非共同市场关税同盟正式建立，掀开了地区经济一体化的新篇章。成立于1994年的东南非共同市场是非洲最大的地区经济组织，目前有19个成员国，分别是布隆迪、科摩罗、刚果（金）、吉布提、埃及、厄立特里亚、埃塞俄比亚、肯尼亚、利比亚、马达加斯加、马拉维、毛里求斯、卢旺达、塞舌尔、苏丹、斯威士兰、乌干达、赞比亚、津巴布韦。成员国面积之和近1200万平方公里，人口近4.2亿。东南非共同市场条约规定，建立关税同盟后，所有成员国对外采用统一关税。关税同盟主要包括：成员国之间免关税和贸易配额，对贸易商品进行统一分类，统一关税评价体系；对外采取共同的保护级别和贸易政策；统一贸易政策、海关和收入等的行政管理结构。根据2008年5月在肯尼亚首都内罗毕召开的部长理事会达成的共识，该组织在建立关税同盟后，对外部资本货物和原料免收关税，半成品征收10%的关税，成品征收25%的关税。东南非共同市场新任轮值主席、津巴布韦总统穆加贝当天表示，关税同盟的正式建立是加快地区一体化进程中具有里程碑意义的事件。东南非共同市场秘书长辛迪索·恩圭尼亚说，全球经济衰退给了非洲一个警醒，要求非洲加倍努力促进经济一体化，以抵御外部冲击。[①] 此外，

---

① 《东部和南部非洲共同市场第13届首脑会议举行》，《人民日报》2009年6月8日。

非洲国家与其他发展中国家，尤其是与新兴市场国家（中国、印度、俄罗斯和巴西等）的经济联系迅速扩大。由于采取了积极的应对措施，非洲国家经济发展虽然遇到许多困难，但是2009年经济仍然保持增长。

（三）未来走势预测乐观

2009年下半年，随着世界经济出现回暖迹象，对于非洲经济走势的乐观情绪也有所增强。7月，国际货币基金组织预测将2010年非洲经济增长的预期从4月的3.8%上调至4%。多数分析家对2010年的非洲经济复苏持乐观态度。[①]非洲开发银行、经合组织及联合国非洲经济委员会的报告预计，2010年非洲经济增长将回升至4.5%，而国际货币基金组织的预计是4%。一些国家对自己国家经济预测也比较乐观，安哥拉经济部长预计在非石油领域增长的支撑下，2010年安哥拉经济增长率有望提高至8.2%。根据肯尼亚最新发布的年度《肯尼亚经济报告》，肯尼亚经济经受住了2008年选举骚乱、气候持续干旱和全球金融危机的三重打击，目前已呈现复苏迹象，据世界银行的统计，这一东非大国2009年经济增长率为2.5%，2010年预计将达3.5%。毛里求斯中央银行行长贝尼克则更为乐观。他最近表示，2009年早些时候笼罩在非洲上空的乌云已经快速消散，东南非共同市场大多数成员国经济前景已显现曙光。他相信非洲正朝着正确的方向发展。[②]

---

① 《非洲应对金融危机踯躅前行》，《西亚非洲》2009年12期。

② 《非洲经济在危机中艰难复苏》，新华网，http：//news.ifeng.com/world/200912/1218_16_1479475.shtml。

三、大国对非洲政策调整

2009 年，虽然受金融危机的影响，主要大国忙于处理国内事务，但对非洲外交的重视程并没有减弱，体现了非洲在许多大国战略中的重要地位。美国在奥巴马上台后，利用其非洲裔的血缘关系，突出美国对非洲政策的调整，大力推动美国在非洲的影响。其他大国继续强调发展与非洲的战略关系。

（一）美国奥巴马政府对非洲的“新政策”

2009 年，美国对非洲的重视程度是前所未有的。总统奥巴马于 6 月 4 日访问了北非的埃及后，7 月 10 日又匆匆访问了撒哈拉以南的加纳。8 月 5 日至 14 日，国务卿希拉里·克林顿对肯尼亚、南非、安哥拉、刚果（金）、尼日利亚、利比里亚和佛得角七国进行访问。如此密集的访问实属罕见，同时刷新了美国历届总统、国务卿就任后最早访问非洲的纪录，突显奥巴马政府对非外交攻势。非洲虽不是美国外交工作的重点，但仍然是美国对外工作中不可忽视的和相当重要的一环，从总统奥巴马和国务卿希拉里·克林顿在非洲的言行可以初步了解到美国新政府对非洲的政策取向。

第一，推扩美国的价值观念。冷战后，美国历届政府都把在非洲推扩“民主”作为重要的外交战略，并以此作为美国发展与非洲国家关系的重要标准之一，奥巴马政府也不例外。奥巴马在访问加纳前十分明确地说：我出访加纳的理由是那里有一个可行的民主制度。奥巴马把加纳作为他首访南部非洲的国家，是看重加纳采用西方的民主制度，并通过这种访问来向非洲其他国家发出民主典范的息信。奥巴马 11 日向加纳议员演讲时说："今天，我聚焦于四大领域，它们对非洲乃至整个发展中世界的前途至关重要，那就是民主、机遇、健康和以和平手段解决冲突。"[①] 奥巴马承诺继续对非洲援助的同时，强调非洲国家应致力于推行"良政"。他说："就美国及其他西方国家而言，承诺不能只用我们花的钱来衡量……成功的真正标志是美、非作为伙伴，一道致力于增强变革能力。" "我们必须支持强有力且可持续的民主政府，"[②] 奥巴马访问加纳的时间不到 24 小时，反反复复突出了一个重点，只有民主制才能够救非洲，敦促非洲国家承担更多责任，推进民主改革。而国务卿希拉里在非洲七国访问期间更是不遏余力地推销美国的所谓民主价值观，她批评了肯尼亚推行"民主"不力，敦促肯尼亚加快实行国内民主改革，同时赞扬利比里亚、佛得角为非洲民主成功的典范。这表明，今后美国对非洲政策将突出推进"民主"、"良政"为目标，并加大对所谓成功的民主国家的支持力度。

第二，寻求预防与解决非洲地区的冲突。近年来，非洲很多地区局势动荡不安，特别是索马里海盗猖獗，威胁美在非安全利益。希拉里访问南非、尼日利亚、安哥拉、刚果（金）四国的目的之一是：美国要加强同非洲大国的联系与合作，以便美国更加借重非洲大国在处理地区热点问题中的

① 《奥巴马阐述对非洲政策》，新华网，http：//news. xinhuanet. com/world/2009－07/13/content _ 11698639. htm。

② 《奥巴马督促非洲施"良政"》，人民网，http：//world. gansudaily. com. cn/system/2009/07/14/011174133. shtml。

作用。如希拉里在访问南非期间，同南非领导人就津巴布韦、索马里、苏丹等问题进行了讨论。美方明确表示，南非作为非洲地区最发达的国家，应在地区和国际事务中继续发挥重要作用。美国希望南非发挥其地区大国的影响力，推动津巴布韦总统穆加贝与前反对派领袖茨万吉拉伊全面实施权力分享协议。同时美国希望同南非新政府在原有基础上加强沟通与合作，以推动美非关系朝着有利于美国战略的方向发展。希拉里访问肯尼亚期间会见了索马里过渡联邦政府总统艾哈迈德，双方就日益猖獗的海盗以及反政府武装与基地组织的联系等问题进行了讨论，希拉里明确表态将加强向索过渡政府提供武器及其他援助，并准备与非盟和东非政府间发展组织共同寻求解决索马里问题的办法。在尼日利亚，希拉里希望尼在地区事务中继续发挥积极作用，包括向冲突地区派驻维和部队。美国试图推动美、非在军事安全领域的合作，提升美在非洲反恐与安全格局中的地位。

第三，看重非洲重要的战略地位和资源。非洲虽然贫困，但土地广袤，资源丰饶，国家众多，是一支不可乎视的国际政治力量。奥巴马在访问加纳时强调，美国要与非洲建立伙伴关系，“这也是我们自身利益所在，因为如果非洲人走出贫困、创造财富，就能为我们自己的商品打开新市场”。[①]他还认为，发生在非洲的冲突事件对全球安全构成挑战。在国务卿希拉里访问非洲之前，美国国务院负责非洲事务的助理国务卿约翰尼·卡森在回答记者提问时强调，美国把“非洲作为外交政策重点”，“美国新政府有能力同时处理多个外交政策问题。新政府就任仅 6 个月，就已经比历届政

① 《奥巴马阐述对非洲政策》，新华网，http：//news. xinhuanet. com/world/2009－07/13/content _ 11698639. htm。

府更快地打开局面，将注意力转向非洲，希望与非洲国家就更大的经济进步和发展共同开拓机遇”。[①] 实际上，奥巴马政府把非洲作为其全球战略重要的支点之一，美国对非洲大陆新的外交攻势将从多角度拓展其战略利益，特别是资源利益。奥巴马和希拉里访问的非洲国家中，刚果（金）、南非、尼日利亚、安哥拉、加纳都是资源大国，其中有三个石油生产国，特别是尼日利亚和安哥拉是非洲向美国输出石油最多的两个国家，说明了美国新政府对非洲资源和石油需求的重视。此外，美国通过提出各种援助，拉近与非洲的距离，防止其他大国在非洲影响的扩大。希拉里访问非洲的一项重要议程就是参加在肯尼亚举行的第八届美国与非洲撒哈拉以南地区贸易与经济合作论坛。在论坛上，希拉里向非洲国家传达了奥巴马政府加强对非援助并致力于探讨新的发展援助模式的信息。

美国奥巴马政府的非洲政策与前任如果说有什么不同点的话，那就是手里拿着“胡萝卜”、举着“橄榄枝”，嘴上说着“相互尊重”，少了点“盛气凌人”，但其本质并没有改变，需要挥舞“大棒”时也绝不含糊。比如，10 月 19 日奥巴马正式就美国对苏丹战略发表声明，表示可以与苏丹政府进行广泛接触，但同时警告如果不合作，将会实施新的制裁。一些非洲学者指出，非洲国家的发展并不能单纯依靠外来援助来实现，况且美国能在多大程度上兑现其承诺还是疑问。肯尼亚的《商业日报》一篇分析文章就一针见血地指出，具有非洲血统的美国总统奥巴马访问非洲最终目的不过是为了“促进和保护美国的国家利益”。而发表在尼日利亚

① 《奥巴马首访非洲一个点希拉里首访非洲一大片》，新华网，http：//world.gansudaily.com.cn/system/2009/08/06/011209880.shtml。

《先锋报》上一篇题为《非洲：没有美国的未来》的文章则进一步指出，非洲人承认良好的治理能够促进发展，但是奥巴马总统显然没有完整阐述美国人对民主与良政的理解。因为以共同的标准来看，美国在许多地区的盟友都不是民主国家，对美国人来说，“能够保护美国利益的外国政府都是民主的和良政的，忽视美国利益的则都是不民主的”。[①]

（二）其他大国的对非洲政策动向

进入21世纪，随着国际战略形势的变化和经济全球化的发展，非洲巨大的石油储量和矿产资源储量被勘探开发，非洲又成为大国关注的焦点，2009年一些大国继续调整对非洲政策，加强对非洲的影响。

作为非洲的前殖民大国法国，长期以来曾把非洲看作是自己的“后院”，近年其影响力下降，这是法国调整对非洲政策的动因。其目的在于巩固在非洲的传统优势，扩大法国在非洲法语区以外的影响，推行新的非洲政策，以适应全球化和非洲形势的变化。2009年法国在非洲并没有大的动作，只是延续2008年萨科齐总统访问非洲时提出的对非政策调整思路，在具体内容上进一步完善。一是法国尽可能尊重非洲的发展模式，避免继续指手画脚，将传统的不平等关系提升到一种“新型合作架构”，以建立一种同非洲国家发展合作的新基础和新现实关系。二是放弃军事干预，不再充当“非洲宪兵”的角色，帮助非洲国家建立维和机制。三是扩大合作范围，力图打破法非关系的传统模式，将援助与合作

① 《公正与尊严更重要》，《人民日报》2009年8月6日。

的范围扩大到整个非洲。

随着综合国力复苏，俄罗斯正在重返非洲。2009 年 6 月，俄罗斯总统梅德韦杰夫首次踏上非洲大陆，对埃及、尼日利亚、纳米比亚和安哥拉四国进行访问。在俄罗斯外交史上，国家元首一次出访四个非洲国家尚属首次。不仅如此，除埃及外，撒哈拉沙漠以南的三个国家都是冷战后俄总统首次出访的国家。梅德韦杰夫在博客中发出这样的感慨：“去了非洲才知非洲重要。”俄罗斯加强在非洲的影响力具有多层用意。第一，加强俄罗斯同非洲国家的关系，是其推行“强国战略”、恢复俄全球影响力的重要一环。第二，开拓非洲市场，可以分享非洲经济发展的成果，拓展俄经济空间。除了非洲是俄传统的军火销售市场外，近年在核电、航天领域也大力开展与非洲国家技术合作。2009 年 6 月，俄罗斯获得制造、发射和运营安哥拉通信卫星的合同，价值 3.27 亿美元。另外，南非自行研制的第二颗卫星也将由俄罗斯负责发射。第三，俄罗斯加强与非洲能源丰富国家的关系，有利于进一步扩大俄罗斯在国际能源领域的发言权。2009 年 6 月，俄天然气工业股份公司注资 25 亿美元与尼日利亚国家石油公司成立合资公司，新公司将主要进行天然气资源的采集和利用，并勘探和开采新油气田。另外，俄还将参与撒哈拉天然气管道项目。该管道建成后，尼日利亚可每年向欧洲输送 300 亿立方米的天然气。俄罗斯积极推进与非洲国家的务实合作，不断密切双方在经济、能源、军事等领域的联系。

近年来日本在加大对非洲经济和技术援助基础上，影响不断扩大。2009 年针对非洲的政府开发援助大幅增加，目标额为 1885 亿日元（约合人民币 130.99 亿元），为有史以来的最大规模。对于日本加大援非力度的目的，日本媒体认为是为了“确保稀缺资源、在联合国外交方面取得非洲各国的支持”。在年底举行的哥本哈根联合国气候大会上，以非洲国家为主体的 77 国集团联合发声，要求发达国家加大援助，履行自己的历史责任。日本在环保技术方面居于国际领先地位，在援非问题上一直高举“环保”大旗，今后也想在些方面发挥作用。日本对非政策是其外交战略的一个重要组成部分。随着争当“世界政治大国”逐渐成为日本国家战略的目标，日本对非洲政策的重心也将从“注重经济利益”到“经济和政治利益并重”的调整。

正在崛起的新兴大国印度，在进入 21 世纪以来，对非洲政策的力度已经呈现明显加大的趋势，在强调平等、互利基础上，增加了对非洲的援助。在经济上，非洲作为具有丰富自然资源和巨大潜在市场的地区，是印度企业向国际市场进军的重要阵地。其中能源领域的合作是印度新非洲战略的最重要目标之一。据印度石油和天然气部的数据表明，目前印度原油需求的 10%来自于非洲的尼日利亚，每天要从尼日利亚购买超过 40 万桶的原油，年石油进口额达 100 亿美元。

2009 年，在新德里举行了第二届印、非石油会议，拓展对非关系已成为印度能源战略的重要选择之一。此外，印度认识到在新的世界多极格局中，非洲大陆以其 54 个国家、10 亿人口和丰富的自然资源越来越成为一支十分重要的国际力量。非洲位于印度洋的西岸，地缘上与印关系紧密，印一直将印度洋当作自己的“势力范围”，因此必须加强同非洲的合作。

四、中非合作关系持续、稳定地发展

2009 年是中非关系继续大发展的一年，高层交往频繁，战略互信深化，经贸、文化关系持续发展，军事安全领域里的合作进一步加深，是名付其实的“承前启后、继往开来的重要年份”。[①]这一年，在落实 2006 年中、非合作论坛峰会的各项成果方面画上了一个圆满的句号，同时在推进中、非合作的一些新项目上取行了进展，中非关系继续保持了良好的发展势头。

（一）双方高层政治交往继续深化

2009 年 2 月，中国国家主席胡锦涛访问马里、塞内加尔、坦桑尼亚和毛里求斯等非洲四国。访问期间，胡锦涛主席同各国领导人就进一步推动双方友好合作，认真落实中、非合作论坛北京峰会援非举措，深化中、非新型战略伙伴关系等重大问题进行了深入讨论，达成了广泛共识。胡锦涛主席在坦桑尼亚的演讲中着重阐述了新形势下发展中非关系的六条主张，即“团结互助，携手应对国际金融危机挑战；增进互信，巩固中非传统友好政治基础；互惠互利，提升中、非经贸务实合作水平；扩大交流，深化中、非人文领域合作；紧密配合，加强在国际事务中的协调；加强协作，共同推进中、非合作论坛建设。”11 月，温家宝总理赴埃及出席

---

① 中国外长杨洁篪在年初对中非关系的展望。

“中非合作论坛”第四届部长级会议，与非洲国家领导人就当前非洲面临着国际金融危机、气候变化等全球性挑战，非洲的可持续发展面临严重威胁，中国与非洲深化各领域务实合作和全面推进中、非新型战略伙伴关系等问题进行了深入探讨，并提出了在今后 3 年中国政府将采取 8 项推进中、非合作的新举措。同月，中央政法委书记周永康率中共代表团访问苏丹、南非、塞舌尔等非洲三国。此外，在 2009 年内，外交部长杨洁篪访问非洲四国，中共中央政治局常委贺国强率中国共产党高级代表团访问埃及，中联部部长王家瑞率中国共产党代表团访问非洲四国，包括塞拉利昂总统科罗马、中非总统博齐泽、非盟委员会主席让·平等在内的多名非洲领导人也相继访华。双方领导人保持频繁互访，使中、非政治互信更加牢固，政治磋商机制更趋成熟。2009 年 9 月，中国与非盟举行了第二轮战略对话，截至 2009 年，中国已与 28 个非洲国家建立了外交磋商或战略对话机制。

（二）援非八项承诺完满兑现

在 2006 年中、非论坛“北京峰会”上，胡锦涛主席代表中国政府宣布援助非洲的八项举措，2009 年在中、非双方共同努力下圆满落实，2009 年中国对非援助规模比 2006 年增加一倍的预期目标顺利实现。1. 免债免税和优惠贷款给非洲带来巨大实惠。截至 2009 年，中方已向非洲提供了近 30 亿美元的优惠贷款和 20 亿美元的优惠出口买方信贷，减免了非洲 33 个重债穷国共 154 笔到期债务。同时，中方继续给予非洲最不发达国家的输华商品免关税待遇，目前非洲受惠商品已达近 500 个税目。2. 农业合作开展顺利。2009 年，中国援建的多个农业技术示范中心在利比里亚、苏丹、刚果（布）、坦桑尼亚等国相继开工，使我国援非农业技术示范中心总数达 14 个。9 月，中国援助津巴布韦、博茨瓦纳农业专家组启程赴非。至此，中国已向非洲 33 国派遣了 100 多名高级农业专家。3. 援非医疗力度持续加大。2009 年，多家援非医院在加纳、塞舌尔、喀麦隆等国相继开工，多家抗疟中心相继挂牌，顺利实现“北京峰会”上为非洲援建 30 所医院并设立 30 所抗疟中心的承诺。此外，中国多支援非医疗队继续在非履行使命。4. 教培援助成果丰硕。中国援助非洲的各类学校正加紧建设，目前已有 66 所竣工。2009 年中国政府为非洲提供的奖学金名额总数增至 4000 名。此外，截至 2009 年 10 月，中国在非洲已设立 23 家孔子学院或孔子学堂，传播中国文化、促进中非交流。中方举办的多期培训班卓有成效，截至 2009 年已为非洲国家培训 1.5 万名各类人才。①

（三）经贸合作稳步发展

中国和非洲国家之间存在互补性的经济贸易关系，目前中国是非洲第二大贸易伙伴。2009 年前三季度，中国对非洲的非金融类直接投资达 5.52 亿美元，同比增长 81%，非洲已成为中国对外投资增长最快的地区。2009 年中、非发展基金也从最初的 10 亿美元扩大为 50 亿美元。2009 年 5 月，埃塞俄比亚玻璃厂建成投产，成为中非发展基金所投资的第一个建成投产项目。截至 2009 年底，中、非基金已投资 5 亿多

① 《2009 年：中非关系史上承前启后的重要一年》，中国网，http://www.china.com.cn/international/txt/2009－12/14/content_19061403.htm。

美元，支持了非洲多国的27个项目。中国在非洲设立的第一个经贸合作区赞比亚中国经贸合作区目前已有13家企业进驻，吸引投资超过8亿美元，为当地提供就业岗位3000多个。其他经贸合作区也初具规模，逐渐产生良好的经济和社会效益。2009年前9个月，中国在非承包工程完成营业额178.4亿元，同比增长41.2%。[①] 胡锦涛主席在访问非洲四国时表示，中方将继续落实好已经确定的合作项目，愿本着互利共赢、优势互补的原则，加强同非方在农业、纺织、基础设施等领域的合作，继续鼓励和支持有实力的中国企业到非洲投资。

（四）安全合作迈出新步伐

2009年，中国与非洲国家之间军事交流进一步加强，中国与加蓬两军举行了“和平天使—2009”人道主义医疗救援联合行动，这是中国军队首次与非洲国家军队举行联合军事行动，为加强中、非军事合作提供了新思路、新途径。舰艇编队远赴亚丁湾、索马里海域执行护航任务的中国海军，从1月6日第1批舰艇编队开始执行第一次护航行动，到12月7日先后派遣了4批护航编队，已完成143批共1300余艘船舶护航任务。此外，2009年我国还有1629名军警在非执行维和任务。上述行动有力地维护了非洲大陆及其东部海域的和平稳定，为中非合作创造了良好的安全环境。

中国领导人在多种场合表示，中方将一如既往地把发展对非关系放在中国对外交往十分重要的位置，加强中、非友

① 《2009年：中非关系史上承前启后的重要一年》，中国网，http://www.china.com.cn/international/txt/2009－12/14/content_19061403.htm。

好合作关系是中国对外政策的重要基石。中国始终本着真诚友好、平等相待、互利互惠、共同发展的原则，促进中非团结与合作，特别是着力深化双方务实合作。中国高度重视非洲在重大国际和地区问题上发挥的重要作用，与非洲国家保持密切沟通与协调，增进相互理解与支持，推动有关问题的和平解决进程，维护发展中国家的共同利益。

（国防大学战略研究所教授　蒲宁）

第九章　美国对外战略调整及其影响

2009年初，奥巴马领导的民主党政府上台执政，面对经济危机的严重打击以及反恐斗争的不利形势，美国政府不得不调整其对外战略。总的来看，在紧持既得利益的前提下，奥巴马政府改变了小布什执政时期的“单边主义”行为，较多地强调国际合作来解决国际安全问题，在此基础上，奥巴马政府还越来越注重利用“巧实力”，既扩大了利益，又占领了道义制高点。

一、奥巴马政府安全战略的调整及背景

（一）奥巴马政府安全战略的主要变化

奥巴马时期美国安全战略继承了冷战结束后其安全战略的一些基本内容，包括延续了冷战后美国历届政府对其国家利益和威胁的一些基本判断，如多元化威胁、不确定性、非国家行为体的威胁上升等等，利益目标的界定也没有太大的变化。如克林顿时期把美国的安全利益目标界定为三项：安

全、繁荣、民主价值。奥巴马时期界定为四项：安全、繁荣、普世价值、合作性的国际秩序。

奥巴马时期国家安全战略的主要调整变化表现在四个方面：一是分支目标有新调整；二是安全重点有新内容，三是反恐布局有新变化，四是采取的手段有新花样。

最能完整体现美国安全战略指标性的文件：一是《美国国家安全战略报告》；二是美国《四年防务评估报告》。2010年2月1日，美国国防部正式提交了《四年防务评估报告》。5月27日，新版《美国国家安全战略报告》公布根据以上报告，联系奥巴马执政两年来的政策和2010年初发表的国情咨文讲话，可以看出奥巴马政府安全战略有以下几个重要变化：

第一，在安全战略的分支目标上，有扩大也有缩小。

美国安全战略目标的扩大表现在：明确了奥巴马时期美国安全战略的“四大利益目标”，显示出新时期美国利益目标的多元化特征。缩小表现在：军事战略目标由打赢“两场战争”改为打赢一场现在正在进行的“混合型战争”。同以前相比，这份报告增加了对国际安全环境的评估，并明确了四大利益目标。报告称，美国面临的安全环境“更加复杂，不断变化，充满不确定性”，当前地缘政治呈现四大趋势——大国崛起、非国家行为体力量日益增强、大规模杀伤性武器扩散、全球性问题，这四大趋势将塑造未来美国安全环境。报告首度阐明现政府对美国安全利益的界定，即“安全、繁荣、普世价值、合作性的国际秩序”。这四大“利益”是新版《美国国家安全战略报告》的重要内容，也是现政府的安全战略目标。

在军事目标上，冷战后美军一直奉行“同时打赢两场地区战争”战略，将其作为建军备战的战略指导思想。《四年防务评估报告》明确提出放弃该理论，指出美国目前面临的是“多元化威胁”，未来战争形态将是战争主体多元化、常规战争与非常规战争界限日益模糊的“混合型战争”。美军要适应这种新的战争形态，提高在不同环境下执行“多样化任务”的能力。

第二，在安全关注的重点上，明显扩大了领域和范围。

在对传统“战略重点区域”予以关注的同时，美国把“全球公共区域”作为其新的战略重点，并首次将气候变化、能源安全纳入国防战略考量。新报告沿袭了以往对中东、南亚、东亚、欧洲等传统“战略重点区域”的关注，但尤其提出要更加关注“全球公共区域”，即海洋、天空、太空、网络空间。报告认为，美国在“全球公共区域”的利益日益重要，指出“全球公共区域自由面临的威胁加大”，“对美构成新的安全挑战”。报告专门提及网络空间安全问题，将“在网络空间采取有效行动”视为美军“六大关键任务之一”，提出制订综合方案，实现集中指挥，考虑将网络空间行动作为应对国与国冲突的重要手段。特别是报告首次提出，气候变化和能源安全这两大问题是塑造未来美国安全环境的重大因素。认为在战略层面，它们是“造成不稳定和冲突的催化剂……并将产生地缘政治影响”。在战术层面，美军作战环境、军备设施、武器采购等均可能受这两大问题的影响。

第三，在反恐布局上，提出新的反恐战略，即所谓“阿巴新战略”。

奥巴马认为，伊拉克战争不是反恐战争，是反恐战争扩大化，是个错误。所以奥巴马上任之初就提出了新的反恐战略，即宣布从伊拉克撤军，把反恐重点放在阿富汗和阿巴边境，在加强军事打击“基地”组织和塔利班武装的同时，增加对伊、阿、巴的援助，训练其本国武装力量，甚至分化、瓦解、招安塔利班武装，为最终实现“以伊治伊”、“以阿治阿”准备条件。

第四，在实现目标的手段和途径上，奉行外交优先而不是军事优先的原则。

突出表现在三个方面：一是更多地以多边合作而不是单边对抗来维护美国的安全利益；二是提出以“巧实力”而不是通过强化武力的方式来获得安全；三是主要采取“预防性遏制”而不是“先发制人”打击的手段来消除或化解威胁。

（二）奥巴马调整安全战略的主要背景和动因

总体上看，这一调整既是在美国实力相对下降情况下的无奈选择，也是适应全球化深入发展的现实反应，当然也有奥巴马个人风格的特征，但这只是次要的原因。

奥巴马政府安全战略的调整主要基于以下三大背景：

第一，应对国际经济危机的挑战。发端于美国次贷危机并席卷全球的金融危机，不断从虚拟经济向实体经济蔓延，不仅严重挫伤了世界经济，也严重削弱了美国的实力和信心。美国《2009年度威胁评估报告》明确将金融危机及其地缘政治影响列为美国“首要安全关切”。而应对经济危机，不仅是美国一国的事，更需要全世界各国的通力合作与精诚团结。布什政府时期的“单边主义”与应对经济危机所需的“多边主义”显然格格不入。因此，走出经济危机，重振美国信心，不仅需要美国调整其国内经济政策，也需要美国对其国家安全战略进行调整。

第二，应对战争残局的挑战。“负责任地”从伊拉克撤军和打赢阿富汗战争，是奥巴马政府收拾伊拉克战争与阿富汗战争残局的总体战略方针。伊拉克战争不仅使得美国的政治经济实力不断耗损，也使得美国的国际形象日趋受损，更使得其反恐局势进一步恶化。为此，奥巴马强调恐怖主义是美国面临的“严重威胁”，并进而调整了布什政府的战略。

第三，应对新兴大国崛起的挑战。布什政府一直把打击国际恐怖主义和防范新兴大国的潜在挑战作为其国家安全战略的两条主线。美国眼里的新兴大国主要指印度、中国和俄罗斯。传统的国家安全战略原则使得奥巴马政府同样强调印度这样的关键“民主国家”是有价值的天然战略盟友，要帮助印度成为全球大国，而对中国和俄罗斯则采取两面下注的对冲战略。但美国在实力相对下降，中、俄实力日渐增强的必然趋势下，已无法维系以往的“单边”策略，尤其是应对国际经济危机和全球气候变化，解决能源危机、伊核危机、朝核危机和反恐等问题，美国更需要中、俄等国的积极参与与合作。所以，缓和与俄、中关系成为奥巴马外交的一大特色。

历史上看，当美国经济处在上升期、实力不断增大时，美国常常表现为气势凌人，进攻和强硬的一面突显。反之，美国就常常表现为柔性和温和，收缩或合作的一面就突出。

可见，奥巴马对外安全战略既是在美国实力相对下降情况下的无奈选择，也是适应全球化深入发展的现实反应。奥巴马上台之时，美国在“两场战争”和“一场危机”的双重打击下，陷入自冷战结束以来最为困难的局面。与此同时，随着全球化的深入发展，恐怖主义、气候变化、能源短缺、疾病传播等传统和非传统安全威胁上升，如奥巴马自己所言：“任何国家，无论其多强大，都无力单独应对这些挑战。”可以说，奥巴马对外政策是美国实力相对下降和全球化深入发展的必然产物，当然这也与民主党强调对话接触、重视多边合作的外交理念一脉相承。

二、对奥巴马政府安全战略调整的几点看法

奥巴马政府安全战略的调整所表现出的一些新特征，与小布什时期的政策有较明显的区别。但这种调整仍是一个过程，目前看还没有完全到位。从一年多来的实践看，有成效也有失误，总体上未达到预期目标。对其安全战略调整的评价也是众说纷纭，看法不一。目前看，奥巴马战略改变的更多的是手段和方法，有进有退，实质是以退为进。

第一，奥巴马政府安全战略改变的只是方法和手段，而不是目标。

为了恢复和重建美国的国际形象与领导地位，奥巴马特别注重手段方式的灵活性与温和性，确保美国的国家利益与国家安全作为其国家安全战略的核心定位。因此，一方面尽管奥巴马政府低调广泛参与解决全球和地区性问题，高调构建全面接触的新型国际关系，缓和与穆斯林世界的关系，主张与新兴大国的接触与建设性合作；另一方面所有这些动作与姿态的背后，绝不是对其“一超独霸”地位的放弃。奥巴马宣称，“在付出数千人生命和数千亿美元的代价之后，很多美国人可能想要着眼于国内，放弃美国在世界上的领导地位，这是一个我们绝对不能犯的错误”。在坚持这一定位的前提下，奥巴马政府的国家安全战略体现出反恐旗帜下的争霸企图，依然将维护和强化美国‘一超独霸’地位作为最终

目标。因此，奥巴马只是要改变美领导世界的方法。其国家安全战略的新调整，表面上强调传统盟国的合作加深，奉行多边主义的接触战略，采取更多温和与软性的手段，实质上还是为了减少谋霸成本，获取更多更有利的谋霸国际空间，以便在实力相对下降的情况下，通过'分担风险'和'外包责任'，通过榜样和行动来领导世界。可见，美国安全战略目标没有改变，也不会改变，变的只是策略手段和实现的途径。

第二，不能简单地把奥巴马政府安全战略的调整视为战略收缩，其安全战略调整有进有退，实质是以退为进。

比如，放弃两场战争的构想是美国力不从心的无奈之举，这可以被视为是一种退，但某种意义上也是以退为进的举措，使美国能够更集中力量解决阿富汗问题。结束伊战，宣布从伊拉克撤军，既是一种退却，但更多的是对布什时期错误政策的纠正。同时宣布"阿巴新战略"，增兵阿富汗，是一种进。奥巴马强调合作接触，也不能视为退却，是方法手段的变换而已。在武器装备发展上，停止生产F—22猛禽战机和"大规模陆军作战系统"，是应对现实不对称威胁的考虑。与此同时，美国军备采购费用和2010财年的军费开支不降反升。在新的《核态势评估报告》中，美国承诺不再研制新型核武器，并降低核武器在维护国家安全中的地位，但同时出台了美军"1小时全球打击系统"，并在常规力量上加快新武器装备的研发，表现出美军保持绝对优势的不可动摇性。美国的战略重心东移，重返东南亚的一系列举动，是进，不是退。奥巴马在重点经营中东至南亚"不稳定弧形地带"的同时，加大了对亚太地区的关注和投入，更是一种进。为适应世界力量重心加速东移的大趋势，奥巴马将亚洲置于美对外政策的突出位置。希拉里作为国务卿首访亚洲，旨在宣示“美不仅是跨大西洋力量，也是跨太平洋力量”。为防止亚太地区出现挑战美主导地位的国家或国家集团，奥巴马政府反复强调美国的“亚太属性”，努力维护地区力量平衡，加强在亚太地区投棋布子，特别是加强在“三线岛链”方向的军事部署。以上种种，都是进攻的态势。

第三，奥巴马强调合作和全面接触并不是放弃武力手段，巧实力不等于弱实力。

武力手段从来都是、目前仍然是美国安全战略的重要选择之一，对奥巴马政府来说，它是最后的选择。奥巴马高调推出的“巧实力”外交理念，不过是给美国传统的“胡萝卜加大棒”政策罩上了一件新外衣。作为“巧实力”外交理念的倡导者和推动者，国务卿希拉里·克林顿声称，美将领导一种将“原则性和实用主义相结合”的“巧实力”外交，“即面对每种情况，在外交、经济、军事、政治、文化等所有政策工具中，选择正确的工具或组合”。“巧实力”外交理念强调要把外交置于武力之上，尽可能通过“接触、倾听和对话”，找到全球面临的共同问题的解决办法，但“巧实力”不等于弱实力。希拉里扬言，美强调外交不能被视为软弱的表现，“如有必要，美将毫不犹豫地动用世界上最强大的军力，来保护美国的朋友、利益和人民”。

第四，奥巴马政府的安全战略尚处在调整之中，目前看效果并不理想。2010年以来，强硬的一面明显突出。

一年多的实践表明，奥巴马的对外战略有得有失，现在就作出得失大小的结论还为时过早。奥巴马执政一年多来，其对外安全战略虽取得一定进展，但并未达到预期目的，美面临的战略困境没有得到明显缓解，在某些方面甚至还有所加深。一方面，对外安全战略取得一定进展：美国与大国关系相对缓和。美俄关系走出低谷，中美关系总体保持了稳定的发展势头。美国国际形象有所改善。皮尤研究中心最新民调显示，对美持有好感的人数在大部分国家呈上升趋势。美经济企稳回升，2009 年第三季度即实现 2.2%的正增长。美著名战略问题专家、哈佛大学教授约瑟夫·奈将此列为奥巴马上台一年的最大政绩。另一方面，对外政策未能达到预期目的。南亚反恐形势继续恶化，美在阿富汗陷入进退两难境地；美、俄之间结构性矛盾依旧突出，双方遏制与反遏制的斗争仍在继续；巴、以和谈停滞不前；朝核问题一波三折；伊核问题的和平解决未能取得明显进展。布热津斯基在最新一期《外交》杂志上撰文称，奥巴马虽成功重建了美外交理念，但迄今给人们带来的却是“期待多于突破”。

奥巴马对外政策受挫有多种原因：一是奥巴马从布什手中接过来的是一个“烂摊子”，即使对症下药，也不会药到病除，战略脱困将是一个长期和艰难的过程；二是奥巴马摊子铺得太大，战线拉得过长，用基辛格的话讲，“奥巴马像一位象棋大师，同时开了 6 个棋局（伊拉克撤军、阿富汗战争、朝鲜核问题、伊朗核问题、中东和平进程、气候变化问题），可是他一盘都没有下完”；三是奥巴马的一些对外政策主张带有浓厚的理想主义色彩，与客观现实存在较大差距；四是奥巴马对外政策与美国内一些保守势力和利益集团的思想理念和切身利益相悖，受到严重干扰和牵制；五是奥巴马政府没有真正接受“后美国世界”已经到来的现实，在国际事务中仍把维护美利益和主导权放在首位，野心太大与实力相对有限的矛盾成为难以逾越的障碍，这是奥巴马政策受挫的最根本原因。

上述背景下，奥巴马也在不断调整其战略。进入2010年以来，其政策趋于强硬的一面开始凸显。奥巴马“巧实力”外交碰壁后，国内批评声浪日高，民众对奥巴马的热情与耐心渐失。美国有线电视新闻网2010年2月民调显示，奥巴马支持率从上任时的76%下降至54%。2010年是国会中期选举年，如何调整对外政策，抬升支持率，为民主党造势，是奥巴马面临的严峻挑战。

各种迹象显示，奥巴马正在从以下几个方面继续调整美对外安全战略。

一是更多展示“巧实力”外交中强硬的一面。奥巴马在通过外交途径解决伊核、朝核问题无果的情况下，正在努力推动加大多边和双边制裁力度。2010年1月10日，美中央司令部司令彼得雷乌斯在接受美国有线电视新闻网采访时向伊朗发出战争警告，称美已制定了“轰炸”伊朗核设施的应急计划。有媒体评论称，“奥巴马是扇着天使的翅膀而来，最终却不得不回归美国鹰的形象”。

二是加大对俄、中等新兴大国的防范力度。奥巴马政府在“外包责任”企图未能如愿后，也在适度调整对俄、中等新兴大国的政策。2010年1月4日，美智库欧亚集团发表研究报告，称“中美关系将是2010年全球最大的政治风险”，这并非无稽之谈。1月11日，美国国务卿希拉里公开表示，中美关系可能在2010年进入一个不愉快的时期。

三是重新调整反恐作战区域和使命任务。2009年“圣诞炸机未遂”事件使美面临的反恐问题再次凸显。奥巴马连续发表讲话，称恐怖主义是“美面临的最紧迫挑战”。奥巴马政府进一步前置了反恐问题在美对外政策中的位置，在继续保持在阿富汗和巴基斯坦反恐投入的同时，加大了对也门、索马里等国的反恐战略关注和资源投入，以遏制全球恐怖主义的发展势头。

四是重点确保美在中东和南亚地区的国家利益。该地区各种矛盾交织，阿富汗战争、伊核问题、巴以冲突等均是美国面临的严峻挑战，特别是阿富汗战争，其结局将是历史学家为奥巴马外交政策打分的主要依据。美国参谋长联席会议主席马伦在签发的《2010 年参联会主席指南》中，明确了美军 2010 年的战略重点，首要任务就是保卫美在中东和南亚地区的关键国家利益。

总的看，奥巴马政府对外安全战略调整仍在进行中，但其总体思路和框架已基本确定。在新的一年里，将继续采取积极进取的外交姿态，以实现“重振美国”的战略目标。但摊子大，难题多，加之国内强硬派的掣肘，奥巴马对外安全战略的推行仍将是荆棘载途、困难重重。

三、美国对外战略调整中的“中国因素”及对我国的影响

（一）美国安全战略中的“中国因素”是一个上升的趋势

冷战时期美国安全战略是以苏联为主要对手，遏制苏联并与苏联争夺霸权始终是美国安全战略的主线。在冷战的大部分时间里，中国并不被美国视为主要威胁。70 年代以后，中美关系解冻，中国甚至成为美国遏制苏联的重要借助力量。而冷战后的安全战略，经历了三任美国总统，现在又到

了第四任的奥巴马时代，总体上看，中国因素开始成为美国安全战略中的一个重要因素，并且地位也在上升。

从冷战后美国安全战略报告中可以看出，虽然每四年出台一份的安全战略报告对中国的表述不同，看法有所变化，但有几个特点值得关注：一是把中国视为潜在的竞争对手；二是应对中国崛起是其安全战略有关中国部分的重点；三是两面下注，既接触又遏制中国，是美国的基本政策和手段；四是把中国军队作为未来美军作战的假想敌，高度关注中国军事现代化发展，并不断施加压力。

美国 2010 年《四年防务评估报告》三次提及中国，对华评估总体基调有所变化，如 2006 年版本中将中国称为“美国最大的潜在军事挑战者”，新报告则正面评价中国崛起的意义，认为中国可在重塑亚洲战略版图、提供国际公共产品方面扮演更重要角色，称“美国欢迎一个强大、繁荣和成功的中国的崛起”。但美国显然仍是“两面下注”，在提及中美关系的“复杂性”和“不确定性”时，重弹“中国军事威胁论”老调，指责中国发展“反介入”战力、军事透明度“有限”。报告提出美国既要谋求通过合作“实现积极结果和共同利益的最大化”，也需注意“合作并不能阻止恶性竞争甚至冲突的可能”。报告称，在中美关系上，应将“深化合作”与“管理风险”并重，即通过深化战略合作加强两国关系，同时保持沟通渠道的开放，以讨论可能引发紧张的因素，管理并降低可能有损两国关系的风险。特别是报告第四部分——“在‘反进入’作战环境中威慑并击败对手”中，点了三个国家的名字，即朝鲜、伊朗和中国。把中国作为反介入作战的明确对象，与伊朗和朝鲜并列。

（二）美国安全战略给中美关系和我国安全环境带来复杂影响

总体上看，奥巴马上任后，中美关系呈现出了“框架稳定，问题不少；大局不变，磨擦不断”的基本特征。一方面，美国仍强调美中关系是“21 世纪最重要的双边关系”，主张两国关系“更积极、更富建设性”，倡导展开全方位深层次合作，建设性合作的大框架不会动摇。但另一方面，若干新的动向也给未来中美关系发展带来隐忧。

第一，“中国责任论”从炒作变成现实外交压力。美国国内明显出现一种拉抬中国和中美关系的声音，结合奥巴马团队通过各种渠道释出的信息及当前美国面临的国际大环境和国内小环境来看，拉抬中国的背后有明显施压中国承担更大责任的用意。以下三大责任尤其突出：一是“金融责任”。要求中国继续购买美国债、加大对 IMF 注资、加速国内经济发展方式转变、加大金融市场开放力度、在重建国际金融秩序方面与美步调一致，等等。目前看来，美国对中国 4 万亿经济刺激计划反应积极，对中国未与欧洲捆在一起重建新的国际金融体系表示满意，但对中国是否继续对美及对 IMF 注资表示怀疑并有所失望，对人民币近期出现贬值趋势抱怨增多。因此，双方金融矛盾和经济摩擦之加剧势所难免。二是“外交责任”。美国通过各种途径表示，奥巴马当务之急是拼经济，希望中国在一些重大国际事务中承担或分担更大责任。除在朝核、伊核、苏丹、缅甸等问题上继续加强协调配合外，又新增若干新要求，比如：参与阿富汗反恐，并对阿富汗提供必要的经济或粮食援助；要求中国在稳定巴基斯坦局势方面加大力度，加强中美合作；要求中国参与斡旋印、巴克什米尔冲突等等。三是“气候责任”。奥巴马政府将气候变化、新能源开发视作重塑形象、重振经济的重头戏，因此急需中国的合作，但因两国发展阶段的落差等诸多因素，双方在气候变化方面的合作必然不会一帆风顺。

第二，美国安全战略调整给中国带来了复杂影响。一方面，美国未来几年在某些方面处于收缩期，有利于中国继续拓展和夯实日益增大的国际空间；中国并非美国战略调整的主要对象或矛盾焦点，“不是问题的一部分，而是解决问题的一部分”，美、中合作空间与动力依然强劲。但另一方面，中国也因此面临两重压力：一是美国战略从反恐为中心明确转向反恐与应对大国挑战、全球性问题并重，客观上使中国面临的战略压力不降反升；二是美国反恐战略重心“东移”至阿富汗、巴基斯坦等中国西部边陲，直接冲击中国周边安全、增大内外安全因素互动的概率，深度影响中国西部地缘战略环境和总体发展战略。

第三，经贸、西藏、人权问题“串连”之势不容忽视。民主党惯于使用这三张牌。此次民主党全面占据白宫与国会山，传统的人权、经贸、西藏议题升温趋势增大。而将人权与经贸、西藏问题串联起来的苗头已经显现。在经贸问题上，奥巴马政府要忙于救市、刺激就业、改善民生，明显加大了对中国的压力。众议院议长佩洛西对达赖的支持有目共睹，奥巴马多位亚洲政策顾问同达赖私交甚好。这些都为西藏问题之发酵埋下诱因。台湾问题的风险性虽有所下降，但主要在于两岸关系的迅猛发展，而不在于美台关系的降温。实际上，对台军售问题、支持台湾参与国际空间问题、打压大陆放松对台军事压力问题等等，依然如故。西藏问题与台湾问题一西一东，遥相呼应，一旦应对不当或中、美之间缺乏深度沟通，对两国关系的破坏性不容低估。在人权问题上，意识形态问题看似趋于淡化，实则还在升温，只是表现方式有所不同而已。目前更多集中在中国模式与美国模式之间的软性较量上。奥巴马试图重新确立美国的领导地位和国际形象，必然想方设法首先捍卫招致非议的美国制度、模式、道路，越是内忧外困，越要坚持自己的基本价值、理念不动摇。从这个意义上讲，奥巴马新政府在人权、民主等领域不会放松，只会因时因势“灵巧”调整而已。

总之，和过去相比，中国因素在美国安全战略中的地位上升了，成为美国安全战略制订并实施的重要目标之一。但中国因素目前还不是美国安全战略关注的重点和全部。在美国所谓多元化安全威胁的判断中，中国既不是现实威胁，更不是唯一威胁，中国只是潜在威胁，而且是潜在威胁中的一个。这就为中国集中精力发展自己提供了一个时间和空间。但同时，随着中国实力的不断增强，国际地位和影响力日益扩大，美国对中国的关注度和关注热情也一定会不断提高。

（国防大学战略研究所教授　孟祥青）

第十章　俄罗斯对外战略调整及其影响

2009 年是俄罗斯国家安全战略的调整之年，调整的具体标志是 5 月 13 日公布的《2020 年前俄罗斯联邦国家安全战略》文件的出台。[①] 以新的“战略”文件取代出台于 2000 年的《俄罗斯联邦国家安全构想》，反映出过去十年时间里世界和俄罗斯国内形势发生的深刻变化，以及俄罗斯对于新时期捍卫国家安全利益和应对诸多威胁因素的基本思路。从“战略”文件的内容和对外战略的实践看，俄对外战略的调整主要表现在与美国北约关系缓和、促进反导弹防御和核裁军谈判、积极经营周边和地区安全以及加快军事改革等方面。导致俄罗斯对外战略调整的主要原因是世界金融危机影响以及新形势下国家安全需求的变化。

① 《2020 年前俄罗斯联邦国家安全战略》（俄文），http：//www. scrf. gov. ru/documents/99. html。

一、对外战略调整的主要内容

（一）努力缓和与美国及北约的关系

2009 年俄罗斯对外战略调整的最重要内容之一是缓和对美及北约的关系。格、俄冲突之后，俄罗斯与美国及西方的关系一度降至冰点。双方就北约东扩和在东欧部署导弹防御系统问题争得不可开交，争执使俄罗斯与美国及北约的关系陷于持续的对立与僵持状态，直到世界性金融危机来临和奥巴马开始主动调整俄美关系。进入 2009 年，随着国内金融危机局势的加深，新上任的奥巴马政府开始在国际事务中表现出缓和姿态，积极致力于“重启”俄美关系。俄罗斯抓住机会，积极回应，促使俄美关系较小布什执政后期有较明显的升温。以 7 月 6 日奥巴马访问俄罗斯为契机，两国关系迅速走出低谷。其重要标志有二：一是两国总统就年底前签署维持俄、美战略平衡的进一步削减和限制进攻性战略武器条约达成意向，签署了进一步削减和限制进攻性战略核武器备忘录；二是俄罗斯为美国在阿富汗的军事行动提供合作，双方签署了关于美国军事过境俄罗斯向阿富汗运送人员和物资的政府间协议，俄罗斯允许美军每年经俄领空飞行 4500 个航班，并且不收任何费用，被奥巴马称许为对美军在阿富汗行动的“重大贡献”。此外，双方还签署了俄、美武装力量合作发展框架协议，俄、美武装力量 2009 年合作计划备忘录等文件，在一系列双边合作问题上达成广泛共识，发表了关于在核领域合作和关于阿富汗问题的两个声明，宣布建立由两国总统领导的委员会来促进各个领域的合作。从俄罗斯方面看，其对美国缓和姿态的迎合是带有实质性的。对于欧亚地区的其他国家，俄罗斯对美国的态度带有示范性。在俄、美关于向阿富汗运送人员和物资的中转协议签署的第二天，吉尔吉斯斯坦总统巴基耶夫也签署了吉尔吉斯斯坦同意“马纳斯”机场作为美军向阿富汗运送物资的中转协议的命令。

俄美关系的缓和促使俄罗斯与北约关系的缓和。2009 年 3 月 5 日，北约成员国外长会议同意与俄罗斯恢复正式接触。基于北约与俄罗斯关系对欧洲乃至世界安全的重要性，北约外长会议认为应该重启双方的正式会谈。对于俄罗斯而言，与北约恢复接触是修复俄罗斯与西方关系的重要内容，也是通过保持对话与对方沟通和牵制对方的条件。2009 年 4 月 3 日实现的冷战后第三轮北约东扩没有接纳格鲁吉亚和乌克兰，虽然北约没有排除未来继续邀请两国加入北约的可能，但是迫在眉睫的危机得以化解。6 月 27 日，北约与俄罗斯同意恢复此前中断了 10 个月的军事合作。当时的北约秘书长夏侯雅伯随后表示，虽然北约与俄罗斯在格鲁吉亚等问题上仍然存在分歧，但双方同意不使这些分歧妨碍双方的合作。8 月，拉斯穆森上任之初即将改善北约与俄罗斯的关系列为其重要任务之一，希望与俄罗斯建立“真正的战略伙伴关系”。12 月 4 日，在布鲁塞尔举行了俄、格冲突以来首次俄罗斯——北约理事会外长级会议正式会晤，双方就欧洲安全以及阿富汗等问题达成一些共识，并签署了关于 2010 年合作、俄罗斯——北约理事会改革以及对 21 世纪新挑战的战略评估等文件。俄罗斯和北约理事会的重新“复会”将双方关系拉回到俄、格冲突前的水平。12 月 15—17 日，北约新任秘书长拉斯穆森首次访问俄罗斯，并分别会晤了俄总统梅德韦杰夫、总理普京、联邦委员会主席米罗诺夫和外交部长拉夫罗夫。在与梅德韦杰夫会谈时，拉斯穆森强调北约与俄罗斯在核不扩散、打击海盗和应对恐怖主义威胁方面具有加强合作的潜力，“北约不是俄罗斯的威胁”，而是应对共同挑战的伙伴。梅德韦杰夫也强调双方“有许多共同点和讨论的议题”，认为俄罗斯和北约应当加强安全合作。

（二）积极促进反导弹防御和核裁军谈判

2009 年，俄罗斯在俄美关系缓和的条件下，就反导弹防御和核裁军问题与美国进行了双边多轮谈判。在一定程度上争取到了美国的让步，为达成新的限制进攻性战略武器条约和保持全球及地区战略平衡创造了条件。

俄罗斯极为重视与美国就限制战略性进攻武器条约进行谈判，自 2009 年 4 月到 12 月近 9 个月的时间，双方进行了 8 轮谈判，也确实取得了一定成效。2009 年 7 月，奥巴马访俄期间，双方签署了进一步削减和限制进攻性战略核武器备忘录，提出再把各自的核弹头削减到 1500—1675 枚。较 2002 年 5 月签署的莫斯科条约所规定的在 2012 年底前把各自拥有的核弹头削减到 1700—2200 枚又稍有进步。12 月初，有消息说，华盛顿方面已经决定在削减进攻性战略武器新条约谈判中向莫斯科做出重大让步，包括不再坚持要求派专家对俄罗斯生产“白杨－M”、“圆锤”和 RS－24 洲际弹道导弹的沃特金斯克工厂进行核查。但是 12 月 5 日已过，双方在新条约执行的监督机制方面未能达成一致。数十年来，俄、美双方第一次处在进攻性战略武器领域缺少法律限制与规范的特殊时段。好在双方在结束 2009 年最后一轮谈判的同时宣布将于新年继续谈判，以期在不久的将来能有一个新的限制战略武器条约保证战略稳定。据悉，双方已经就大部分问题达成相互谅解。[①]

与美国保持力量均衡的难点在于：如何应对美国在全球展开反导防御系统和落实利用核武器及非核武器战略平台全球快速突击的思想。鉴于俄罗斯自身常规力量的衰落和美国反导弹防御体系的建立，双方之间的战略平衡已经发生了不利于俄罗斯的明显倾斜。目前，俄罗斯追求的只是有限的、相对的平衡。其基本思路：一是坚持实力抗衡，即在现有经济能力的保障下坚持增加“白杨－M”弹道导弹的部署，加强地区范围内战役战术导弹的战略威慑作用，并积极研制和开发新一代进攻性战略武器及其使用平台，保障反击能力和抵消美国部署反导弹防御系统的威胁；二是开展外交和战略对话，即与美国就反导防御的核裁军问题进行积极谈判，争取签订新的限制进攻性战略武器条约代替俄、美 1990 年 7 月签署、1994 年批准、2009 年 12 月 5 日期满的《削减和限制进攻性战略武器条约》，防止出现新一轮核军备竞赛。只有这样，俄罗斯才能以有限的实力为基础讨价还价和建立战略互信，以谋求在投入有限的条件下保持战略稳定。此外，战略谈判也是俄罗斯与美国保持接触的平台。

签署新条约并不意味着俄罗斯将不再发展核力量。相反，梅德韦杰夫在 12 月 24 日接受媒体采访时说，俄罗斯还将根据国际公约和相关条约的规定，发展新的武器系统，完善本国核力量。他强调核力量永远都应是有效的，并足够维

① 中国网，2009 年 12 月 4 日。

护俄罗斯的国家利益。只有坚持实力抗衡，核条约才具有真实的价值。

在坚持实力抗衡方面，俄罗斯的主要做法是增加“白杨—M”陆基洲际弹道导弹的部署和开发新的海基弹道导弹系统。2009 年 12 月，俄战略火箭兵第二个“白杨—M”机动弹道导弹团进入战斗值班，包括井式和机动式“白杨—M”达到 7 个。据计划，2010 年俄战略火箭兵还将有两个装备“白杨—M”洲际弹道导弹的导弹团进入战斗值班，使得俄军装备“白杨—M”的导弹团数量增加到 9 个。在逐年新增“白杨—M”导弹机动式发射装置的同时，战略火箭兵从 2009 年 12 月起开始部署新的“RS—24”弹道导弹系统。除了陆基弹道导弹不断更新，俄罗斯新一代海基洲际弹道导弹的开发也在紧锣密鼓地进行。2009 年 12 月 9 日，“布拉瓦”海基洲际弹道导弹实射再次失败，在此前进行的 12 次实验中，也大多以失败告终。然而俄罗斯军方明确宣布不会放弃，2010 年将重新开始新一轮试射。“布拉瓦”导弹的每一次试射需要花费 10 亿卢布，约合美元 3000 余万。①

俄罗斯通过威胁在俄国部署战役战术导弹，迫使美国在部署反导防御系统方面让步。2008 年下半年，美国曾与捷克和波兰两国签署关于美国在捷克布尔迪地区建立反导雷达预警基地和在波兰领土上部署反弹道导弹拦截系统协议，此举遭到俄罗斯方面强烈反对。针对美国在东欧部署反导系统的计划，2008 年 11 月 5 日俄总统梅德维杰夫在对联邦议会发布国情咨文时称，由于美国将在波兰、捷克部署反导基地，如有必要，俄将在位于波兰和立陶宛中间的加里宁格勒部署

① 俄罗斯国际传闻网，12 月 22 日，http://interfax.ru/txt.asp?id=116630&sec=1492。

“伊斯坎德尔”短程导弹，同时延长在科泽利斯克地区的导弹部队的驻留期限。2009 年 9 月 17 日，美国总统奥巴马宣布放弃在东欧部署反导系统的计划，转而推出一项分阶段、更有针对性和操作性的反导系统方案。俄方虽然要求美方解释新的反导系统方案，但是总体的回应态度相当积极，表示愿意与美国及欧洲在导弹防御方面进行合作，准备放弃在加里宁格勒州部署“伊斯坎德尔”战术导弹的计划。

（三）积极经营周边和地区安全

积极经营周边环境，巩固国家战略空间是俄罗斯保障国家安全利益的重要内容。俄罗斯 2009 年的对外战略调整主要表现在独联体地区和新兴大国两个层面。

独联体是俄罗斯对外战略的重中之重。《2020 年前俄罗斯联邦国家安全战略》明确提出：“发展与独联体国家的双边和多边合作关系是俄罗斯对外政策的重点方向。俄罗斯将致力于在独联体本身、集体安全条约组织和欧亚经济共同体框架内发展独联体空间地区和次地区一体化和合作的潜力。上述组织对地区总体局势发挥稳定影响。与此同时，‘集安组织’是应对地区挑战和军事政治及军事战略威胁包括与非法贩毒做斗争的主要工具。”

2009 年俄罗斯通过加大对独联体国家的经济投入、扩建和增设军事基地、加强安全领域合作等手段，保持在该地区的影响力，并以此反制美国和西方的战略遏制和挤压。巩固格、俄冲突的成果是俄罗斯经营周边和确立南部军事安全的重要内容。俄罗斯保持其对阿布哈兹和南奥塞梯这两个“独立国家”的控制，4 月 30 日，俄罗斯总统梅德韦杰夫分别与阿布哈兹领导人巴加普什和南奥塞梯领导人科科伊季签署共同保卫边界协议。9月15日，国防部长谢尔久科夫与阿布哈兹和南奥塞梯当局分别签署军事合作协议，后二者允许俄罗斯在该地区建造、使用及改进军事基地。继在阿布哈兹和南奥塞梯建立军事基地后，俄罗斯谋求在吉尔吉斯斯坦南部设立第二个军事基地，以加强了在独联体地区的军事存在。7月，俄罗斯向吉尔吉斯斯坦提出在吉南部的奥什新建军事基地的要求，以俄罗斯副总理谢钦为首的俄方代表团与吉方就此展开秘密谈判。

在俄罗斯与独联体国家的军事安全合作中，集体安全条约组织的巩固与发展具有重要意义，俄罗斯也特别重视强化独联体集体安全条约组织的作用。除了追求更多的军事存在，俄罗斯努力把多边军事合作推进到建立联合武装力量和共同安全的高度。9月16日，独联体国家国防部长理事会所属的防空统筹委员会成员国在俄罗斯阿斯特拉罕市举行会议，决定共同建立覆盖东欧、高加索及中亚三个地区的地区联合防空系统。俄罗斯主导的集体安全条约组织的快速反应部队已经进入联合训练与演习阶段。2008年底集体安全条约组织的5个成员国俄罗斯、哈萨克斯坦、乌兹别克斯坦、吉尔吉斯斯坦和塔吉克斯坦在中亚组建起一支国际联军——集体快速反应部队，以此防止极端分子、恐怖分子和毒品走私贩对独联体集体安全条约组织任何一个成员国发动袭击。2009年10月上中旬，集体快速反应部队用两周时间进行了代号为“协作—2009”的军事演习。10月16日，哈萨克、俄罗斯等5国领导人现场观摩第三阶段军事演习，俄总统梅德韦杰夫盛赞此次演习“是集体安全条约组织发展进程中以及我们合作过程中的里程碑”。

经济危机条件下，俄罗斯重视扩大俄罗斯在独联体地区的经济影响进而为深化军事安全合作和加强政治关系创造条件。2009年，俄罗斯一方面推动“欧亚经济共同体”建立反危机基金，向白俄罗斯、亚美尼亚和吉尔吉斯提供50亿美元贷款，另一方面努力推动俄、白、哈三国关税同盟建设，力图在实现三国经济一体化方面有所进展。这些措施符合《2020年前俄罗斯联邦国家安全战略》的规定，即“俄罗斯将促进欧亚经济共同体的巩固，后者是地区经济一体化的核心，是促进地区共同的大型水能、基础设施、工业及其他方案落实的工具”。

在独联体以外地区，俄罗斯与新兴大国之间的军事合作关系还在稳步推进。2009年，在世界性金融危机的反衬下，新兴大国的群体性崛起更加引人注目，俄罗斯意识到新兴大国对未来国际秩序塑造的重要性，积极致力于推动与新兴国家间的战略协作。6月，“金砖四国”峰会在俄罗斯叶卡捷琳堡召开，俄罗斯高度评价巴西、俄罗斯、印度和中国等“金砖四国”合作的重要意义，明确提出要在经济现代化、保障地区安全、构建更公平的世界秩序方面发展与“金砖四国”伙伴的全面合作。在“金砖四国”内部，俄罗斯特别重视与中国和印度的战略合作。俄罗斯与中国的战略协作伙伴关系既反映在军事合作方面，同时也体现在经济合作方面。7月下旬，中、俄之间成功进行了“和平使命—2009”联合军事演习。11月中旬，俄罗斯总理普京访华，中、俄双方签署了涉及政治、经济、安全、文化诸方面的13项协议，其中“相互通报弹道导弹和航天运载火箭发射的协定”对于两国的战略协作伙伴关系具有突出重要的意义。中、俄经济合作取得了新的进展，表现在能源合作、海关合作、地区间合作及高技术领域合作等四个方面。[①] 12 月 7 日，印度总理辛格访俄期间，两国就加强军事和民用核能领域合作签署协议，新的军事合作协议将两国的战略军事伙伴关系延续十年。

除了与中、印之间加强战略合作外，俄罗斯与伊朗之间的军事合作也引人瞩目。俄罗斯不顾美国在处理伊核问题上对俄的压力，坚持与伊朗保持军事合作，包括坚持向伊朗出口 S—300 防空导弹系统，并呼吁有关各方放弃对伊朗施加压力。俄罗斯的外交战略说明其对国家利益、国际安全和战略形势始终有自己独立的判断，对俄、美之间深层次和结构性的战略矛盾以及竞争关系始终保持着清醒的认识。当然，俄罗斯的做法同时也是在直接保护着俄罗斯的经济和战略利益，包括俄罗斯在世界军火出口市场的地位。据悉，2009 年全年俄罗斯武器和军用装备的出口量超过 85 亿美元，订货总量达到 400 亿美元，军用产品供货量连续第十个年头超过上一年指标。

在与独联体国家和新兴大国发展战略合作的同时，俄罗斯还坚持在远离俄罗斯的海外地区捍卫国家利益和显示军事存在。2009 年 11 月 9 日，俄太平洋舰队派以“恰巴年科海军上将”号驱逐舰为首的舰艇编队前往索马里海域执行针对海盗的护航任务，这是 2008 年 10 月以来俄罗斯向该海域派出的第三支舰艇编队。护航行动只是俄罗斯境外军事活动的一部分，而在俄罗斯的对外战略规划中，境外行动也远不限于护航。9 月 9 日，俄罗斯国家杜马以高票一读通过了由俄总统梅德韦杰夫提出的一项允许俄军队境外行动的法案，内容包括：俄罗斯维和部队遭到攻击时做出反击；保护在海外

① 中国网，2009 年 12 月 25 日。

生活的俄罗斯人；打击海盗、在海外保护俄船只。如果最终获得通过，该法案将为俄罗斯在海外用兵奠定新的法律基础，起到进一步提高俄军境外行动效率的作用。也有分析认为，该项法案意图将俄罗斯在2008年8月与格冲突中的非法行为合法化，意在防止未来俄与乌克兰和格鲁吉亚等国可能发生的冲突。①

除了独联体国家和新兴大国，与欧盟的关系也是俄罗斯外交战略的重点所在。发展俄欧伙伴关系是俄罗斯应对北约东扩的战略途径之一，从某种程度上，俄罗斯对欧俄关系的期待甚至超过上合组织的合作。“俄罗斯联邦赞成全力巩固与欧盟的协作机制，包括在经济、内外安全、教育、科学、文化领域逐步建立共同空间。在清晰的条约法律基础上在欧洲大西洋地区建立公开的集体安全体制符合俄罗斯的长远国家利益。”② 无奈北约的存在及其在欧洲战略安全的支柱作用影响了欧、俄之间进一步深化合作的可能。俄总统梅德韦杰夫2009年11月提出新的欧洲安全条约草案，谋求在北美、欧洲和中亚地区建立一个统一的、不可分割的政治军事安全空间。这一草案被视为俄罗斯试图改变现有的北约独大的欧洲安全框架、重塑欧洲战略平衡的重要步骤。但欧盟国家和欧洲的国际组织均对这一草案反应冷淡。由于缺乏互信基础，俄、欧难以实现“平等安全”，欧、美更不会赋予俄在欧洲安全问题上“平等决策权”。北约秘书长拉斯穆森强调，不管俄新草案前景如何，“北约仍将是保障欧洲和大西洋安全的主要框架”。

---

① 中国日报网，2009年9月10日。

② 《2020年前俄罗斯联邦国家安全战略》第16条。

（四）进一步加快军事改革

军事改革是2009年俄罗斯武装力量建设的重要内容，但是从影响俄罗斯国家军事安全的角度分析，也属于战略调整的重要内容。新一轮军事改革与近年来俄罗斯的国家对外战略实践有关，2008年8月发生的俄、格冲突是致使俄罗斯加速军事改革的催化剂。根据当年12月正式公布的《2009—2011年俄罗斯军事改革规划》，俄罗斯计划于2012年前将俄军建设成为一支编制体制合理、机动能力强、武器装备先进和待遇优良的职业化军队。

2009年的改革作为三年改革计划的第一阶段，强调塑造俄罗斯武装力量的“新面貌”，重点内容是建立武装力量的组织基础：建立战役——战略和战役司令部，战术层次实现师——团建制向旅一级建制的转变。陆军建成85个旅，空军取消了所有的航空兵团和师，在其基础上组建由航空大队组成的航空基地。决定海军总司令部从莫斯科迁至圣彼得堡，建立水下力量司令部。太空兵、战略火箭兵和空降兵面貌保持不变。未来旅一级建制将得到炮兵、侦察兵、通信兵和保障分队的加强，成为真正有战斗力强的“劲旅”。如同以往的军队改革一样，此次改革的中心所在是减少军官人数。将军职务从1200个减少到780个，35.5万军官减少到15万，以前少校至上校军官占压倒多数，现在上尉和中尉比例大大提高，上尉、中尉6万，而上校从6万减少到8千。[①] 原有约14万准尉完全取消准尉军衔，军官比例调整改变了原先高级

---

① 俄罗斯国际传闻网，2009年12月22日，http：//interfax.ru/txt.asp?id=116630&sec=1492。

军官比重大、低级军官比重小的不合理现象。由于改革动作大，俄军内部特别是总参系统反对的呼声较强，实际的效果还有待观察。

装备更新对于发展军事能力具有重要作用，也是俄罗斯军队改革的重要内容。2009 年也是外国军事技术装备进入俄国“铁幕”的一年。俄罗斯第一次宣布购买外国武器。总参谋部承认俄罗斯国防工业在战术通信手段方面的落后，认为有必要从外国采购战术通信器材甚至大型武器平台。由于俄罗斯自行研制的无人机不论从飞行速度，还是飞行高度都还不能满足空军要求，2009 年 6 月俄罗斯第一次官方采购以色列无人机 12 架，总计 5300 万美元，下半年准备第二批采购。期间又传出为海军采购法制军舰。11 月 23 日，1 艘法国“西北风”级两栖攻击舰抵达圣彼得堡，接受俄方检查。据称，俄罗斯海军需要引进同级军舰 4—5 艘。计划在 2010 年大量更新现代化军事装备，其中包括 30 枚陆基和海基巡航导弹、5 个伊斯坎德尔导弹装置、约 300 辆新装甲车、30 架直升机和 28 架战斗机、3 艘潜艇和一艘战舰。此外还计划在 2012 年之前用数字技术替代武装力量的陈旧通信技术设备。而据俄总理普京宣布，2010 年俄国防订货将增加 8.5%，达到 1.175 万亿卢布（约合 405 亿美元）。

为了提升军队的实战能力，俄罗斯在军队改革的同时没有放松军事斗争准备与训练。2009 年，俄罗斯军事演习较上年有所减少，但是仍然保持了相当的规模。6 月底俄军在俄南部地区举行代号为“高加索—2009”的大规模军事演习，共有来自俄北高加索军区、南奥塞梯和阿布哈兹的部队、黑海舰队、里海舰队、空军及空降部队的 8500 名士兵参演。演习同时在俄罗斯南部 10 个联邦主体举行，演练了保护俄罗斯公民、港口、能源基地、重要设施及南部地区重要经济利益等科目。8月中旬，俄罗斯西伯利亚军区举行大规模军事演习，演习内容包括保护铁路与西伯利亚军区其他重要设施，特别是防范石油与天然气出口线路遭恐怖袭击。8月底和9月初在俄北部和西北部举行同类演习，应对俄油气向欧洲出口路线的潜在威胁。9月下旬俄罗斯与白俄罗斯举行“西方—2009”大型联合演习，俄海军波罗的海舰队、黑海舰队及北方舰队均派出舰艇和兵力参加。其他军兵种进行的独立军事演习更加频繁。据俄军有关部门的声明，仅俄战略火箭兵部队2009年就举行了11场战略级首长司令部演习和22场战术演习，试射导弹多枚。

为了保证军队改革的顺利和训练准备的需要，俄罗斯在国家经济衰退的情况下坚持落实军事预算和追加拨款，国防投入较2008年有较大的增长。2009年俄罗斯的军费开支由上年的400亿美元增长至500亿美元，增幅达到25.7%。根据2008年通过的三年军费预算计划，俄罗斯军费开支2010年将增长至545亿美元，2011年将达到580亿美元。[①] 正是由于稳定的、充足的投入，俄罗斯既定军事改革步骤和军队建设与训练措施得到了落实。

总之，2009年是俄罗斯国家安全形势局部复杂与整体趋于缓和、周边军事安全环境有所改善的一年。俄罗斯国家因综合利用经济、外交和军事手段而渡过了危机的最严重时期，其中以军事手段确保军事安全是俄罗斯应对复杂安全形势和确保军事国家安全的重要内容。

---

① 中国网，2008年9月19日。

二、对外战略调整的主要原因

（一）全球性经济危机的影响

俄、美缓和的国际大背景是全球性经济危机的影响，两国均把主要精力用于处理内部经济和政治矛盾，客观上需要对外减少对抗。受世界性金融危机的影响，2009年俄罗斯经济萎缩严重，全年国内生产总值下滑8.5%，直至下半年才开始实现环比增长。[①] 由于经济衰退严重、居民收入减少和受失业的影响，俄罗斯社会的不稳定因素增加，国内部分地区出现紧张形势，北高加索地区恐怖主义活动的大量增加引人瞩目。在这种情况下，俄罗斯最迫切的任务是发展经济，在对外关系上加强国际金融和经济合作。

从俄美关系缓和以及核裁军进展的实践看，俄罗斯与美国及北约之间的“冷战”关系已经走出低谷，这是全球性金融和经济危机造成的刚性需求所决定的。俄罗斯从金融危机的教训中认识到经济发展对其强国地位的制约，那就是国力的基础还不牢固，国民经济可持续发展的后劲不足，国家还没有为近期施展地缘政治抱负做好经济和军事准备。这是俄罗斯为未来10年制定国家安全战略的背景，也是新时期俄罗斯务实外交的体现。普京执政后期，俄罗斯与西方的关系持续恶化，俄罗斯因看到了多极世界的前景而日益强调反对美国霸权主导下的单极世界，其外交政策发生了从“顺美”

---

① 新华网，2009年12月日。本文中未特别注明出处的数据主要采自新华网。

到“逆美”的政策调整。美攻俄守的战略态势最终发展到两国战略利益的碰撞，酿成2008年8月俄罗斯与格鲁吉亚之间的大规模武装冲突。格、俄冲突反映了苏联解体后俄、美力量失衡，美国要求全球霸权和俄罗斯要复兴大国地位的结构性矛盾。但是，在全球化背景下，鉴于相互依赖的不平衡和两国在国际安全事务中的相互需求，俄罗斯不会走向与美国的全面对抗，更不可能寻求直接的军事对抗。相反，现实的国家利益要求俄罗斯在遏制与反遏制的同时避免全面对抗和直接冲突，在捍卫本国安全利益的同时推动建设性合作，两国关系只可能是沿着摩擦与合作交替的曲线徐徐运行。2009年俄罗斯对美国与北约关系的缓和反映的正是在这条曲线上的战略调整。

（二）维护国内安全的需要

在国际金融危机影响和经济严重衰退的大背景下，2009年是俄罗斯国内安全的多事之秋，表现在恐怖袭击活动的频繁和各种灾难性事件的增加，特别是恐怖活动造成国内形势紧张，需要俄罗斯政府加强安全部署，进行有效防范与应对。据不安全统计，一年时间里，仅俄罗斯内务部队就击毙匪徒230余名，收缴各类武器172件，拆除爆炸装置41个，安全部门有效防止的各类恐怖活动多达80余次。这也在一定程度上要求俄罗斯缓和国际压力，更加关注国内安全。因此，当奥巴马政府致力于改变此前布什政府强硬的外交政策，俄罗斯方面则予以积极回应，为俄美关系缓和创造了条件。

（三）应对外部战略压力的需要

对美国和北约紧张关系的缓和并不意味着双方地缘政治竞争的结构性矛盾的解决，不可能改变俄美关系“遏制”与“反遏制”的根本性质，不可能改变北约作为美国遏制俄罗斯战略工具的性质，自然也无从消除俄罗斯最大的军事安全隐忧。事实上，俄、美双方在彼此的国家利益和完全利益认知上存在着巨大分歧，表现在反导问题、后苏联空间问题（格鲁吉亚、乌克兰以及其他独联体国家问题）、欧洲安全问题、伊朗核问题等多个领域，而且双方的分歧自然会表现为国际军事领域的某种对抗。直到2009年5月6日，即在俄罗斯庆祝胜利日前夕，北约14个成员国和伙伴关系国就在格鲁吉亚境内开始举行为期1个月的代号为“合作长弓09”的军事演习，引起了俄罗斯的强烈反应，批评北约做出了一个“错误的、危险的”决定，不利于俄罗斯与北约恢复全面接触，并宣布独联体集体安全条约组织集体快速反应部队于2009年夏秋季举行代号为“协作—2009”的军事演习。此后不久，俄罗斯也在北高加索地区进行示威性的军事演习。6月29日至7月6日，俄罗斯军队在北高加索举行代号为“高加索—2009”的大规模战略战役演习，规模之大直追苏联时期，而且除11个联邦主体外，还包括俄罗斯2008年承认独立的南奥塞梯和阿布哈兹。不难看出，双方举行的演习活动“醉翁之意”不在演习，实际上是俄、格冲突的继续，是俄罗斯与北约地缘战略上的又一次较量。这说明，虽然俄罗斯与美国及北约的关系缓和了，但是这种压力长远看不会消除，俄罗斯积极经营周边安全和致力于保持与美国之间的战略平衡从根本上讲还是为了应对这种压力。

（四）谋求与美国之间保持战略稳定

与美国保持战略平衡主要是保持进攻性战略武器的平衡，这是俄罗斯实现外部安全的根本途径之一。坚持核裁军谈判和保持战略稳定是“梅普组合”时期的俄罗斯依旧坚持的立场。虽然后苏联时期俄罗斯与美国之间的战略力量已经呈现出失衡的趋势，但是俄罗斯依托现有核武库遏制美国的政策没有改变。俄罗斯依然把这种有效的遏制视为俄、美之间乃至全球范围内的战略平衡，视俄美核裁军条约为维持两国战略稳定和使双边关系不失控的重要基石。5月13日出台的《2020年前俄罗斯联邦国家安全战略》明确指出，“通过保障战略稳定为俄罗斯长期可持续发展创造有利条件”，“俄罗斯与国际社会的关系建立在保持战略稳定和进攻性战略武器领域可预见性原则的基础上，进一步削减和限制进攻性战略武器达成新的全面的双边协议具有特殊意义”。“为了保障战略稳定和平等的多边协作，俄罗斯在落实本战略期间将尽一切努力以最小开支维持与美国在进攻性战略武器领域的力量均衡”。[①]

三、未来俄罗斯对外战略展望

展望2010年及更远的未来，俄罗斯还将以加强自身经济

---

① 参见《2020年前俄罗斯联邦国家安全战略》第91、92、96条。

和社会发展为基础，通过积蓄力量、加强军事部署以及扩大合作，发挥地区军事安全机制的作用，稳定战略形势和巩固战略空间，同时也准备通过发展和使用国防能力积极应对来自外部的战略压力。

加强自身经济和社会发展是未来俄罗斯国家安全战略的重点。由于经济危机的严重影响，俄罗斯恢复和革新经济是长期任务。2009年底，俄罗斯经济走出危机的低谷，但是摆脱危机的影响还尚待时日。严重的经济衰退和国内失业压力会促使俄罗斯极力推进经济调整和改善国内投资环境，特别是加强工业生产和增加新经济的比重。在这种条件下，俄罗斯需要来自西方的投资和技术，与西方的缓和将得以持续。

对抗美国和北约东扩压力依然是对外战略的主要内容。由于美国全球战略和北约东扩压力带有持久性，俄罗斯抗衡美国及北约战略图谋的军事和外交努力也必然会持续下去，这一点已经反映在2009年5月出台的俄罗斯国家安全战略文件中。“北约军事设施向俄边界移动及不顾国际法准则赋予其全球功能的方案对于俄罗斯是不可接受的，这一点在与北大西洋公约组织的关系中依然是决定性因素。俄罗斯准备在平等基础上，为巩固在欧洲大西洋地区的普遍安全而与北大西洋公约组织发展关系，关系的深度与内容取决于该组织在实施其军政计划时是否准备考虑俄罗斯利益、尊重国际法准则、考虑关系转型以及寻求新的人道方向的任务和功能”。[①] 与前几年相比，俄罗斯可能更多地追求合作制衡，把与北约之间的合作与协调作为缓解北约压力的重点。

加强军队建设与地区军事部署是对外战略的重要支撑。

---

① 《2020年前俄罗斯联邦国家安全战略》第17条。

国际战略环境的根本改善与俄罗斯自身的军事实力密切相关。俄罗斯将通过进一步落实军事改革措施，特别是发展海空军建设，提升国家的国际军事竞争力；通过加强在周边和重要战略支点，尤其是加强在中亚地区的军事部署，巩固防御态势，从而改善整体战略环境。可以想见，即便是在整体关系缓和的形势下，未来俄、美在俄罗斯周边地区的争夺也必然是激烈的。

（国防大学战略教研部副教授　杨育才）

第十一章　日本对外战略调整及其影响

2009年日本政坛发生了自二战结束以来最强烈的震动：自民党在议会选举中遇到了空前的失败，被迫交出政权，处于在野地位；民主党在议会中取得绝对多数席位，与另外两个小党组成了新政府。进入新世纪以后，日本国内经济长期萎靡不振，失业增加，普通民众生活水平下降，自民党几任首相始终不能制定出切实可行的对策，再加上自民党内官商勾结，丑闻不断，引起了日本选民的极大不满。民心思变，日本民众普遍希望政府能增加活力，革新政治，刺激经济发展，走出低谷。民主党就是在这样的背景下上台的。民主党执政不仅引起了日本国民极高的期待，也引起了国际社会的高度关注，特别是东亚地区国家，由于和日本之间存在天然的地缘关系、紧密的经贸联系，以及东亚地区复杂的政治关系，因此密切跟踪和分析民主党对外战略调整的动向是十分必要的。

一、2009年日本对外战略调整的主要内容

谋求成为世界政治大国一直是日本政府在冷战结束后实行对外战略的最终目标。无论哪一个政党上台执政，在实现这一终极目标上是一致的，不同的只是措施和手段而已。从2009年来看，日本政府的对外战略调整主要围绕两个问题进行：一是对待日美同盟问题，二是如何处理与亚洲国家的关系问题。"亲美入亚"是日本对外战略调整的主要特征。

第一，在维持日美同盟的框架体系内，谋求日本的独立和平等地位。

日美同盟是日本外交的基石，这是日本政府几十年来一直坚持的。冷战结束以后，鉴于日本的综合实力不断提高，美国国力逐渐下降，美国一直要求日本在同盟中承担更多的义务，海湾战争、阿富汗战争和伊拉克战争中，日本根据美国的要求，提供了大量的后勤援助和资金支持。日本认为，这种情况反映了日美之间在同盟关系中的不平等，特别是日本已经有能力为国际社会做出贡献的条件下，日美同盟关系中的不平等是不能接受的。日本首相鸠山由纪夫在竞选时就承诺，如果民主党上台，一定要重新评估日美同盟关系。2009年6月，鸠山就任首相之后，明确表示，根据日本国会通过的法案，在印度洋为驻阿富汗美军提供后勤援助的日本军舰将于2010年1月返回国内，鸠山的这一态度引起了美国的不安，也表明日本对发挥"国际作用"的方式发生了改变。自阿富汗战争以来，日本一直在印度洋为美军提供后勤支援，日本国会为此还专门通过了《应对恐怖主义特别措施

法》，并且一再延长法案的有效时间，日本的支持对美国打击恐怖主义的行动提供了实实在在的帮助，美国当然希望日本军队的后勤援助持续下去，时间越长越好，美国国务卿希拉里为此事还与日本外务省进行了交涉，但日本政府坚持自己的主张，《纽约日报》评论认为，“这表明鸠山政府在国际事务中试图减少日本对美国依赖，寻求更大的独立性”。[①]

与此不同的是，日本政府虽然发生更迭，但是在向索马里海域派兵问题上保持一致。2009 年 3 月 14 日，根据联合国安理会第 1851 号决议，日本防卫省以“海上警备行动”的名义，派遣两艘驱逐舰，各搭载两架直升机，包括海上自卫队的特种部队，前往索马里海域进行护航行动。日本政府的这个行动开创了战后派遣作战部队走出国门的先例，因此引起了国际社会的高度关注。由于“海上警备行动”的保护对象仅限于日本船和人员，武器使用也仅限于正当防卫和紧急避险，大大限制了日本舰队的护航行动，为了解决这个难题，日本国会于 6 月份专门通过了《应对海盗法》，当时还处于在野地位的民主党就表示，对为保卫本国利益而派遣自卫队赴索马里海域的行动表示支持。民主党上台后，继续执行自民党政府时期制定的这项政策，10 月 13 日，日本政府派遣第三批自卫队舰队，接替第二批舰队继续执行打击海盗的任务。2009 年一年，日本政府已经先后派出 3 支护航编队前往索马里海域执行护航任务。

一方面停止向美国提供后勤支持，另一方面又继续派遣作战部队到海外执行任务，这足以说明，日本越来越不满足于从属地位，要求独立发挥国际作用的愿望十分强烈。长期

---

① http://www.nytimes.com/2010/01/16/world/asia/16japan.html? ref = world.

以来，日本一直谋求在国际和地区事务中发挥作用，但是由于和美国过于靠近，始终抓住日美同盟体系不放，日本的国际影响力并没有达到其理想的程度，日本历届政府始终面临着如何在日美同盟和发挥独立国际影响力之间找到一条中间道路的难题。鸠山政府上台之后，试图打破这一困局，既要借助于美国超级大国的影响为自己所用，又要发挥日本的独特作用，显示日本的独特性，民主党上台后鸠山首相的施政演说充分表明了这种想法。2009 年 10 月 26 日，他在国会发表演说时表示："日本是位于亚洲地区的海洋国家，自古以来日本通过海外贸易和交流孕育了丰富的文化，因此一定不能让日本周边海域变成冲突之海，重要的是我们要不断努力，使这片海域成为硕果丰富的友谊和稳定之海。我以为这不仅是日本的利益所在，也是亚太地区乃至整个世界的利益所在，这将成为紧密而平等的日美同盟的基础。'平等'的关系就是：基于日美同盟能为世界和平与稳定发挥作用，为国际行动提供具体的行动纲领，日本作为同盟的一方也能够提供建议，参与联合行动。"①

第二，倡导建立东亚共同体，更加注重与亚洲国家发展关系。

在历史上，伴随着脱离亚洲的进程，日本完成了崛起。这导致日本与亚洲国家之间的关系十分复杂：一方面，日本不愿意把自己看成亚洲国家，对亚洲国家轻视、怠慢，甚至多次发动了对亚洲国家的侵略战争；另一方面，日本在地缘上处于亚洲版图，日本不可能完全断绝与亚洲国家的交往，日本与亚洲国家的关系特别是经济联系越来越多，这种局面

---

① http://www.kantei.go.jp/foreign/hatoyama/statement/200910/26syosin_e.html.

随着两极格局的解体反而加深了。为了解决这个问题，冷战结束之初的一段时间内，日本曾经谋求建立以自己为主导的亚洲格局，设计出了“雁阵模式”，即以日本为龙头，以中国和东盟为两翼的地区格局，实际上仍然把亚洲国家置于从属地位，把自己作为“领导者”，亚洲国家当然不能接受这种安排，在很多方面进行抵制。

进入新世纪之后，随着亚洲地区的融合程度不断加深，以东盟自由贸易区的深化为龙头，以中国的快速发展为驱动，亚洲国家的经济合作程度不断加深，这种局面促使日本不能置之度外，与此形成对比的是，日本国内陷入十分严重的经济危机，经济结构的转型十分困难，一度声誉鹊起的“日本模式”也失去了吸引力，为了改变这种不利态势，日本政府一直在谋求新的合作形式。在民主党正式组阁前，美国《纽约时报》摘要发表了鸠山撰写的题为《日本的新道路》文章，他表示，基于友爱的精神，民主党的国家目标之一就是建立“东亚共同体”。鸠山认为：“日美同盟是我们外交政策的支柱，但是我们一定不能忘记作为亚洲国家的身份。我认为，日本必须把活力不断增强的东亚地区作为基本的活动区域，为了在这一地区建立稳定的经济合作与安全，我们必须提出框架计划。”[①] 2009年9月24日，鸠山作为新当选的日本首相在联合国大会发言时正式提出，东亚国家应该建立像欧盟那样的区域一体化组织，发行共同的货币。在联大召开期间，鸠山与中国国家主席胡锦涛会见时再次提出了这一建议。10月10日，在第二届中日韩峰会上，经过日本的提议，三国一致同意把实现东亚共同体作为三国共同努

---

① http//www.nytimes.com/2009/08/27/opinion//27iht-edhatoyama.html? r=1&scp=1&sq=hatoyama&st=cse.

力的目标，并且写入《中日韩合作十年联合声明》。10 月底在泰国召开的东亚峰会上，鸠山代表日本又一次提出了这一目标，力求得到东亚国家的理解和支持。

鸠山的提议再次引起了地区轰动，使亚太地区的合作又一次成为热点问题，亚太地区国家虽然在地区合作模式上存在争议，但谁也不想被排除在合作体系之外，美国负责亚太地区事务的副国务卿坎贝尔表示，亚洲任何涉及安全、经济和商业的机制，都不应该把美国排除在外，中国、韩国则表示，积极支持东亚合作和一体化发展，澳大利亚、俄罗斯和东盟成员国都表示了极大的关注。

除了民主党提出的建立东亚共同体的设想之外，日本朝野在加强与亚洲国家的联系问题上并无区别。2009 年，日本与亚洲国家的交往十分频繁：4 月 15—17 日，由日本政府和世界银行在东京联合举行了巴基斯坦援助国会议，会议期间，首相麻生太郎与巴基斯坦总统扎尔达里举行会谈，并承诺日本将提供 10 亿美元的援助；4 月 19—20 日，越南共产党中央总书记农德孟访问了日本，除了与日本首相麻生太郎进行会谈以外，还与日本天皇及国会参众两院议长进行了会见，日越两国最后发表了《有关为了亚洲和平与繁荣和战略伙伴关系的联合声明》；6 月，韩国总统李明博访问日本，与日本首相进行会见，这是李明博与麻生进行的第五次双边首脑会谈，在全球经济危机扩展和朝鲜核问题久拖不决的形势下，日韩两国的合作明显加强了；7 月，蒙古总理巴亚尔访问日本，双方一致同意加强合作共同开发蒙古国的铀矿资源，双方还签署了在核能领域加强合作的备忘录。2009 年下半年，民主党上台执政以后，日本与亚洲国家的之间的交往持续增加：9 月 28 日，中日韩三国外长在上海举行会议，三方就加强区域合作、应对金融危机、解决朝核问题等方面的内容进行了深入讨论。三国外长会议之后，日韩两国外长又在东京进行了双边会谈。11 月 26 日—12 月 1 日，中国国务委员兼国防部长梁光烈对日本进行了正式访问，梁光烈部长与日本防卫大臣北泽俊美举行了会谈，并且又一次发表了《中日防务部门联合新闻公报》，梁光烈部长还与鸠山首相进行了会见。12 月中旬，中国国家副主席习近平对日本进行了访问；澳大利亚总理陆克文也访问了日本，就进一步加强安保合作与鸠山首相进行了会谈。12 月 26—29 日，日本首相对印度进行了访问，两国发表了关于加强安全保障合作的联合声明，包括两国每年定期举行副外长和副防长参加的“2＋2”对话，举行关于确保印度洋海上通道安全的“海上安全保障对话”，以及在打击索马里海盗问题上加强合作等内容。

第三，积极显示军事力量，并为自卫队走向海外提供实力支持和法律保障。

日本军事实力确实不可小觑，这是有目共睹的事实。2009 年除了连续派遣三支舰队赴索马里海域进行护航行动以外，日本在军事上许多新的动向值得关注。

一是以朝核问题为借口，在东北亚地区显示军事力量。2009 年 3 月，朝鲜对外宣布将发射通信卫星，当时的日本防卫大臣浜田靖一于 3 月 27 日向自卫队发出了“摧毁”命令，以便击落可能落入日本境内的任何“发射物”，日本自卫队根据这一命令进入导弹拦截状态，航空自卫队将“爱国者—3”型导弹部署到北部地区，海上自卫队派遣两艘“宙斯顿”驱逐舰“金刚号”和“鸟海”号，搭载“标准—3”型导弹拦截系统，驶向日本海北部，准备对朝鲜的发射物进行拦截，另一艘驱逐舰“雾岛”号驶向太平洋指定预定海域进行雷达监控。日本的这一行动不仅再次表明了对朝核问题的强硬态度，更是在向国际社会显示其军事力量。

二是大力加强远洋化军事能力，为自卫队走出海外提供力量保证。2009年，日本共建造完成了2艘超大型驱逐舰，第一艘驱逐舰命名为“日向”号，已于3月18日正式交付海上自卫队服役，第二艘“伊势”号于8月21日下水，预计在2011年3月正式服役。这两艘超大型驱逐舰属同一级别，长197米，宽33米，标准排水量达到1.35万吨，日本陆、海、空自卫队的所有大型直升机都可以在甲板上起降，可以同时起降4架直升机，其机库最多可容纳11架直升机，具有很强的攻击和反潜能力，还配备了先进的指挥通信系统，既可单独执行任务，也可以作旗舰使用，其能力甚至超过了一些国家的轻型航空母舰。日本法律规定不能拥有航空母舰，日本政府则强调，由于两舰不能搭载战斗机，因此不能称为航母。未来日本可能会拥有吨位更大的直升机驱逐舰，8月31日，日本防卫省发表2010年度预算概算，其中决定建造一艘2万吨级的直升机驱逐舰，按照设计，此舰长度达248米，宽38米，标准排水量达到1.95万吨，可以搭载14架直升机，能同时起降5架直升机，可以运输陆上自卫队3.5吨卡车50台，人员4000人，并可为其他舰只进行海上补给。防卫省计划将来能建造4艘这样的驱逐舰。

三是为日本自卫队走向海外提供法律支持。2009年3月，日本防卫省根据《自卫队法》，以“海上警备行动”的名义向索马里海域派遣海上自卫队舰队进行护航行动，但是，《自卫队法》规定，“海上警备行动”的保护对象仅为日本船只和人员，武器使用也只限于正当防卫和紧急避险，这大大限制了自卫队的海外行动，日本政府认为，这种状况十分不利于护航和打击海盗行动。为了解决这个问题，6月19日，日本国会通过了《应对海盗法》。法律规定，如果防卫大臣认为海盗威胁超出海上保安厅的应对能力，就可以在首相认可的情况下派遣自卫队。这就是说，只要在海外发生海盗威胁，日本政府随时都能依据此法派出自卫队。日本宪法规定国家永远放弃交战权，多年来，日本一直在通过各种变通形式来突破这一约束，《应对海盗法》的制定，出发点就着眼于向海外派遣部队，这使日本政府可以凭借打击海盗的名义向海外派遣军队，从而为日本自卫队走向海外扫清了法律障碍。由于日本军队在历史上对海外国家的野蛮侵略，而且迄今没有进行彻底的反醒，这部法律的通过引起了国际社会特别是亚洲国家的担忧。

二、日本对外战略调整对东亚地区安全形势的影响

2009年，虽然日本政坛发生了战后最明显的变动，但由于民主党也是从自民党中分离出来的，因此日本对外战略调整看似标新立异，实则具有很明显的历史继承性，这就是追求实现“政治大国”的目标，所不同的是操作手段，自民党长期以来过分追随美国，忽视同亚洲国家的关系，这导致其国际形象不佳，民主党上台后，开始吸取经验教训，强调日美关系对等、加强与亚洲国家的交往。

日本对外战略的调整对东亚地区的安全增加了新的复杂因素。这主要从以下以个方面进行分析。

第一，日本对外战略调整是日本民族主义因素上升的结果。

日本的民族主义情绪自20世纪70年代开始酝酿，80年代初露峥嵘，当时的首相中曾根提出日本要进行“战后政治总决算”，日本要成为“正常国家”，从此日本提出了由“经济大国”变成“政治大国”的战略目标。1991年的海湾战争中，在美国的要求下，日本只出钱不出兵的角色大大刺激了日本政坛，向“政治大国”迈进的决心更加坚决。现任民主党干事长小泽一郎在1993年就发表了《日本改选计划》一书，是首位提出日本要“普通国家化”的政治家，鼓吹日本在成为经济大国的条件下，如果要成为“国际国家”，首先在成为一个“普通国家”。“普通国家”的两个构成要件是：“其一，对于国际社会视为理所当然的事情，就把它作为理所当然的事情来尽自己责任去实行……这一点在安全保障领域尤为如此”，“其二，对为构筑富裕稳定的国民生活而努力奋斗的各国，以及在对地球环境保护等人类共同课题，尽自己所能进行合作”。[①] 小泽一郎这本书一版再版，其政治主张早已渗透到日本整个政坛。有学者认为，“日本只有务实的民族主义，没有固定的原则”，[②] 这种认识对于我们认识已经上台的民主党十分有帮助，民主党的主要代表人物小泽一郎、鸠山由纪夫、菅直人、冈田克也等人，都是日本“新民族主义”代表人物，他们都主张通过回归民族和传统来重新树立日本的自信心。鸠山首相2009年在国会演说时十分清楚地表明了这种理念，他说：“日本不仅在经济能力和体验上为世界称颂，在环境、和平、文化、科技等领域也是如此，……这就是为什么必须是日本而不是别的国家要挺身而出解决像气

---

① 小泽一郎著：《日本改造计划》，日本讲谈社1993年版，第117、123页。

② ［美］罗伯特·A. 帕斯特编：《世纪之旅：七大国百年风云》，上海人民出版社2001年版，第266页。

候变化、核扩散、非洲贫穷等全球性问题的原因，是日本而不是别的国家要变成一座‘桥’以联系东方与西方、发展中国家与发达国家和不同文化的原因。”①

对亚洲国家来说，日本的民族主义情绪值得警惕，如果撇开历史问题而单纯强调加强与亚洲国家间的关系，很难说能够促进亚太地区安全。2009年底鸠山首相在国会发表演说时就说：“近来我已经与亚洲国家领导人进行了一系列坦诚严肃的观点交流。关于日本与周边国家韩国、中国和东南亚国家之间的关系，我们将会建立真正信任的关系，在得到尊重多样化价值观的同时，积极寻找共点之处以深化合作。”②表面看日本是在对亚洲国家降低姿态，实则是一种迂回的策略。由于自民党执政时期一味地追随美国，在对待亚洲国家的问题上，日本一厢情愿地认为，由于经济发达，对亚洲特别是东亚国家的经济援助也比较多，理应在这一地区充当领导者。这种高高在上的态度引起了其他亚洲国家的不满和反对，再加上在历史问题上，日本政府始终不能进行彻底地反醒，特别是小泉纯一郎担任首相期间，不顾多数亚洲国家的反对，执意参拜靖国神社，严重伤害了亚洲国家人民的感情，所以在亚洲事务特别是东亚事务的解决上，日本的影响力并没有达到它期望的水平。事实表明，如果不能妥善处理与亚洲国家之间的关系，长此发展下去，不仅不能实现世界政治大国的目标，更会使日本与亚洲国家越来越远。因此，改变手段和策略是日本唯一的选择。

---

① http：//www. kantei. go. jp/foreign/hatoyama/statement/200910/26syosin_e. html.

② http：//www. kantei. go. jp/foreign/hatoyama/statement/200910/26syosin_e. html.

第二，日本的对外战略调整具有明显的约束中国的倾向。

中日之间的关系十分复杂，历史和现实问题犬牙交错。一方面，中日两国的经贸联系日趋紧密，中国自2008年起已经成为日本的最大贸易国，日本是中国的第二大贸易国，两国之间的贸易额快速上升，中日两国之间在经济上相互依赖在加深；另一方面，中日两国在历史问题、地区安全问题以及全球问题上又有明显的分歧，两国双边政治联系一度十分冷淡。2006年以来，在两国领导人的共同努力下，两国关系明显好转，两国达成了发展战略互惠关系的共识。目前来看，民主党上台后的对华政策比较积极，这对于防止中日关系倒退有进步意义，但是必须看到，中日之间的结构性矛盾还没有解决，两国还缺乏政治互信，两国在东海海域划分、钓鱼岛等问题上分歧依旧，在核裁军、食品安全、人权、环保、地区安全等问题上都持不同的立场，这些问题随时都能成为引发中日摩擦的导火索。

近年来，以中国为代表的新兴国家的快速发展，极大冲击了冷战之后发达国家占主导的国际秩序，削弱了发达国家在国际上的影响力。特别是日本，经历了长达10多年的经济萧条，国内经济发展遇到了很严峻的挑战，经济结构调整始终没有到位，国内投资严重不足，导致生产下降，工作岗位减少，普通民众收入下降，生活水平降低。与此相反的是，同处亚洲的中国经济发展始终保持较高的速度，综合国力不断提升，此消彼长，使得日本与中国之间的差距逐渐缩小。就国际影响力来说，日本处于下降态势，中国处于上升态势。相反的运行路线图必然会对日本构成强大的冲击。面对国际地位和影响力不断下降的趋势，日本政府必须要改变策略，继续巩固日本的影响，同时试图融合其他新兴国家，将其纳入到日本的对外战略之中。鸠山在竞选期间的演说中就明确提出，建立“东亚共同体”的目的之一就是通过多边合作把中国的发展纳入其中，利用多边框架机制来束缚中国。他在《纽约时报》发表的文章直言不讳地说：“怎么能在努力维护统治地位的美国和努力获取统治地位的中国之间保持日本在经济和政治上独立性、保护日本的国家利益呢？”答案是建立“东亚共同体”。[①]

由此看来，日本试图利用多边机制来改变在双边机制中的不利局面，从而使中国的发展不至于削弱日本的国际地位。

三、日本对外战略调整的前景分析

2009 年，由于民主党刚刚上台，日本对外战略调整并没有完全实现，民主党的主要注意力还是集中在国内问题上，摆在民主党面前的最现实的问题是 2010 年国会参议员的竞选，如果民主党获胜，其对外战略的调整将会更加明确，当前就其实质而言，可以说是口头大于行动。未来日本对外战略调整主要从三个方面来看。

（一）日美同盟依然是民主党政府的外交基石

在可预见的未来，日美同盟解体是不可能的，日本的外交传统是与强者为伍，20 世纪以来，日本先后与英国、德国

① http//www.nytimes.com/2009/08/27/opinion//27iht-edhatoyama.html?r=1&scp=1&sq=hatoyama&st=cse.

和美国结盟，充分体现了这个特点。美国当前的综合实力、国际影响力和军事力量仍然在世界上首屈一指，日本不可能与美国分道扬镳，况且，日美同盟也给日本带来了实实在在的利益，这一点日本历届政府都很清楚，因此历届政府都强调，日美同盟是日本外交的主轴。虽然日美之间在普天间基地的迁移问题上观点相左，但这并不妨碍日美两国的军事同盟关系，日本外相冈田克也多次表示，新政府仍然会坚持日美同盟不变的政策，这就充分说明了这一点。日本要实现“普通国家”的目标，还需要以日美同盟为依托，把它作为实现政治大国目标的战略支撑点。日本现在谋求的是在日美同盟中提高自己的地位，不再充当美国附庸的角色。

（二）将以维和、环境、气候、能源等非传统安全问题为切入点，积极参与国际政治

非传统安全合作是日本对外战略的重要内容，为了改变其国际形象，增加国际影响力和亲和力，日本近年来很重视在非传统安全问题上参与国际合作。冷战结束以来，日本通过国际维和、打击海盗等非传统安全合作，已经使自卫队走出海外，通过召开援助非洲的国际会议，对非洲事务的影响已经达到了较高的程度；通过对东南亚国家提供援助，提高了对东南亚地区影响力，通过与澳大利亚和印度分别召开防长和外长参加的“2＋2”磋商会议，对亚太地区的安全也拥有了一定的发言权。可以说，非传统安全合作已使日本受益匪浅，日本政府将会继续在这些问题上体现其实力，为实现“政治大国”的战略目标服务。

（三）日本提出的“东亚共同体”设想短期内难以实现

重视亚洲外交是日本政府的必然选择，但要实现“东亚共同体”却十分困难。环顾东亚，除了亚太地区经济合作组织这一非正式的论坛之外，东亚地区还没有建立一个区域一体化组织，东亚地区的中、日、韩三国在世界上都广受关注，对世界事务的影响力也非同一般，但是，东亚国家的区域合作却十分有限，与东亚地区广受世界关注的程度相比，东亚国家的内部合作远远没有达到理想的程度。鸠山提出的“东亚共同体”设想为东亚国家的内部合作提出了美好的前景，也为东亚区域一体化的发展增加了活力。但是，不可否认的是，东亚共同体的建立决不是简单的事情，欧盟经过50多年的发展才达到这样高的程度，东亚共同体的建立决不会比欧盟的发展更顺利，东亚区域一体化的道路绝不会平坦。

第一，东亚国家内部正在走向完全和解的道路上，但历史问题依然构成很大的心理障碍。

从世界历史发展来看，邻国之间发生争端甚至战争司空见惯，但是进入20世纪下半叶以后，世界上许多邻国都谋求走向和解，无论在民族感情还是领土争端问题上，当事国都本着互谅的精神，通过双边或多边协商来实现和解。欧盟最初起源于法、德、意、比、荷、卢六国签订的《欧洲煤钢联营条约》，它表面上是一个经济联营条约，实际上折射着缔约国之间的相互约束、内部透明与民族和解的内涵，正如西方学者所评价的那样，欧盟自建立之初就蕴含着国与国之间和解的灵魂，协商和解是欧盟50多年来不断壮大，一体化程度不断加深的基本理念。要知道，这些国家在二战期间都经历了互相仇杀、生灵涂炭的恶运，50多年来，正是本着国与国之间互相谅解的精神，才使欧洲大陆由煤钢联营扩大到整个经济领域的一体化，最后又朝着政治安全和司法一体化的方向稳步前进。反观东亚各国，历史问题始终是制约东亚国家之间进一步加强合作的障碍，日本自近代以来直到二战时期，对东亚地区的中国和韩国、朝鲜都发动了侵略，实行了殖民统治，给东亚各国人民留下了很重的心理阴影。由于日本国内对战争势力清除得不彻底，导致日本国内的右翼势力不时发表一些否定侵略别国历史的错误言论，严重伤害了东亚其他各国人民的民族感情，从而给东亚各国之间的合作制造了很大的心理障碍，由历史问题构成的心理障碍很大程度上削弱了中国和其他东亚国家对日本的信任感。另外，日本由于长期执行“脱亚”政策，对东亚乃至亚洲国家的利益关切视而不见，甚至表现出鄙视和轻蔑的态度，这又增加了东亚国家对日本的反感情绪。历史问题和现实政策的双重作用使东亚国家内部之间的信任度始终局限于很低的水平上，缺乏基本的信任，要想走向一体化，建立区域性组织，这只能是寸步难行。

第二，东亚各国之间的经济融合程度远远没有达到建立区域一体化组织的程度，更不要说发行统一货币了。

冷战结束以来，同一地域内的国家在经济上的融合程度越来越高，这构成了建立区域一体化组织的基础，例如1992年建立的北美自由贸易区就是如此。即使是当年建立的政治性区域组织，在冷战后也特别强调区域经济一体化的发展，东南亚国家联盟在冷战后的转型就是很典型的事例。冷战后东亚各国，特别是中日韩三国之间的经济合作程度越来越深，三国之间相互投资、双边贸易额都在不断上升。根据统计，中国已经取代美国成为日本最大的贸易国，日本目前也是中国第四大贸易对象，日韩之间、中韩之间的双边经济合作也逐步加深。

但是，东亚地区不仅仅是指中日韩三国，从历史地理上说，包括港澳台在内的中国、蒙古、日本、朝鲜、韩国，甚至还包括了越南，都属于东亚范围之内。从现实来看，这些国家之间的经济差别十分明显，首先是经济制度有很大的差异性和多元性。中国大陆、朝鲜是实行社会主义经济制度的国家，蒙古的经济制度还处于转型之中，日本和韩国则实行资本主义经济制度。经济制度的多元性和差异性使区域一体化组织的建立面临很多原则性困难，成员国之间要达成一致是很难的。其次，东亚各国的经济发展水平存在很大的差距。在东亚各国中，日本是世界最发达的国家之一，韩国是新兴的工业国家，中国的经济实力总量居于世界前列，但各项人均经济指标还处于发展中国家水平，蒙古和朝鲜则属于经济水平比较落后的国家。各国之间参差不齐的发展水平也是成立区域一体化组织的巨大障碍。还有一点不能忽视的是，东亚各国经济发展具有较大的竞争性。目前，中国、日本、韩国三个比较大的东亚经济体都严重依赖对外贸易的增长来拉动国民经济的增长，三者之间的内部贸易在逐步增长，但是在区域外贸易对象上，具有很大的同质性，这使三者之间在世界贸易范围内构成了很强的竞争性，不利于相互合作。

第三，东亚各国关于地区现实热点问题的解决上存在很大分歧，难以形成合力。

冷战后，东亚地区现实热点问题较多，朝鲜半岛问题、台海问题、日韩关于竹（独）岛问题、中日关于钓鱼岛及东海划界问题、日美同盟问题、俄日关于北方四岛问题等等，这些现实热点与东亚各国的安全都紧密地联系在一起，问题的解决离不开有关各方的相互理解与合作，需要各方达成普遍共识。近年来，东亚地区各国都加强了双边和多边磋商，表达了共同维护地区稳定的愿望，这是令人欣慰的，比如中日两国关于东海共同开发达成的原则性共识等等，这种良好的开端为东亚地区成员国建立区域一体化组织酝酿了基础。但是，不能否认的是，东亚各国在地区热点问题的解决上，还是存在着很多原则性分歧，普遍共识还远远没有形成，朝鲜半岛问题的解决陷入僵局、日本坚持日美同盟不放松等，都充分表明东亚各国在地区安全问题上存在着很大的立场差异，各国都紧紧抓住对自己有利的一面，毫不放松，这就使地区内成员国之间的务实合作难以展开。

欧盟各国在走向一体化的过程中，地区内热点问题也曾经纠缠不止，例如法德边界问题、两德统一后与波兰的边界划分问题等等。这些问题曾经引起欧盟内部较大的担忧，但是欧盟内部当事国都在地区框架下，合理妥善解决了这些问题，并且以法律文件的形式加以规定，有效地促进了欧盟内部矛盾的化解，加强了内部整合力量。反观东亚各成员国在地区热点问题上的立场，短期内很难达到普遍共识。种种迹象表明，未来的东亚共同体要成立，成员国内部在热点问题上化解分歧是十分关键的一步。

此外，拟建中的东亚共同体还面临着如何处理与美国的关系问题。美国虽不是东亚地区的国家，但美国在这一地区有十分重要的影响，美国自己也认为在东亚地区有十分重要的利益。随着美国的战略重点越来越向亚太地区转移，东亚地区的发展变化必然会引起美国的重大关注。20世纪90年代初，克林顿总统刚上任时，就曾经提出了建立“太平洋共同体”的设想，就现实来说，如果拟建的东亚共同体不考虑美国因素，也是不切实际的，美国与中国、日本、韩国的经贸投资联系一直十分紧密，与蒙古的联系也在加强，因此美国的态度也影响着东亚区域一体化的发展进程。

（国防大学战略研究所副教授　赵毅）

第十二章　欧盟一体化及其影响

欧盟一体化的发展始终是国际社会关注的焦点。2009 年 12 月 1 日，有欧盟宪法条约简化版之称的《里斯本条约》，在 27 个成员国都完成了批准程序后正式生效。这标志着欧盟政治一体化进程迈出了重要一步，将增强欧盟在国际事务中的影响力。如果说 10 年前欧元的正式流通和欧元区的建立标志着欧洲经济一体化发展到更高层次，那么《里斯本条约》的实施和欧盟新领导机制及其人选的诞生，则预示着欧洲政治一体化进入崭新阶段。这无疑是欧洲发展进程中的标志性事件。随着欧盟一体化的持续发展，在给欧盟自身带来新的机遇与挑战的同时，将会对世界安全产生日益深远的影响。

一、欧盟一体化的最新进展

（一）一波三折，完成《里斯本条约》的批准程序

《里斯本条约》完成批准程序的过程可谓一波三折。爱

尔兰是第二度举行公投才得以通过，随后，波兰也正式签署了《里斯本条约》。其中，捷克的批准过程最具戏剧性。2009 年 2 月 18 日，捷克众议院通过了欧盟《里斯本条约》。2009 年 2 月 19 日，捷克总统克劳斯在布鲁塞尔欧洲议会全会发表演讲时，再次对欧洲一体化进程提出质疑。他说，那种认为欧洲一体化进程在政治上应当进一步深化、欧盟应当更加紧密的想法是错误的；欧盟决策过程的官僚主义作风无法被根除。2009 年 3 月 26 日，捷克宪法法院在布尔诺市作出裁决，《里斯本条约》不违背捷克宪法。这一裁决为捷克议会讨论《里斯本条约》扫清了法律障碍。2009 年 5 月 6 日，捷克参议院投票表决，以多数票通过了欧盟《里斯本条约》。10 月 6 日，捷克总理菲舍尔表示，捷克总统克劳斯将在 2009 年年内签署《里斯本条约》。10 月 8 日，捷克总统克劳斯表示，他担心批准《里斯本条约》会使捷克的国家和民众利益受到损害。10 月 12 日，捷克总理菲舍尔表示，他将同欧盟领导人商谈克劳斯总统的要求，不过他也要求总统作出担保，这真的是总统签署《里斯本条约》的最后一个条件。10 月 18 日，斯洛伐克总理菲乔表示，如果捷克能成功地与欧盟达成协议，在《里斯本条约》中加入有关《贝奈斯法令》的特别附加条款，那么斯洛伐克也要在即将举行的欧盟峰会上提出相同的要求。10 月 28 日，捷克总理菲舍尔表示，只要欧盟就贝奈斯法令作出特别规定，以及捷克宪法法院作出《里斯本条约》不违背捷克宪法的裁决，总统克劳斯将保证签署《里斯本条约》。10 月 30 日，捷克总统克劳斯发表声明，对欧盟峰会同意捷克为批准《里斯本条约》提出的条件表示欢迎，表示不会为批准条约再提出新的条件。11 月 3 日，捷克总统克劳斯最终签署了《里斯本条约》。

至此，《里斯本条约》在27个成员国都完成了批准程序，欧洲一体化进程虽历经波折，但终见曙光。2010年1月1日，范龙佩正式就任欧洲理事会常任主席。他认为，《里斯本条约》是“应对当前挑战的一个有力工具，它将让我们在国际舞台上发挥作用”。欧盟委员会主席巴罗佐说，《里斯本条约》象征着一个“重新团结、自由和民主的欧洲”。[①]

（二）政治一体化取得突破，决策效率和整体性有所增强

欧盟现在是一个有27个成员、约5亿人口的很大的一体化机构，但是它的治理结构改革一直是滞后的，它的对外代表机制非常复杂，决策效率低下，妨碍欧盟作为一个一体化的力量在国际上发挥作用。《里斯本条约》得以通过，表明这个改革取得初步成功，是近10年来欧盟政治一体化的一个巨大成就。

首先，体现在欧盟的运作和决策效率方面。《里斯本条约》通过后，欧盟理事会决策方式前所未有简化。《里斯本条约》采用双重多数表决机制，即一项决议只要有55%的成员国支持，这些国家能代表欧盟总人口的65%，就可在理事会内获得通过。条约还新增68项采用特定多数表决的政策领域。[②] 这样就在27个国家里增加了欧盟的行动效率。

---

① “欧盟庆祝《里斯本条约》生效 赞欧洲走进新时代”，中国网，2009年12月2日，http：//www.china.com.cn/international/txt/2009－12/02/content_18992508.htm。

② See the Treaty of Lisbon，*Official Journal of the European Union*（English edition），C306，Volume 50，17 December 2007. http：//eur-lex.europa.eu/JOHtml.do? uri＝OJ：C：2007：306：SOM：EN：HTML.

其次，欧盟的政治引导机制得到加强。以往欧盟成员国通常利用自己为期半年的轮值主席职位推行自己感兴趣的一些项目，而这些项目往往缺乏连续性。现在设立任期两年半、可连任一届的欧洲理事会常任主席（俗称“总统”），取代现行每半年一任的轮值主席国制度。设立“欧盟外交部长”，整合欧盟外交资源及欧盟理事会和委员会两大机构的协调。上述措施，将有利于提高这一机构的连续性和工作效率，有利于提升欧盟作为一个国际行为体的整体性和重要性，加强其国际行为能力。

第三，推动了欧盟的内部民主。在欧盟层面，欧洲议会共同参与决策的领域扩大到农业、渔业、交通运输、司法等；在国家层面，成员国议会被首次赋予监督欧盟立法的权力。此外，只要100万民众签名，就可以要求欧盟委员会重新审议已经出台的措施；条约规定允许已加入欧盟的成员国退出欧盟等。欧洲议会权力有实质性扩展。一是立法权扩大。基本上凡是欧盟理事会采取特定多数进行表决的领域，欧洲议会都有与其平等共同立法的权力。二是预算权扩大。欧洲议会对所有欧盟预算均有最后决定权。三是政治控制权。议会根据理事会提名，选举欧盟委员会主席，并对委员会组成有同意权。[①]

欧盟首次具备完全法人身份，能像主权国家一样签署任何国际协定，这是一个国家主权的重要象征。因此，尽管欧盟距真正意义上的国家还很遥远，但条约无疑是朝这一方向迈出的重要一步。

---

① the Treaty of Lisbon, *Official Journal of the European Union* (English edition), C306, Volume 50, 17 December 2007. http://eur-lex.europa.eu/JOHtml.do?uri=OJ:C:2007:306:SOM:EN:HTML.

（三）欧洲议会选举结果反映各国政局波动，“向右转”态势初现

2009 年 6 月 7 日，第七届欧洲议会选举落下帷幕。27 个成员国的选民投票选出了第七届欧洲议会的 736 名议员。欧洲议会选举对欧盟政治格局变化具有风向标的作用，选举结果在一定程度上反映出金融危机背景下欧洲民众对欧盟及各成员国的政治态度，也反映出各国政局的波动，欧洲整体“向右转”态势初现。这表现在以下几个方面：

第一，虽然欧洲人民党、欧洲社会党团、欧洲自由党及民主党团仍位居欧洲议会前三大党团，但所得席位均有所减少。除斯洛伐克等少数几个小国外，欧盟绝大多数国家中右派力量全面扩大。第二，执政党有不同程度的失利。英国、西班牙等国中右的在野党得票率均高于执政的中左党派。德国联盟党、社民党得票率也有所下降。第三，极右政党、小党异军突起。左翼政党未能借助金融危机在这次选举中取得突破，共有 10 个成员国的极右党派则不同程度地在选举中取得突破性进展。荷兰极右的自由党，首次参选便斩获 4 席，英国极右的国家党也创纪录地首次获得 2 席。[①]

右翼力量上升的原因，一方面是欧洲左翼政党因内部争斗和丑闻而四分五裂，削弱了选举优势。金融危机时期，失业率的不断走高，欧洲民众对左翼执政党失去信心，欧洲选民便开始用“脚”来投票，将手中的选票投给右翼政党，以

① 余翔：“欧洲议会选举凸显欧盟一体化困境”，中评网，2009 年 6 月 16 日，http：//www. chinareviewnews. com。

此表示对左翼执政党的严重不满。另一方面，随着欧洲经济陷入衰退，右翼政党的政策开始左移，“盗取”了左翼政党长期宣扬的一些经济政策，如国有化和政府救助等。右翼政党还借金融危机给民众带来的不安全感和封闭保护心理，煽动社会不满情绪。柏林民意调查机构 Forsa 的负责人古尔纳（Manfred Gollner）说，在德国，社会民主党的政治影响力一直在下降，这与他们的工会和劳工阶层的民众基础衰落相关。[①] 所以说，此次欧洲议会选举结果暴露出欧盟一体化进程仍面临诸多深层次的内部问题。

（四）欧盟扩大继续酝酿，多国意愿强烈但效果不一

在欧元区扩大方面，虽然受到国际金融危机的影响，欧元区仍吸收了新成员。2009 年 1 月 1 日，斯洛伐克正式加入欧元区。至此，欧元区国家增加到 16 个。同时，波兰也表现出加入欧元区的强烈意愿。波兰总统府国务秘书卡民斯基表示，总统卡钦斯基已经准备好同总理图斯克就欧元区问题进行对话，总统认为波兰加入欧元区的时间应晚于政府所希望的 2012 年。波兰财政部副部长拉齐维尔表示，波兰将于 2012 年达到欧盟规定的财政赤字水平，并于 2014 年正式加入欧元区。目前，波兰正在等待邀请以正式启动加入程序。另外，爱沙尼亚总统伊尔韦斯要求政府加紧工作，以尽快实现加入欧元区目标。11 月 20 日，欧盟委员会副主席卡拉斯

---

① David Gauthier-Villars and Marcus Walker，“Across Europe，Left-Leaning Parties See Clout Faltering”，*The Wall Street Journal*，Joun 8，2009. Page A12. http：//online. wsj. com/article/SB124425154944290829. html.

表示，如果有关计划实施顺利，爱沙尼亚有望于 2011 年加入欧元区。

在欧盟扩大方面，多个欧洲国家表达了强烈的入盟意愿。2009 年 3 月 6 日，东南欧 5 国阿尔巴尼亚、波黑、马其顿、黑山和塞尔维亚在塞尔维亚首都贝尔格莱德签署一份在本地区进行边界安全合作的声明，承诺愿意达到加入欧盟和《申根协定》所要求的标准。随后，匈牙利外长金高表示，匈牙利希望在其担任欧盟轮值主席国期间，即 2011 年上半年，克罗地亚能够成为欧盟成员国。亚美尼亚、白俄罗斯、乌克兰及冰岛等国也通过各种渠道表达了加入欧盟的强烈愿望。此外，欧盟还积极与周边国家加强合作。2009 年 5 月 6 日，欧盟 27 国与 6 个欧亚国家的政府首脑或部长在布拉格举行会议，正式启动旨在增进双方合作的“东部伙伴关系”计划。“东部伙伴关系”计划涉及的 6 个欧亚国家分别是乌克兰、白俄罗斯、格鲁吉亚、摩尔多瓦、亚美尼亚和阿塞拜疆。欧盟委员会表示，“东部伙伴关系”计划的内容将包括建立自由贸易区、在能源供应和安全方面进行合作以及取消人员跨境流动限制等。

几家欢乐几家愁，土耳其在加入欧盟问题上困难重重。2009 年 4 月 5 日，美国总统奥巴马在欧美峰会上表示支持土耳其加入欧盟。德国和法国明确反对美国总统奥巴马提出的关于欧盟应吸纳土耳其的建议。4 月 15 日，正在奥地利访问的土耳其外长巴巴詹在维也纳强调，土耳其的最终目标是成为欧盟成员国，为此土耳其决心进行一系列必要的改革。5 月 10 日，德国总理默克尔和法国总统萨科齐向“欧洲无边界”的说法发出强烈警告，并对土耳其加入欧盟给予明确拒绝。目前，围绕土耳其加入欧盟这个议题，各方矛盾比较尖锐。

二、欧盟一体化发展的主要动因

（一）一体化持续发展符合欧盟各国的根本利益

回顾欧盟数十年的发展历程，其一体化始终表现为合作与矛盾相伴共生、相互博弈，而合作的力量逐步增强。一方面，欧盟一体化的推进促进了内部自由流通大市场的形成，贸易创造效应和贸易转移效应能够使得每一个成员从中获益。而且，一体化形成的合力，增强了欧洲整体的经济实力和影响力，能够在国际事务中发挥更加重要和积极的作用，从而为每个成员争取到更多的经济利益。另一方面，欧盟一体化有利于增强各成员抵御危机和抗风险的能力，维护了各国的经济安全。此外，欧盟各国经济相似度高，发展水平层次差异不大，合作的利益分配较为对称，共同的经济与金融合作政策容易被各国所接受，而且同处欧洲的地理便利与价值习惯的趋同也有利于相互合作。正因为如此，欧盟的发展虽然经历了坎坷和充满荆棘的路径，但一直没有固步不前，合作的成果可谓举世瞩目。同时，欧盟经济由核心向边缘的发展也是地区经济一体化的重要动力。欧盟的经济核心及其发展是区域经济不平衡发展的结果，无论是新成员国还是老成员国，其主要推动力量都是以国家为主导的产业结构升级和产业政策调整，同时欧盟经济一体化的层层深入对经济地理格局也产生一定的效应和影响。可以说，欧盟一体化的发展演变是国家和欧盟层面双重作用的结果。[1]

(二)全球竞争加剧推动欧盟内部整合力度加大

新世纪以来，特别是随着金融危机的分化效应，以2009年4月伦敦20国峰会和6月叶卡捷琳堡“金砖四国”首次峰会为象征，中国等新兴国家力量发展迅速，在国际社会的影响力日渐增大。世界经济政治格局似乎正在开始酝酿出现新一轮的大变动，世界力量转移趋势更加明显，“新兴国家”崛起，西方国家地位相对下降。作为世界范围内的重要力量，欧洲人对此特别敏感。欧盟及其成员国特别担心它们在国际外交诸多方面的影响会随着新兴国家影响的扩大而缩小。伦敦智库欧洲改革中心负责人查尔斯·格兰特（Charles Grant）说，“欧盟试图成为一个协调统一的世界成员。但这些努力所起到的成效越来越小”。[2] 在许多机构预测的将来世界经济四强（美国、中国、日本、印度）名单中，没有一个国家来自欧洲。在IMF（国际货币基金组织）等国际组织内，欧盟国家面临削减自身表决权的强大压力。“中美共治论”则干脆将欧盟排除在国际议题的制定之外。欧盟对自己可能被边缘化的担心加大。对中国、印度、巴西等发展中大国的崛起，欧盟陷入一种既妒又怕的矛盾中。[3] 国际金融危

---

① 李博婵：“欧盟经济核心区及其扩展趋势”，《欧洲研究》，2009年第2期。

② Nigel Morris，*27 Oct 2009—independet-David Miliband：this is my ambition for Europe*，http：//www. iiss. org/whats-new/iiss-in-the-press/october－2009/david-miliband-this-is-my-ambition-for-europe/.

③ Charles Grant，*Is Europe doomed to fail as a power?* Centre for European Reform，http：//www. cer. org. uk/pdf/essay_905. pdf.

机将进一步减少欧洲在全球事务中发挥作用所需的实力、信誉和道德力量。

在这种大背景下，欧盟一体化也获得新的动力。欧盟内部合作的深化成为欧盟各国的共同利益，他们已经认识到，欧盟的出路在于创新和以开放的心态来接纳发展中国家的崛起，同时深化内部整合，加强整体性对外力量。英国外交大臣米利班德说："欧洲的选择很简单：协调我们的行动，使欧洲成为国际舞台的领导者；或者在中美形成的G2世界中成为旁观者。"[①] 欧盟国家团结的越紧密，其对外影响力就会变得越有效。

（三）全球金融危机影响巨大，要求欧盟共克时艰，加速一体化

金融危机及其导致的全球经济衰退，促使欧盟成员国"抱团抗灾"，加快了政治合作与政治机制整合的步伐。2009年，欧盟经济深陷危机，其受全球金融危机影响的严重程度远高于美国等其他发达国家。失业率飙升，引发一系列社会问题，如法国继2009年1月29日大罢工之后，3月19日再次爆发跨行业大规模罢工，并在首都巴黎等多个城市引发骚乱。政府财政支出扩大引发各国巨额赤字。特别是上半年爆发中东欧债务危机。由于中东欧国家的金融业主要为西欧国家控制，且本国银行持有的金融衍生产品有限，故危机初期并未受直接冲击。但随着外部需求骤减和西欧银行为求自保

---

① Nigel Morris，*27 Oct 2009—independet David Miliband：this is my ambition for Europe*，http：//www.iiss.org/whats-new/iiss-in-the-press/october－2009/david-miliband-this-is-my-ambition-for-europe/.

而抽逃资金，金融危机影响开始传导至中东欧。一些中东欧国家已资不抵债。匈外债增至本国GDP的两倍多，波、捷这一比例也高达100%。部分国家政府财政已无力偿付债务，事实上已破产。金融危机爆发以来，波、匈等国货币大幅贬值，货币贬值不但提高了中东欧进口成本，也加重了其债务负担。中东欧债务危机重挫西欧市场信心。据统计，奥、德、意、法、比和瑞典等欧洲银行对外贷款占中东欧地区银行贷款总额的84%。仅奥地利一国就向该地区贷款超过2300亿欧元，相当于奥GDP的70%。中东欧债务危机的加深使"新""老"欧洲出现争论。法国总统萨科齐2月公开要求法汽车制造商不得将本国政府救助金用于其海外企业，甚至要求法商撤回在中东欧的基地。英也默许英金融机构从海外撤资。与此同时，受经济危机影响，大量中东欧"劳工"被"逐出"西欧市场。一时间，欧盟统一大市场及欧元也似乎风雨飘摇。[①] 但欧洲的历史告诉人们，只有团结互助，进一步推动一体化进程，欧洲各国才能共享和平与繁荣。对欧盟来说，加强凝聚力、加强团结不仅有助于自身克服金融危机的不利影响，对世界经济早日走向复苏也是一个贡献。认识到这一点后，欧盟领导人决心采取协调行动恢复金融体系的平稳运行，从而确保经济重回平稳发展的轨道。欧盟领导人强调，在任何情况下，欧盟国家都将采取必要措施确保金融体系的稳定，救助主要金融机构，保护个人储蓄。为应对目前的金融危机，欧盟领导人同意设立一个危机处理中心，以便迅速采取必要行动。

---

① 张健："2009欧盟盘点：一体化新阶段 危机与转机并存"，中国网，2009年12月21日，http://www.china.com.cn/international/txt/2009-12/21/content_19102439.htm。

事实上，欧盟对小国特别是新成员国还是起到了较好的保护作用，如罗马尼亚等国的境遇就比同为东欧国家的乌克兰等国要好得多。特别是欧元对小国货币和金融体系的保护作用在危机期间得到很好的展现，如匈牙利等国在为本国货币急剧贬值束手无策时，刚加入欧元区的斯洛伐克却根本不用考虑这方面的问题。[①] 这也增加了欧盟的吸引力。例如，冰岛遭受金融危机重创，本国货币冰岛克朗大幅贬值，国内3家主要银行陷入严重困境而不得不接受政府接管，失业率上升，民众生活质量下降。前总理哈尔德领导的政府被迫下台。一直主张冰岛入盟的西于尔扎多蒂于2009年2月担任冰岛总理。她认为，加入欧盟“对冰岛来说是历史性的时刻，这将帮助我们带来必要的经济稳定，确保国家生产和生活长久繁荣”。[②]

（四）从战略选择上看，深化与扩大需要平衡发展

作为欧洲的典型思维，英国人帕麦斯顿将国际关系的本质归结为对国家利益的追寻。欧洲在两次世界大战中除了付出血淋淋的代价外，也对联合达成了坚定的共识。欧洲的政治家们认识到，只有联合起来才能振兴，才能摆脱美国的控制，抗衡苏联的威胁，真正恢复欧洲在世界上的主角地位。所以说，欧洲联合的实质是国家利益的联合，是从更广泛的意义上追求国家利益的历史选择。

目前，欧盟的发展已经进入了较高的层次。同时也已经

---

① 张健：“金融危机考验欧盟凝聚力”，《人民日报》2009年6月12日。

② Leo Cendrowicz，“Iceland's Urgent Bid to Join the E. U.” *Time*，Jul 17，2009. http：//www. time. com/time/world/article/0，8599，1911188，00. html.

到了攻坚阶段和"瓶颈期"。正如基辛格所说："欧洲领导人现在必须致力于设计好一体化的全过程。扩大欧盟、调整它的各种机构并制定共同的法律是非常复杂的问题，有自己的轻重缓急和时间表。"[①] 欧盟在朝着更加深化的邦联实体迈进的过程中，步履蹒跚。欧洲一体化在很大程度上应归功于政治精英的努力，其进程也主要自上而下由精英主导。各国领导人和精英阶层认识到，欧洲最大的利益就是保持欧盟发展深化的趋势与惯性。因此，欧盟始终能根据情势的发展在扩大与深化之间，较理智地进行平衡选择。

在许多人看来，欧盟扩大有助于欧洲的改革。欧盟扩增执委会主席瑞恩（Olli Rehn）在一次讲话中说道："这一切使我们感到，把欧盟东扩看作是解决办法而不是问题所在更加重要。在此应对经济危机之际，我们不能使欧盟东扩成为（经济危机的）替罪羊，怀疑我们在欧盟东扩方面所做的贡献和努力对应付眼下危机毫无益处，要牢记，我们的经济问题并不是捷克汽车工人的过错，也不是塞尔维亚公务员的错。"[②] 欧盟的不断东扩使得欧盟在地缘政治上取得了利益的拓展，为中东欧国家向欧盟所期望的政治方向发展提供了制度性的保障。当然，欧盟扩大不是无限的。随着欧盟成员国的增多，尤其是一些经济发展水平与西欧存在较大差距的中东欧国家加入，使得欧盟一体化进一步深化的进程变得越来越艰难，通过深化一体化来推动经济发展的动力有弱化的趋

---

① ［美］亨利·基辛格著，胡利平等译：《基辛格：美国的全球战略》，海南出版社 2009 年 10 月版，第 39 页。

② See Olli Rehn's Speech, *European Economic and Social Committee*, *Plenary debate on Enlargement 5 years*, Brussels, june 10, 2009. http: // www. europa. eu/rapid/pressReleasesAction. do? reference＝SPEECH/09/292&format＝HTML&aged＝0&language＝EN&guilanguage＝en.

势。2009 年 4 月 15 日，法国负责欧盟事务的国务秘书勒梅尔表示，欧盟在接纳巴尔干国家加入之后应当停止继续扩大。[1] 按照平衡原则，扩大动力减弱的时候，对深化欧盟一体化的要求也会越来越多。

三、欧盟一体化发展趋势及其对世界安全的影响

随着世界形势的大发展大变革大调整，欧盟也积极推行全方位外交，以便在世界多极格局中占有重要地位，迎接未来新的严峻挑战。其中，欧洲及周边地区仍是世界地缘政治发展变化最快的地区。欧盟国家对这一地区的地缘政治控制和支配继续增加，并通过调整与推进地缘政治目标促进了该地区政治板块的整合。欧盟进一步增强了建立周边安全稳定带的紧迫感，并且更努力地推进此项重要的战略目标。欧盟与各大国之间既竞争又合作、既对抗又妥协，将给世界安全带来多方面的影响。

（一）欧盟一体化的发展趋势

1. 欧盟将继续在“深化”与“扩大”之间交叉前进。

建设“政治联盟”和“统一的大欧洲”，既是欧洲一体化奠基者们的初衷，也是一体化建设发展不可避免的大趋势。过去半个多世纪欧洲联合进程取得了举世瞩目的成就，为欧洲国家的稳定与繁荣带来了众多好处，符合各成员国的

---

① “法国坚决反对欧盟继续扩大”，环球网，2009 年 4 月 16 日。http: //world. huanqiu. com/roll/2009－04/434782/. html.

根本利益。欧盟一体化已经成为实现欧洲各国国家利益的重要战略舞台，犹如一艘在风浪中颠簸前行的巨型轮船，只能前进不能停滞。因此，尽管欧盟在深化和扩大方面均面临着巨大的困难，但没有一个成员国愿意看到一体化建设就此半途而废。各成员国的利益需求将是推动一体化继续向前发展的基本动力。

而欧盟一体化的发展，主要取决于两个方面：深化与扩大。在扩大方面，欧盟在努力加强经济、政治、防务一体化建设的同时，正在积极扩大其成员，着手落实吸收中欧和东欧国家加入欧盟，向着一体化欧洲的目标迈进。在深化方面，欧盟内部实行了共同的农业和渔业政策，建立了关税同盟和共同外贸政策，正式启动了欧元，建立了总预算，基本建成了内部统一大市场，开展了司法与内政方面的合作，对外建立了就外交政策进行磋商的政治合作制度，加强了同美、日的合作，增进了同中东欧国家的合作，发展了欧亚“政治对话”与经贸合作的机制等。随着欧盟东扩的逐步实现，其成员不断扩大，欧盟必将朝着更广阔的方向发展，在世界多极化格局中欧盟必将成为重要的一极，发挥重大的作用。

回顾欧盟一体化发展历程，欧盟一体化的每一次深化，无不经历了众多的挫折与困顿，而每当面临这种情况时，为了获取前进动力，欧盟往往会“以迂为直”，通过扩大成员来推动。有欧盟宪法条约简化版之称的《里斯本条约》正式生效，是欧盟深化发展的重要表现。与此同时，塞尔维亚、阿尔巴尼亚、马其顿、土耳其、克罗地亚、格鲁吉亚等国均有意愿加入欧盟。未来欧盟一体化的发展将继续在深化与扩大之间交叉前进。[①]

2. 欧盟一体化还将面临诸多挑战。

当然，欧盟能否真正形成统一的声音，还要继续观察，而且欧盟要实现政治一体化，也需要经历一个漫长的过程。虽然欧盟一再强调联合和团结，甚至表现出走向大联邦的趋势，虽然欧洲领导人在“欧洲市场的统一和融合能够更好地促进欧洲发展”这一原则性问题上没有异议，但在处理具体事务时，欧盟成员国遵循的原则却首先是本国的国家利益。这次的金融危机和欧洲议会选举使欧盟固有的结构性问题暴露无遗。随着欧盟逐渐扩大，它的利益越来越多元化，各国都有自己的关切，都有自己的外交政策重点和不同的方向，怎样把它们统一起来成为欧盟统一的共同的政策，就需要对诸如决策机制等一系列问题进行改革。对于此次欧洲议会选举，法国《论坛报》的民意测验结果显示，各国党派和候选人谈论的主要是本国问题，而对金融危机和经济刺激政策的问题谈的太少，各个国家各行其是，选举似乎跟欧盟没太大关系。

《里斯本条约》的生效并不意味着欧洲一体化从此将一帆风顺，其影响至少在短期内将难以显现。首先，《里斯本条约》的许多细节如何落实并不明确。主要反映在《里斯本条约》的许多细节仍不明确，如欧盟“总统”的职能，究竟是以在欧盟内部沟通协调为主，还是以在世界范围内代表欧盟说话为主；“总统”与“外长”在外交领域如何分工；如何让普通民众享有民主权利等。欧盟各成员国间关系分散，

① Rosa Balfour，*A wider EU*：*what next*，www. epc. eu 20/10/2009 http：//www. epc. eu/en/pb. asp? TYP＝TEWN&LV＝187&see＝y&t＝32&PG＝TEWN/EN/detailpub&I＝128&AI＝991.

国家利益不尽相同。欧盟各成员国并未把主权交给超国家机构，各国仍牢牢保留着在外交政策上的“一票否决权”，这就决定了欧盟“总统”和“外长”的独立决策权十分有限，在某种意义上，他们仍得服从于欧盟 27 个成员国。其次，欧盟的对内及对外政策需要有一个新的磨合期。对内，随着条约的生效，新运行机制的引入将在欧盟引起新一轮政治博弈，各成员国的利益诉求如何达到一个新的平衡需要时间；对外，如何处理好与中国、美国、俄罗斯等大国的关系，将是欧盟新一代领导集体面临的一大课题。第三，在国际竞争空前激烈的今天，欧盟多数成员国仍然固守原有社会经济模式，结构调整进程缓慢，遇到了始料未及的经济社会问题。这些深层矛盾，并不是单靠《里斯本条约》就能解决的。

欧盟能否真正成为一个整体在国际事务中发挥有效作用，仍取决于其成员国根据彼此的国家利益和期望对各自行为的调整。随着欧洲一体化进一步扩大和深化，欧盟一体化进程进入了“深水区”。欧盟治理的转型与创新愈加明显，欧盟发展中遭遇的问题与挑战将更为严峻，欧盟既有的治理能力不足与局限，也越来越制约着欧盟在国际舞台上发挥应有的作用和影响。

（二）欧盟一体化对世界安全的影响

1. 日益加深的欧盟一体化有助于进一步提升欧盟的整体影响力，在安全上寻求自主权的努力也将加大。

欧盟对世界安全的影响取决于欧盟一体化的进程以及欧盟联合的程度。欧盟作为世界一支重要的力量已经出现在世界的舞台上。随着欧盟一体化程度的进一步深化，未来的欧盟一定会在国际舞台上发挥更加重要的作用。欧盟是全球最大的经济体。目前，欧盟在全球500强企业中的数量与美国相当，各占1/3。欧盟是国际关系当中的重要力量，它的重要性下降只是相对而言而已。欧盟工业发动机德国依然是世界第四大经济体，出口总量与中国接近。英国和法国不仅可以向海外派遣军事力量，也是联合国常任理事国。在国际货币基金组织和金融市场稳定论坛等国际组织和委员会中，欧盟官员众多，在讨论新银行规则方面具有重要影响力。除此以外，欧盟在吸引新成员方面也具有软实力。作为福利资本主义的代表，欧盟与美国更强调个人主义的体制形成鲜明对比。

目前，欧盟对世界安全的影响有限，更多是依附美国，通过北约发挥作用。[①] 但“从长远的观点看，欧洲形成了自己的政治特征后，必然会拥有自己的军事能力”。[②] 2009年4月15日，法国负责欧盟事务的国务秘书勒梅尔表示，法国希望设立统一的欧洲参谋部，以确保欧洲防务相对于北约的独立性和互补性。冷战结束后，欧洲认为美国搞“越顶外交”，跨越欧洲，把战略重心向东转移，“9·11”后欧洲和北约更面临“边缘化”。欧洲人担心，如果欧洲不能成功地做到在政治上团结一致，并增强自己的军事实力，那么它有可能被美国的新世纪战略挤到世界政治的边缘。在北约问题上，欧洲认为北约是一个实行集体防御的危机处理组织，欧盟单凭现有的军事力量，无法保卫欧洲的安全与稳定，欧洲

① Antonio Missiroli，*NATO and the EU：what a difference a decade makes*，www. epc. eu 17/07/2009 http：//www. epc. eu/en/pb. asp&TYP＝TEWN&LV＝187&see＝y&t＝32&PG＝TEWN/EN/detailpub&I＝128&AI＝987.

② ［美］亨利·基辛格著，胡利平等译：《基辛格：美国的全球战略》，海南出版社2009年10月版，第42页。

仍需要北约。但美国则把北约视为可以利用的政治工具。欧盟认为美鼓励北约无限“东扩”，将失去原有的“集体自卫”性质。

从中长期来看，欧盟希望打造为世界重要一极。欧盟由27国组成，欧洲人自己也承认他们目前没有共同的外交政策，也没有共同的防务政策，因此欧盟很难在国际关系中作为一个统一的行为体发挥作用。欧盟本身也意识到这个弱点，《里斯本条约》所做机制改革既提高了欧盟的工作效率、降低了欧盟的“民主赤字”、加强了成员国议会及民众对欧盟事务的参与程度，也将对欧洲各国及民众的“欧洲认同”产生极其重要的推动作用，为一体化的深化发展奠定基础，这种深化发展又必将极大程度地整合欧盟各国的经济、法律、外交及军事资源，增强其对世界的影响力。从直接影响来看，欧盟“总统”、“外交部长”职位及“外交部”的设立，不仅整合了欧盟的外交资源，也将使欧盟在世界舞台上的声音“更为强大也更为统一”。在《里斯本条约》生效之后，赫尔曼·范龙佩当选为欧盟理事会常任主席、凯瑟琳·阿什顿当选为欧盟外交和安全政策高级代表。欧盟作为完全法人与世界各国及国际组织打交道，一方面进一步增强了欧盟的谈判实力，另一方面也将迫使各国更为重视欧盟。特别是在国际经济领域，条约更清晰地赋予欧盟对外贸易的独享职能，欧盟委员会及欧洲议会等超国家机构在国际贸易关系中将是一个更具实力的强劲对手。

2. 欧盟一体化发展将逐步改变其处理与盟友、大国关系的互动方式，进一步对世界安全产生影响。

虽然从目前的趋势看，欧盟一体化的形成对世界格局的影响是“改良”性质的，而非革命性的，它还不可能是对既定国际格局的颠覆与重构。但从更长期的战略视角分析，欧盟仍然会给世界安全带来深远影响和诸多变数。查尔斯·库普乾（Charles A. Kupchan）认为，欧洲是一个新兴的极，欧洲的崛起将加速美国单极时代的终结。欧洲的政治联盟正处于改变全球格局的过程之中。[①] 他还形象地将欧洲崛起比喻为罗马的再现。“今天的欧洲像当时的拜占庭，正在崛起为独立的权力中心，将统一的王国一分为二。”“随着欧洲的财富、军事能力和集体特性不断增加，它对于获得更大国际影响的胃口也会逐渐增加。”[②]

为在快速变化的国际力量格局中争取主动，捍卫欧盟大国地位和利益，欧盟一方面加强一体化机制建设，推动《里斯本条约》尽快生效，整合欧盟外交资源，发挥整体合力。另一方面，欧盟积极推动多边外交与大国协调。[③] 具体体现在以下几个方面：

一是希望在国际经济体系改革以及气候变化等国际热点议题上发挥主导作用。在国际金融体系改革方面，欧盟率先提出了全面改革金融体系，加强金融监管，打击“避税天堂”等主张。在应对气候变化问题上，欧盟提出大幅减排目标，在美国等发达国家面前确立道义优势。二是寻求巩固并强化跨大西洋联盟。欧盟国家调整了对美策略，在美关心的一系列重大问题上给予帮助。如在阿富汗问题上，欧盟先后

---

① ［美］查尔斯·库普乾著，潘忠岐译：《美国时代的终结——美国外交政策与21世纪的地缘政治》，上海人民出版社2004年版，第143页。

② ［美］查尔斯·库普乾著，潘忠岐译：《美国时代的终结——美国外交政策与21世纪的地缘政治》，上海人民出版社2004年版，第181、182页。

③ Graham Avery, *Europe's foreign service: from design to delivery*, Policy Brief, November 2009. http://www.epc.eu/en/pb.asp?TYP=TEWN&LV=187&see=y&t=30&PG=TEWN/EN/detailpub&I=128&AI=994.

出台密切与阿、巴合作的总体构想及行动计划，并增加了对两国的资金投入。欧洲各国顶住多数民众反对的压力，继续在阿驻军，甚至增兵阿富汗。英、法、德等国竞相建立与美国的“特殊关系”。欧洲国家高调举办北约60周年庆祝大会，法国正式重返北约军事一体化机构，均表明了欧盟在新的国际形势下对欧美盟友关系的进一步重视。三是缓和与俄罗斯关系。作为欧盟长期以来不得不面对的强邻，欧盟能源、东部邻居政策及安全等重大政策和利益均需要通过对俄友好来实现。经过2008年的动荡后，欧盟2009年对俄政策更为务实。在2009年上半年担任欧盟轮值主席国期间，捷克“抛开”一贯的对俄敌视政策，妥善地处理了乌俄天然气纷争。在11月中旬召开的欧俄峰会上，欧盟与俄在稳定能源供应、共同应对气候变化、跨境合作等议题上取得一定突破。四是加强与中国的协调与合作。中欧关系经历2008年的波动后，2009年有向好发展趋势，中法关系也有所改善。中国经济的发展客观上有利于欧盟在金融危机后实现经济企稳回升。欧盟新任轮值主席国西班牙外交大臣更是抛出“橄榄枝”，表示任内谋求解除对华武器禁运。

从结构上看，欧盟的发展将改变世界的力量分布。欧洲是“均势”思想的发源地，均势博弈思维根深蒂固，运用得也最为娴熟。欧盟力量的集聚，客观上对美国构成侧面制衡。欧盟在与美国等传统盟友深化合作的同时，还将加大与中国、俄罗斯、印度等大国之间开展战略互动。欧盟的一体化也将增加大国博弈的空间，激活各大国活力。[①] 欧盟在未来国际关系的演变中将扮演一个“多面平衡手”的角色。为

① Charles Grant, *Is Europe doomed to fail as a power*? Centre for European Reform, http://www.cer.org.uk/pdf/essay_905.pdf.

谋求更加有利的国际地位和态势，从积极意义分析，欧盟一体化可以看作是世界格局多极化的有力步骤；从负面效应分析，欧盟最终的意图还是独立成为世界重要一极。随着整体性实力增强，欧盟利用其意识形态和文化好恶，频频对外干涉，也对世界各国形成威胁和竞争；如果欧盟在安全政策方面能实现一体化，形成独立的对外作战力量，将对世界安全带来深远影响。

3. 欧盟将奉行更加积极、更具拓展性的对外战略，扩充其在世界事务中的影响力。

欧洲曾经与美国一起作为世界的中心，过去几个世纪是西方主导的世纪，欧洲的重要性是毋庸置疑的。欧盟提出了雄心勃勃的全球战略，给自己在世界中的明确定位是："一流角色"、"稳定器"和"方向标"，欧盟要在世界新格局中起到独特和制衡作用。关于独特作用、欧盟的发展模式及其"欧洲理念"中的综合治理、民主和多边思维迎合世界上多数国家和地区的愿望与要求。这对推动新型国际关系和新型区域合作模式的建立起到"方向标"作用，欧盟的影响力和号召力因此增加。[①]

在加强与各大国关系之外，近年来，欧盟通过与世界各地区建立"新型伙伴关系"和加大对热点问题介入，在国际舞台的各个领域，在世界各个角落，从联合国到多边合作机制，从哥本哈根气候大会到达沃斯论坛，从阿富汗到中东地区，从地中海到拉丁美洲，从巴尔干到朝鲜半岛，都能看到一个十分抢眼和积极活跃的欧洲。由于自身军事行动能力的

---

① Antonio Missiroli, *EU*, *2010—a reappraisal*, www. epc. eu, 20/01/2010 http: //www. epc. eu/en/pb. asp? TYP= TEWN&LV = 187&see = y&t = &PG = TEWN/EN/detailpub&I=128&AI=1000.

限制，欧盟安全方面特别强调综合治理和多边治理。欧盟认为，欧洲与亚洲、非洲结合部自东向东南以至整个南部存在一条“动荡弧”，深受民族、宗教、部族矛盾与冲突及恐怖活动的困扰。在军事力量薄弱的情况下，为维护安全，欧盟把政治、外交、经济、贸易、援助、民主与法制、人权等“综合”因素，以及联合国及国际组织机制、多边思维、国际及区域组织合作、国际法及多边协定等“多边”因素纳入治理理念。

欧盟积极开展的大周边外交，加强了欧盟在周边地区的影响力。欧盟积极调解巴以冲突，正式启动“东部伙伴关系计划”，开始建设绕开俄的“纳布科”天然气管道，解除对乌兹别克斯坦的军售禁令，加强与中亚国家关系，给予塞尔维亚等国进入欧盟免签证待遇，给予阿尔巴尼亚等国欧盟候选国待遇，加强对西巴尔干地区的影响力，高调介入伊朗总统选举纷争，在伊核问题上加大对伊朗压力等。2010 年 1 月海地发生地震后，欧盟立即作出反应，目前共向海地捐款达 4 亿欧元（约合 5.6 亿美元），并召开成员国发展部长紧急会议，讨论援助海地问题。欧盟还继续加大对非洲的援助力度，谋求进一步增加影响力。① 正如法国前国防部长里夏尔所说，由于坚持努力，欧盟虽没有成为主要的“超极大国”，但却已是世界平衡的第一因素。

总体上，2009 年欧盟一体化取得了一些进展。但欧盟一体化已进入“深水期”，每前进一步，都需要各方付出巨大的努力，耗费超常的精力。未来发展过程中，欧盟一体化还

---

① Richard Grwan, *The EU should do more to support UN peacekeeping in Africa*, June/July 2009－CER BULLETIN, ISSUE 66. http: //www. cer. org. uk/articles/66 _ gowan. html.

将面临一系列困难，仍需在“扩大”与“深化”中艰难前行。在政治体制深化的过程中，欧盟一体化的步伐将会逐渐缩短，步频将会逐步放慢，需要不断地增添新的动力。从长期看，欧盟一体化的进展将有助于欧盟整体力量的发挥，促进欧盟对国际社会的影响，从而进一步增强欧盟对世界安全的影响力。

（国防大学战略研究所研究生　杨成）

第十三章 国际金融危机及其影响

由美国次贷危机引发的国际金融危机，导致了20世纪30年代“大萧条”以来最严重的世界范围的经济衰退。这场危机发展速度之快、波及范围之广、影响程度之深，远远超出人们的预料。2009年是国际金融危机继续深化的一年，也是世界各国与危机奋力搏击的一年；是世界经济遭受重创的一年，也是经济复苏初现曙光的一年。

一、金融危机的演化进程

（一）金融危机继续蔓延深化

2009年特别是上半年，危机循序由金融领域向实体经济领域蔓延扩散，在消费—生产—资源供应因果链条发生断裂的过程中，逐次传递并逐波激化。

国际货币基金组织（IMF）2009年10月发布《世界经济展望》。2009年主要国家GDP增长率：美国－2.7%、日本－6.4%、法国－5.3%、英国－4.4%、德国－2.4、意大利－5.1％、加拿大－2.1％、俄罗斯－7.5％、巴西－0.7％。全球经济2009年出现第二次世界大战以来的首次萎缩，达到60多年以来增长率的最低点－1.3％。

紧随金融企业的破产，以工业、交通等领域的一些著名企业的倒闭为标志，世界实体经济遭受重创。2009年4月，美国第二大购物中心运营商共同发展房地产公司宣布破产，这是美国有史以来最大的房地产商破产案例。同月，美国第三大汽车制造商克莱斯勒公司申请破产保护。6月，美国第一大汽车制造商通用汽车公司进入破产保护状态。12月，曾被视作日本战后经济繁荣骄傲象征的日本航空公司开始准备申请破产保护，这成为日本自第二次世界大战结束以来最大一宗非金融企业破产案。

随着实体经济萎缩，各国就业状况持续恶化。根据国际劳工组织发表的报告，2009年底全球失业人数达到2.39亿，失业率达7.4％；其中35岁以下年轻人的失业率从2008年的12.2％增加到15.1％。美国的失业率由2008年12月的7.2％一路攀升，至2009年11月即突破10％，达到26年来的最高点，且居高不下。2009年11月，欧元区16国失业率达到10年来最高点10％，其中西班牙为19.4％，爱尔兰超过12％；经合组织（OECD）成员国失业率升至8.9％，为战后最高水平；英国失业率达8.7％；日本失业率为7.3％。俄罗斯2009年第一季度的工业部门的失业人数即达工业总就业人数的近30％。

由于就业状况恶化，民众的收入水平普遍下降。国际劳工组织发表的一份报告称，因2009年金融危机而陷入“绝对贫困”境地的人增加了2亿；全世界45％的就业者就有14亿人，属于“在职贫困者”，每天收入不足2美元。联合国粮农组织公布的数字显示，全球饥民人数已经达到10.2亿，意味着每6个人中就有1人在挨饿；2009年饥民增幅11%，增量为1亿，全球所有地区饥民都有增加，发达国家饥民增加15.4%。

这次金融危机的突出表现之一，是全球性多领域的发展失衡——国家及国家间的储蓄消费失衡、贸易收支失衡、财富分配失衡、资源拥有和消耗失衡、国际货币体系失衡，而这些发展失衡在此次危机中的演化形态，是过度消费型国家（美国是典型的过度消费型国家，其消费率高达70%以上）、过度生产型国家（中国是比较典型的过度生产型国家，消费率仅为35%，经济对外依存度却高达60%以上）、过度资源供应型国家（俄罗斯是比较典型的过度资源供应型国家，其经济近年来过度依赖石油出口支撑）之间的经济关系的严重失衡。金融危机首先冲击的是过度消费型国家，并在这些国家中引起消费萎缩进而给生产与市场带来冲击，过度消费型国家发生的经济衰退又挤压过度生产型国家的海外市场并引起这些国家的经济衰退，而过度生产型国家出现的衰退，进一步冲击给过度生产型国家提供资源的过度资源供应型国家，并且最终导致这些国家出现经济衰退。2009年比较典型地体现了在这三类国家经济关系失衡的循序作用下，国际金融危机不断深化扩展，使整个世界都深陷其中而几乎无一能完全幸免。

金融优势是美国经济实力的核心部分，美国的金融实力远远超过其实体经济实力。其GDP占全球的比重为26%；而美国资本市场市值占全球资本市场的54%；美元占全球外汇储备的72%；占全球贸易结算的58%。美国的超强金融优势使其控制着转嫁危机的渠道。美元作为独特的定价功能、支付功能和储备功能货币，使美国更易于将本国的金融风险转移给世界其他国家。比较突出的例证有，截至2007年，外国机构和个人总共持有57%的美国国债。金融危机中美国把国家负债转为“战略资产”，使购买美国巨额国债的国家，面临要么忍受债务缩水的风险，要么继续借钱给美国，以帮助美国度过危机的两难选择。在这个意义上说，购买的美国国债不再是一种债权，而更像是一种“人质”和“抵押”，成为美国可以利用的“战略资源”。2009年国际金融危机深化扩展的进程，也在一定意义上表现为美国转嫁危机的过程。

（二）各国政府增强了政策干预和国际合作的力度

为应对危机，2009年世界各国纷纷出台财政金融刺激救助政策。2月，美国国会通过奥巴马提出的7870亿美元的经济刺激法案；奥巴马在白宫记者招待会公布，他将向国会提交2010年财政年度总额为3.6万亿美元的预算方案，其中包括在必要情况下再增拨2500亿美元以拯救金融业。美国政府宣布，持有花旗银行普通股的数量将达到76.92亿股，占花旗全部普通股的36%，成为其第一大股东。3月，美国政府宣布向美国国际集团（AIG）在已提供1700亿美元的基础上，进一步实施高达300亿美元的新的救助计划。英国央行降息至零利率水平。美联储宣布，将购买3000亿美元长期国债，同时进一步购入7500亿美元抵押贷款相关证券和1000亿美元房贷公司债务。6月，美国政府为新通用提供301亿美元的破产融资援助，并持有新公司的60%股权。欧洲央行宣布，在2009年7月至2010年6月间购买欧元区发行的总额达600亿欧元的资产担保债券，这意味着，继美国、英国和日本的央行之后，欧洲央行也开始实行宽松的货币政策。奥巴马宣布美国金融监管系统全面改革方案，称该方案“其规模之大，在‘大萧条’结束之后闻所未闻”。美国国会预算办公室估算，至2009年6月，美国政府投入的各种救市资金总额累计已达8.5万亿美元。12月，日本政府批准7.2万亿日元的经济刺激配套计划，希望通过刺激内需，以免经济再陷衰退。美国财政部长蒂莫西·盖特纳通知国会，政府金融救助计划将延期到2010年秋季，“美国需要以此防范新一轮经济动荡”。

2009年国际社会加强了协调合作，以更有效地应对金融危机。4月，G20领导人金融峰会在伦敦召开，伦敦峰会发表了联合公报：采取财政和货币政策刺激全球经济、利用政府支持拯救濒临崩溃的银行业、借助国际机构的帮助救助处于极度危机中的国家、采取措施防止当前危机将来重演。峰会同意为国际货币基金组织和世界银行提供1.1万亿美元资金，其中国际货币基金组织资金规模将扩大3倍，由2500亿美元增加到7500亿美元，国际货币基金组织将增加2500亿美元的特别提款权。美联储、欧洲央行、英国央行、日本央行和瑞士央行等西方五大央行宣布进行总额近3000亿美元的货币互换协议，以改善金融市场的信贷状况。6月，被称为“金砖四国”的中国、俄罗斯、巴西、印度领导人聚会俄罗斯的叶卡捷琳堡，并发表联合声明，呼吁建立“稳定的、可预期的、更加多元化的国际货币体系”。旨在监管国际金融体系运作状况的金融稳定委员会在瑞士的巴塞尔举行成立大会，标志着应对金融危机、评估未来风险的崭新的世界性金融监管机构正式诞生。7月，G8同发展中国家领导人对话在意大利拉奎拉举行，应对金融危机成为重要议题。中美举行战略与经济对话，双方在更高的层级上讨论经济议题。9月，欧洲委员会正式公布了欧洲金融监管体系改革方案。10月，G20领导人金融峰会在美国匹兹堡举行，会上美国表示支持在国际货币基金组织给予中国等发展中国家更大的投票权，这意味着中国等发展中国家在国际经济中将获得更大话语权。

由于世界各国政府增强了政策干预和国际合作的力度，2009年下半年世界经济开始出现复苏的迹象。2009年4月美国商务部的报告说，美国建筑开支增长0.8%，个人收入增长0.5%，储蓄率从4.5%上升到5.7%。6月，经合组织（OECD）发布的数据显示，全球多数重要经济体出现即将摆脱衰退的迹象。美国结束了连续5个季度环比负增长的局面，第三季度经济环比增长2.8%；日本也结束了连续4个季度的负增长，第二、三季度分别增长0.7%和1.2%；欧元区结束了连续5个季度的负增长，第三季度增长0.4%；在中印等经济体的有力带动下，亚洲经济出现显著回升势头。9月，美联储公布褐皮书，全美12个地区联邦储备银行中，有11个经济有所回稳。11月，美国进口的迅速增长，显示其经济开始复苏。

（三）中国直面金融危机的挑战，从容应对，顽强拼搏

2009年，中国经受了进入新世纪以来最严峻的考验，在国际金融危机的冲击下，中国经济险象环生。出口大幅下降，全年降幅达16%；不少企业经营困难，有的甚至停产倒闭；失业人员大量增加，上千万农民工返乡；经济增速陡然

下滑，第一季度跌至6.2%，为1997年以来的最低点；规模以上工业企业1月至8月实现利润同比下降10.6%；2月，著名国际信用保险及信用管理服务机构科法斯宣布，中国被列入负面观察名单；2010年年初，有外国媒体预言，“中国已经开始经济衰落，也许将比美国经济还要恶化”。

面对巨大的困难和压力，中国人民在党和政府的坚强领导下，砥砺奋进、共克时艰。2009年，中国政府进一步完善应对金融危机、保持经济平稳较快发展的整体方案，积极推动从宏观到微观各个经济层面相应配套措施的出台。这个“一揽子方案”以总额高达人民币4万亿元的大手笔推进经济刺激计划，并体现出应急与谋远结合、治标与治本兼行的整体性特点。将战略重点放在抗危机保增长的同时，注意宏观调控的协调性和经济发展的可持续性。在增加投资的同时，促进消费的快速增长；在扩大内需的同时，努力稳定外需；在增加政府投入的同时，重视引导扶持民间投资；在全力促增长的同时，注重惠民生；在重点保增长的同时，推进调结构；在有效促发展的同时，不断深化改革。抗危机保增长的努力成效显著，中国经济在全球率先企稳向好，2008年和2009年八个季度的GDP增幅10.6%、10.1%、9%、6.8%、6.2%、7.9%、9.1%、10.7%，连结成一条漂亮的“V”型反转曲线，成功实现“保八”目标，全年GDP增长8.7%。与此同时，中国主动承担相应的国际责任和义务，积极参与应对金融危机的国际合作，推进国际金融体系改革，加强宏观经济政策协调，同国际社会一道推动世界经济复苏。

中国在应对危机中展现的能力和风采，在推动全球经济企稳向好中所发挥的引领作用，受到国际社会的高度评价。

美国前总统卡特感叹："从未想到中国通过宣布5860亿美元的经济刺激计划而成为当前稳定全球经济危机的主要力量。我想我们低估了中国人民及他们领袖的能力和雄心壮志。"前不久结束中国之行的世界银行高级副行长托马斯指出："中国应当得高分，因为中国是把反危机政策付诸实施最及时、成效最明显的国家。"

（四）迪拜债务危机凸显世界经济复苏的艰难曲折

2009年11月25日，阿联酋财政部宣布，由政府持有的迪拜世界公司及旗下的房地产分支棕榈岛集团将寻求延迟6个月偿还债款，迪拜债务危机爆发。近些年来，迪拜为摆脱对石油出口的过度依赖，大力调整产业结构，努力使金融、贸易、房地产、旅游逐步成为支柱产业；为加速调整进程，迪拜大量举借外债，累积了大量主权债务；虽创造出了"迪拜奇迹"，将迪拜建成了举世闻名的奢华之都，但靠过度负债创造的繁荣，终难抵御世纪金融风暴的吹袭，酿成重大危机。这一事件导致全球股市、油价、金价大跌，欧元走弱。受迪拜债务危机的影响，11月27日，日本、澳大利亚、韩国等亚太各国股市下挫。而此前一天伦敦、巴黎和法兰克福欧洲三大股票市场指数暴跌均超过3%。美国纽约股市在感恩节假期后的第一个交易日也下跌了1%以上。发生该事件后，穆迪投资和标准普尔都大幅下调了众多迪拜政府相关实体的债务评级。迪拜债务危机表明金融危机远没有过去，世界经济复苏将是一个艰难而漫长的过程，大地震过后的余震还将不断显现，给全球金融复苏带来了不确定因素。

二、金融危机对我国国家安全的影响

（一）从经济安全的角度看，一方面，我国抗危机保增长成绩举世瞩目；另一方面，危机中暴露出的问题又严重制约国民经济持续平稳较快发展

2009 年，全国人民在党中央和国务院的坚强领导下，坚定信心，迎难而上，顽强拼搏，从容应对国际金融危机冲击，在世界率先实现经济回升向好，改革开放和社会主义现代化建设取得新的重大成就，有效巩固了保障国家安全的经济技术基础。

同时也必须清醒认识到，2009 年金融危机的深化扩散使我国经济发展的深层问题更加凸显。这场金融危机既充分暴露了我国产业结构面临的矛盾和问题，也对加快自主创新、提升产业技术水平、转变发展方式提出了更加迫切的要求。我国经济结构的主要问题之一是产业创新迟滞，表现为低技术含量、低附加值产业比重过大，经济结构总体上仍处于国际分工的低端，这是我国经济整体国际竞争力不强的重要原因之一。此次金融危机及其引发的全球性经济深度调整，使这一结构性矛盾进一步凸显。这场国际金融危机对我国经济的严重影响，表面上是对经济增长速度的冲击，实质上是对传统经济发展方式、不合理的经济结构的破坏性否定。目前我们面临的不少困难和问题，都根源于经济发展方式转变的缓慢和经济结构调整的滞后。2009 年金融危机演化进程表明，对于主要依靠物质投入、外延扩张的粗放发展方式，对

于科技含量低、过度依赖投资和出口的经济结构，我国的资源环境越来越难以支撑，国际市场也越来越难以容纳，结构性发展失衡越趋严重，已经难以为继。如果不能尽快转变发展方式、调整经济结构，将会严重制约国民经济持续平稳较快发展，动摇国家安全的经济基础。

（二）从国际安全环境的角度看，一方面，金融危机加速了多极化进程；另一方面，我国面临的安全压力发生了新的变化

新兴国家地位的群体性上升成为当今世界最主要的发展趋势之一。新兴国家正在世界经济格局中占据越来越重要的地位。以“金砖四国”为例，2000年，“金砖四国”的GDP总量占世界总量的7.98%，2008年这一比重达到14.6%，四国GDP都已名列世界前十二位。过去5年中，“金砖四国”对世界经济增长的贡献率达到50%，其中中国占25%。国际金融危机重创了世界经济，新兴国家增长态势正在发挥稳定世界经济的作用，有望在“后危机时代”引领世界经济的发展。据国际货币基金组织（IMF）测算，在发达国家集体陷入严重衰退背景下，2009年“金砖四国”对全球经济增长的贡献率超过70%，其中中国达40%。国际金融危机爆发后，2009年的两次G20峰会被国际社会视为应对危机的最重要机制，这标志着新兴国家正逐步走向国际舞台的中心。

2009年，金融危机的扩散深化与伊拉克、阿富汗战争共同加剧了美国相对衰落的过程，美国GDP占全球GDP的比重已经由最高峰时的35%左右降到现在的26%左右。美国实力相对下降，一定程度减轻了我国外部安全压力；新兴国家

地位的群体性上升，增强了向多极化方向发展的动力，一定程度改善了我国保障国家安全的国际环境。

同时，我们又要清醒地认识到，由于我国持续30年的高速发展、已经引起了一些国家的高度关注。2009年的哥本哈根会议来自多方的对我国减排的压力、李光耀鼓吹美国在西太平洋制衡中国、中欧关系一定程度的逆转、南海争端国际化趋向，以及美国对台军售、奥巴马会见达赖、高压促使人民币升值、美国国内对中国展开贸易战的叫嚣等等，使我国的外部安全威胁呈现出原有主要威胁未消除，多方向、多元化新安全压力逐渐显现的新趋势。

（三）从金融安全的角度看，一方面，我国金融体系经受住了严峻考验；另一方面，我国金融体系又面临着进一步迈向国际化的新问题和新挑战

进入21世纪后，我国加快推进金融领域的改革进程，不断完善金融监管制度和措施，有效提高了我国金融系统抵御风险的能力。但也要认识到，我国金融体系之所以在这次金融风暴中受影响较小，与我国金融体系的开放度仍较低有着直接的关系。2009年金融危机的演化进程表明，我国金融体系国际化进程滞后，一方面使我国在爆发金融危机时受损较小；另一方面又使我国在参与全球化进程中受制于人。改革开放以来的实践表明，我国即受惠于美元贸易圈，又受制于美元贸易圈。人民币的国际地位与中国的经济实力不相称，是受制于人的重要原因之一。在这场金融危机中，我国就面临要么忍受债权缩水的风险，要么继续借钱给美国，以帮助美国度过危机的两难选择。要摆脱这种战略被动态势，加快

人民币的国际化进程是必然选择。在逐步推进金融对外开放进程中，如何有效保障国家金融系统的安全，对于我们还是一个新的课题和严峻的挑战。

（四）从社会安全的角度看，一方面，有效应对危机彰显出中国特色社会主义的生机与活力；另一方面，一些深层社会问题更加突出

2009年中国在应对危机中的表现和努力，得到了世界的赞扬，在国际社会获得了更多的发言权。美国的制度优势神话破灭，中国特色社会主义的生机与活力成为世人关注的焦点，同时，又要清醒地认识到，2009年我国一些深层社会问题更加突出：贫富差距仍在继续拉大，这与社会主义价值目标背离；（在金融危机的冲击下，其他国家的超级富豪的数量都在减少，北美和欧洲下降了22%，而我国的超级富豪的数量却在增加。据2009年胡润富豪榜计，身价超过10亿美元的富豪人数由101增至130人，仅次于美国居全球第二。波士顿咨询公司（BCG）2009年11月19日发布的报告，中国身价超过100万美元的富豪人数，仅次于美日居全球第三。《福布斯》杂志发布年度中国富豪榜显示，2009年中国前400名富豪的净资产从前一年的1730亿美元跃升到3140亿美元）。腐败问题成为社会关注的焦点，对保持社会稳定的影响加大；日益加速的城市化进程，可能会引发社会矛盾加剧社会动荡；就业压力不断增大，成为保持社会稳定的难点之一；社会结构变革落后于经济结构变动，加剧了两者之间的摩擦和冲突等等，如果不能正视和有效解决这些问题，将会严重威胁国家安全。

三、金融危机影响下的经济发展趋势

从目前金融危机的基本态势看，受其制约的世界经济呈现出以下值得关注的发展趋向。

（一）全球经济从危机中修复调整的过程将持续较长时间

从2009年各主要经济体的发展状况来看，世界经济复苏回升的迹象日益明显，但复苏的基础仍不稳固，国际金融危机影响仍严重存在，全球经济复苏的脚步缓慢而曲折。此次危机发生在全球金融中心，破坏力强，影响深远，欧美等发达国家金融系统在此次金融风暴中首当其冲，受损严重，元气大伤，处理不良资产等任务繁重，其修复尚需时日。2009年11月爆发的迪拜债务危机，近期希腊等南欧五国财政危机引发的经济动荡，使世界经济复苏增加了变数，经济回升的持续性面临新挑战。经济衰退在世界范围内导致贸易保护主义抬头，2009年，在许多国家内越来越多的行业要求政府增加新的贸易壁垒。据统计，2009年行业要求保护的概率比2008年高出了30%。贸易保护主义不仅对全球贸易额产生直接影响，也会打击投资者对经济复苏的信心；根据20世纪30年代“大萧条”时期的经验，如果重要经济体之间爆发贸易战，则会大大阻滞经济复苏的进程。很多企业仍面临着高额债务、低营收增长和企业违约率上升等方面的严重压力，制约了其投资增产的能力和意愿。目前经济复苏尚没有带动相应的就业增长，欧美等发达经济体普遍呈现高失业率。西班牙失业率高达19%，美国失业率维持在10%的高位。这种“无就业增长”必然带来消费需求疲软，导致经济复苏动力不足。目前世界经济的复苏强度，在很大程度上取决于各国政府干预经济的能力和意愿，而如何把握经济刺激政策的退出时机，已成为经济持续回升的重要制约因素。过早的退出将导致复苏进程夭折，过晚的退出又会诱发通货膨胀风险。各国对此作出了不同的判断：一些国家政府干预经济的意愿较强，经济刺激政策的持续时间也将较长；一些国家对继续实施经济刺激政策的意愿较低，主张尽快退出；面对日益增强的通胀预期，越来越多的国家已经开始加息、提高存款准备金率，谨慎迈出了退出的步伐。由于各国间退出时机和策略的不协调，对全球经济复苏回升形成不利影响的可能性增大。金融创新所产出的各类金融衍生品的超高杠杆作用，是引发此次金融危机的重要技术性因素，由此，从危机中复原的过程也必然是一个曲折的“去杠杆化”过程。全球经济要经历三波“去杠杆化”：第一波是金融机构重整资产负债表的“去杠杆化”过程；第二波是企业和家庭平衡自身负债状况的“去杠杆化”过程；第三波是以政府削减债务为主导的“去杠杆化”过程，这三波“去杠杆化”过程将会持续较长一段时间。

基于以上制约因素的作用，此次危机的修复不可能一蹴而就。从历史上类似危机的经验来看，20世纪30年代的“大萧条”持续了近10年时间，日本20世纪90年代的“银行坏账危机”耗时7年之久；由此可见，尽管今天人类应对危机的能力有了很大提高，化解危机的手段日益多样化、科学化，此次危机的复原过程持续2—3年的可能性仍然较大。

（二）国际货币体系的变革进程将有所加速

从一定意义上说，金融危机实际上是由全球不合理的国际货币体系造成的，经济全球化进程的加速与国际货币体系变革的滞后，使国际货币体系利益制约失衡。在现行国际货币体系中，作为世界货币的主要是美、欧、日等发达国家货币，其中美元占国际经贸往来及各国外汇储备的60％—70％。美元拥有国际货币发行和铸币税收益的特权。其内在矛盾：美元作为美国货币和世界货币担负着既维持本国经济运转又维持世界经济运转的双重角色，这一结构潜在着不可克服的内在矛盾：货币发行量的标准和依据问题——其发行量是以本国经济发展规模为标准，还是以世界经济发展规模为依据？美元作为独具定价功能、支付功能和储备功能的超级货币，使美国可以轻易将本国的金融风险转嫁给世界其他国家，由此造成国际货币体系利益制约失衡。

现行国际货币体系的内在矛盾，在此次金融危机中进一步凸显。金融危机爆发后，由于各国资金避险和美国应对危机的短期需要，美元表现相对坚挺，但这只是暂时的。与20世纪八九十年代的墨西哥金融危机和亚洲金融危机中美国是债权人不同，在此次危机中美国是最大的债务人。当前，美国经济的最大问题是其天量负债已超出了自身经济的承受能力，它仅靠自身的经济增长收益已不可能正常偿清现有巨额债务。截至2009年12月美国总共不足4500亿美元的全部黄金、特别提款权和外汇资产，远不足以平衡13万亿美元境外资产债务。因此，对美国来说，成本最低的还债途径是增发美元，让全世界分担其债务负担。事实上，美国也正在这么做，美联储已于2009年3月卖了3000亿美元的美国长期国债。美元泛滥对其在世界金融体系中的地位将产生长期负面影响。就危机的演进过程来看，美元的走势将呈现短期跌不深、中期涨不高、长期不看好的基本态势。

由此可见，加速国际货币体系的变革进程是一个必然趋势。从长远看，创立一种既不依赖黄金本位，又不依附于单一国家货币本位的统一的世界货币仍是国际货币制度发展的必然趋势。然而从国际货币基金组织特别提款权（SDR）的发展状况看，虽然它一直被寄予承担全球统一货币角色之厚望，既不依赖于黄金，也不依赖于某一强国，但自创立以来，其发行量、使用范围、流动性、占国际储备资产的比重，都没有取得重大进展，原因就在于它缺少实体经济的支撑。这说明，创立统一的既不依赖黄金又不依附于某一强国的世界货币还为时过早，条件尚不具备，还需要若干个相当长的发展阶段，并且有赖于全球经济的高度一体化及国际范围内强大统一的政治经济联合体的形成。

欧元的诞生无疑是国际货币合作史上的一个里程碑，它向我们展现了现行国际货币体系变革的重要趋势之一——国际区域货币合作。目前国际区域货币合作的欧元模式初步形成，拉美和东亚的国际区域货币合作正不断推进。国际区域货币合作、国际区域货币创立、若干个国际区域货币并存及博弈的时代正在向我们走来。同时，此次危机中欧元的教训已经引起高度关注：由于欧元区没有统一的财政体系，而欧洲中央银行的协调职权有限，希腊一国的财政危机，就动摇了整个欧元体系；对此需要进行更深入的研究，以为前车之鉴。

改革开放以来的实践表明，我国既受惠于美元贸易圈，又受制于美元贸易圈。人民币的国际地位与中国的经济实力不相称，是受制于别国的重要原因之一。要摆脱这种战略被动态势，加快人民币的国际化进程是必然选择。推进人民币国际化进程，是一个风险较高的过程，又是中国成为一个经济强国所必须完成的过程。积极稳妥地推进人民币国际化进程，使之与我国的经济整体实力相匹配，逐步降低美元贸易圈对我国金融安全的压力。中国经济在国际舞台上的作用不断增强，经济总量已坐三望二，贸易量占世界贸易总量的1/10以上，这些都为加速人民币迈向国际化奠定了基础。以经济实力为依托，辅以明智的金融战略，推动人民币逐步完成由结算货币到投资货币和储备货币的国际化进程。在金融危机冲击下，国际货币体系加快分化演进，人民币崛起为国际货币的过程可能会缩短。2010年1月1日正式启动的中国—东盟自贸区无疑为人民币国际化提供了重要平台。鉴于中国和东盟国家在投资合作基金、货币互换和人民币结算试点等方面已有合作基础，且中国对不少东盟国家存在贸易逆差，东盟国家最有可能成为人民币走出去的第一站。可以预见，中国—东盟自贸区将进一步推动人民币在东亚区域的流通，并由此迈向更广阔的国际舞台。

（三）出现新一轮全球性通货膨胀的可能性增大

有些让人们始料不及的是，全球经济危机还未过去，新一轮全球性通货膨胀的脚步声已经从不远处响起。虽然目前世界各主要经济体的物价指数仍有一些为负数，呈现出通货紧缩的状态，但这可能只是暂时现象。在资产价格泡沫的刺激下，通货膨胀预期已经成为越来越多人心中的阴影。人们之所以做出这种判断，最重要的有以下两个原因：

一是为了应对危机，刺激经济增长，全球各主要经济体都采取了宽松的货币政策，大印钞票，放松信贷。这无疑为新一轮通货膨胀创造了条件，因为通货膨胀的实质是货币发行过多，超过了对应的实物量。美联储已释放和承诺了12万亿美元来拯救金融系统，约占美国GDP的83%。其他主要经济体，投放的货币增量也十分惊人。如此巨大的货币供给如果不能及时退出，很可能引发恶性通货膨胀。美元滥发，将导致欧元等滥发，“劣币驱逐良币”，将进一步加快全球性通货膨胀到来的步伐。

二是世界各国都采取了降低利率刺激经济增长的政策，有的国家甚至将利率降至1%以下。2009年6月初伦敦银行间同业拆借利率，美元3月期利率创出历史最低水平0.62938%，本轮危机最盛的2008年10月该利率曾达到4.75%的水平。世界主要经济体为防止经济复苏进程出现反复，大都在物价指数已经明显上升的情况下，仍对加息慎之又慎。低利率政策使得流动性泛滥加剧，为新一轮全球性通货膨胀奠定了基础。

（四）全球产业结构将加速调整升级

国际金融危机引发的全球经济大衰退，从一个侧面反映了现有的全球产业结构存在重大问题，如金融等虚拟经济过度发达，制造业等实体经济相对衰落；IT等高新技术产业带动经济增长的边际效果在减弱，而新能源、环保等新兴产业又没有能够有效接续；产业的高附加值环节过度集中于发达国家，低附加值加工制造业过度集中于部分发展中国家，造成了国际贸易、资源利用、环境污染分布的不平衡。20世纪以来的经济发展史表明，每一次大的经济金融危机，都会导致发展方式的重大转变，都曾引发经济结构的深刻调整，都是一次国家间经济科技实力对比重新洗牌的过程。从一定意义上讲，危机是“创造性破坏过程”，是对传统发展方式和不合理经济结构的刚性调整，也是新方式新结构创造性发展的良机。危机爆发一方面对现有全球产业结构造成了直接冲击，另一方面也为今后全球产业结构的调整带来了重大机遇。

后危机时代全球产业结构的调整将呈现如下几个趋势：一是实体经济比重将呈上升趋势，虚拟经济发展的空间将相对缩小，现代制造业和高新技术产业将重新受到青睐。这次全球经济危机使虚拟经济受到重创，在今后一段时间人们会对发展虚拟经济心有余悸。二是新能源、环保等新兴产业将成为新一轮经济增长的主要动力，将成为新一轮技术革命和产业创新的主要突破口。发达国家已经在率先发动信息技术革命、推动知识经济发展的基础上，掀起了促进绿色能源科技创新、发展低碳经济的新浪潮。美国奥巴马政府推出“绿色经济复兴计划”、日本制定“绿色经济和社会变革方案”、欧盟提出“能源气候一揽子计划”，目前许多国家都开始重视发展绿色经济、低碳经济，优先发展新能源和环保产业等，这已逐步成为产业创新的大趋势之一。三是新兴经济大国将在国际经济舞台上发挥越来越重要的作用。中国、印度、巴西、俄罗斯等新兴经济大国，由于拥有国土资源、能源和人力资本等多方面优势，在经济全球化和信息化的带动下，将越来越成为国际产业转移的主要承接国和新兴国际产业中心。

（五）中国经济有望继续保持平稳较快发展的总体态势

在一定期限内保持现行积极的财政政策和适度宽松的货币政策、此后刺激政策退出时机和力度把握恰当的情况下，从未来两年走向看，中国经济有望继续保持平稳较快发展的总体态势。从具体趋向看，由于未来通胀、加息、贸易摩擦、政策退出等影响因素，经济增长呈现前高后低走势的可能性较大；受4万亿经济刺激计划的延伸影响，在未来一段时间内投资增速将持续保持高位，但较2009年有所回落；继续执行应对危机的一系列行之有效的刺激消费政策，以及进一步构建和完善推动消费需求持续增长的制度保障基础，消费将保持较快增长，在拉动经济增长中将扮演稳中加力的角色；外贸形势进一步好转，将实现正向拉动经济增长，但由于出现贸易摩擦的可能性较大，仍存在不确定性；工业生产增速将继续提高，但结构调整的任务仍十分艰巨；物价形势总体保持平稳，目前部分地区的严重干旱及今后可能的自然灾害，影响农产品价格的可能性加大，生产资料和部分工业品价格上涨压力将明显增大，出现资产泡沫的可能性仍不能排除；未来一段时间信贷规模不会急剧缩减，流动性总体依然较为充裕。

（国防大学马列教研部教授　全林远）

第十四章　国际反恐斗争及其影响

2009年，世界各国继续加紧开展反恐行动，以"基地"为首的国际恐怖组织活动能力受到削弱，一些地区性的分裂主义势力也受到限制。年内，西方国家未遭受大规模恐怖袭击，但与此同时，国际反恐形势并未从根本上得到改善，全球恐怖活动仍十分猖獗，并呈现一些新的发展趋势。伊拉克、阿富汗和巴基斯坦成为国际恐怖活动的重灾区，恐怖势力加紧向非洲、中东和中亚地区渗透，西方国家及其盟友仍是恐怖袭击的主要目标，国际反恐合作也暴露出诸多矛盾和问题。世界范围内，恐怖威胁总体有所下降，但距离实质性好转仍有很大差距。

一、国际恐怖主义威胁的新特点

2009年，世界范围内各类恐怖活动频繁发生，国际恐怖活动的策源地和高发区进一步向南亚、中东、非洲和中亚地区集中。虽然世界各国采取多种措施，加大反恐合作和打击恐怖主义的力度，并取得新的进展，但各地恐怖主义活动仍屡打不尽，国际反恐怖斗争形势依然严峻。

（一）伊拉克、阿富汗和巴基斯坦成为国际恐怖活动的重灾区

2009年，美国等西方国家发动的反恐战争已进入第8个年头，但伊拉克、阿富汗和巴基斯坦3国的安全形势不仅未发生根本好转，反而不断恶化，成为全球恐怖势力最为活跃、活动最为频繁、发生恐怖袭击次数最多的3个国家。

塔利班武装卷土重来，推动阿富汗走向“塔利班化”。2009年初，美加大在阿反恐投入，增兵2.1万，后又发动“利剑攻势”、“解决东部—2”等大规模军事行动，一定程度上压缩了塔利班以及“基地”组织的生存空间，但也激起强烈回应，造成暴力袭击事件和武装交火频繁发生。同时，卡尔扎伊再次当选阿总统，其连任合法性和执政能力倍受质疑，也刺激阿安全局势更加动荡。联合国统计，2009年是阿富汗战争爆发以来阿国内平民死伤最惨重的一年，在暴力冲突中丧生的平民人数达2412人，其中绝大多数死于塔利班和“基地”组织发动的恐怖袭击。2009年下半年，随着阿总统大选展开，喀布尔渐成袭击重点。8月，喀市两度遭火箭弹袭击，其中一次击中阿总统府；9月，北约空军基地和意大利军车先后遇袭；10月，联合国驻阿机构公寓遭武装分子围攻；12月，阿前副总统马苏德住处遭遇汽车炸弹袭击；投票当日，阿各地相继发生多起恐怖破坏活动，造成18名阿警察及30名平民身亡。由于塔利班主要采用非对称方式与联军周旋，一度掌握了战场主动权，从西、南、东三面对首都喀布尔形成合围之势。目前，塔利班活动范围已遍及阿境

内70%的省份，有效控制了近1/3的地区，大有随时接管阿政权之势。

巴基斯坦政府深陷反恐“剿抚两难”困境。美国发动阿富汗战争后，巴基斯坦被迫加入美反恐阵营。2009年，巴政府军对盘踞在该国西北部及巴阿边境部落区的塔利班武装和“基地”组织多次发动军事打击，尽管取得一定效果，但巴境内恐怖活动仍急剧增加，几乎每周都发生多起暴力恐怖事件。2月，巴政府与塔利班达成停火协议，但塔利班暴力活动并未停止，还一度占领距首都伊斯兰堡约100公里的布内尔地区，严重威胁巴基斯坦国内安全；3月3日，斯里兰卡板球队在巴东部城市拉合尔遇袭，7死6伤；3月27日，西北部地区一清真寺发生自杀式爆炸袭击，造成50人死亡，100多人受伤；6月9日，巴基斯坦西北重镇白沙瓦的一个五星级酒店遭自杀式炸弹袭击，造成包括2名联合国工作人员在内的18人死亡，70多人受伤；10月份以后，塔利班接连在首都伊斯兰堡、军事重镇拉瓦尔品第和白沙瓦等地制造10余起大规模恐怖袭击，导致400余人死亡。频繁的恐怖活动造成大量平民伤亡，严重影响巴基斯坦经济发展和日常生活。与此同时，巴控克什米尔等地的恐怖主义活动也从未停歇。2010年1月16日，发生在该地区的自杀式炸弹袭击，又造成1辆安全部队车辆被毁、2人死亡、4人受伤。

伊拉克安全形势持续恶化，大规模恐怖事件频繁发生。美撤军留下安全真空，被恐怖分子利用。2009年6月底，驻伊美军按计划撤出城镇，进驻军营，将伊安全控制权转交伊方。恐怖势力利用美军收缩、伊当局维稳能力不足之机，在巴格达和伊北部地区频频发动袭击，造成多起伤亡上百人的恶性事件。8月，伊财政部和外交部大楼遭卡车炸弹袭击，

95人死亡；10月25日，巴格达连续发生2起自杀式汽车炸弹袭击，造成至少157人死亡，数百人受伤。伊各派力量争斗激烈，为恐怖活动创造了条件。2009年下半年，伊各派政治力量加强与美合作，打击萨达姆政权残余力量及内外恐怖势力，伊安全局势一度好转。但随着2010年伊国家议会选举临近和驻伊美军大规模撤军计划的启动，伊各派势力争夺政治权力的斗争加剧。各种恐怖势力借机掀起新一轮恐怖活动浪潮，旨在打击异己，削弱伊中央政权，破坏议会选举，阻碍伊政治重建。6月24日晚，巴格达城东部什叶派聚居区发生炸弹袭击，造成60余人死亡，约160人受伤，什叶派与逊尼派的教派冲突再度升温；12月24日，巴格达和巴比伦省省会遭四起炸弹袭击，造成至少17人死亡，110人受伤；什叶派穆斯林重要纪念日阿舒拉节到来之时，伊国内暴力恐怖活动也进一步升级。美对伊控制力削弱，为伊恐怖组织提供发展空间。为避免因美军撤出导致伊局势全面失控，美提出以“反恐、合作、利益均分”为宗旨推动伊国内和解，但遭到什叶、逊尼、库尔德人三派政治力量的明确拒绝，标志美对伊控制力有所下降。随着伊政治重建进入关键期，各种矛盾集中爆发，安全形势更加动荡。12月20日，巴格达以北325公里处输油管道遭爆炸袭击，导致从伊北部油田到土耳其杰伊汉港口的原油输出中断；12月21日，伊北部城市塔尔阿法发生自杀式爆炸袭击，造成1名议员及3名卫兵死亡；12月30日，安巴尔省会拉马迪市中心，一名被判处死刑的恐怖分子制造两起重大爆炸案，当场造成38人死亡，受伤者中还包括安巴尔省省长。接连发生的重大恐怖袭击事件，表明伊安全局势不断恶化。

（二）恐怖势力加紧向非洲、中东和中亚地区渗透

随着美反恐战略重心东移和巴基斯坦、阿富汗等国反恐行动的深入，巴、阿境内的“基地”等国际恐怖组织遭到打击，资金来源日渐匮乏，急欲寻找新的落脚点和活动空间。在此背景下，因索马里、阿尔及利亚、尼日利亚、也门、以及一些中亚国家均属伊斯兰国家，且政局长期动荡，内部纷争不断，故逐渐成为国际恐怖势力开辟的新战场。

在非洲，连绵的战火和饥荒、以及政府治理的失败，使之成为恐怖活动的乐园。长期活跃在阿尔及利亚境内的“伊斯兰马格里布基地组织”，已将其势力范围扩展到南至尼日利亚，北至比利时、法国、意大利和西班牙的大片地区，逐渐成为上述国家的心腹大患。目前，除阿东北部布迈德斯等几个省份仍是恐怖活动重灾区外，阿南部与毛里塔尼亚、马里、利比亚、尼日尔等国接壤的撒哈拉沙漠也已成为恐怖活动猖獗的地带。恐怖组织在此进行绑架、走私、贩毒等活动以获取资金，并招募、训练武装人员。尼日利亚的主要恐怖组织“尼日尔三角洲解放运动”，针对政府军和西方石油设施发动多起袭击和破坏活动。一些伊斯兰极端组织还在尼北部各州实施暴力恐怖活动，企图推行伊斯兰律法。由于尼地理位置重要且治安管控较弱，“基地”组织已将其锁定为向非洲渗透的重点方向。12 月 25 日发生在美国的恐怖炸机未遂案震惊世界，主犯就来自尼日利亚。美国随即将尼国列入“治理恐怖主义不力国家”的名单。索马里也可能沦为国际恐怖活动新的中心区。6 月 18 日，索马里安全部长奥马尔·哈希·亚丁在一起爆炸事件中身亡；12 月 3 日，索首都摩加

迪沙一酒店发生重大自杀式爆炸袭击，造成至少 57 人丧生，200 余人受伤。其中，索过渡政府 3 名部长遇难，青年与体育部长受重伤。这一事件再度证明索反恐局势堪忧的严峻现实。不仅如此，活动频繁的索马里海盗也已成为世界各国急需面对和解决的重要暴力恐怖威胁之一。

在中东，以色列与周边阿拉伯国家和地区的矛盾仍难以化解，主要以平民为目标的自杀式恐怖袭击依然司空见惯，特别是巴以冲突仍是激起穆斯林对西方仇恨的最重要原因之一。同时，也门安全形势的进一步恶化对中东地区稳定和全球反恐局势构成严重挑战。长期以来，也门南北分裂问题无法解决，“基地”等极端势力活动猖獗。美《外交政策》公布的 2009 年度全球“失败国家”名单中，也门名列第 18 位。3 月，一韩国旅游团在也门遭袭，5 死 4 伤；8 月，一名躲藏在也门的沙特恐怖分子，对沙特内政部副部长纳伊夫亲王实施自杀式袭击，导致亲王受伤；其他地区的一些极端组织也纷纷表示将派人前往也门参加“圣战”，以加强阿拉伯半岛的“基地”组织；12 月 25 日，达美航空公司由阿姆斯特丹飞往美国的航班发生未遂炸机事件，活跃于也门的“阿拉伯半岛基地组织”宣布对事件负责，炸机犯也供认曾在也门接受“基地”培训并获取爆炸材料，也门作为国际反恐重点对象的地位随之攀升，成为国际反恐斗争的新目标。

在中亚，2009 年的恐怖活动出现一些新的动向和特点。随着巴基斯坦军队在西北边境清剿力度加大，“乌伊运”等国际恐怖组织被迫从南亚回归，试图在费尔干纳及塔吉克斯坦东部山区建立稳固的后方基地和新的地下交通网，中亚地区再度成为他们活动的根据地。仅 2009 年下半年，吉尔吉斯斯坦警方就击毙和抓获回流的“乌伊运”等组织的恐怖分子50余人；在8月5日的专项军事打击行动中，塔吉克斯坦政府击毙11名“乌伊运”武装分子、逮捕30人，并查获一个弹药库。恐怖组织与宗教极端组织渐趋合流，恐怖袭击数量明显上升。中亚恐怖组织多具有极端主义、恐怖主义和民族主义的多重性。受恐怖分子回流影响和南亚地区恐怖活动高发的刺激，蛰伏于费尔干纳地区的“乌伊运”、“伊斯兰解放党”等恐怖极端组织死灰复燃，一方面加大伊斯兰极端思想的宣传，招募人员，扩充实力，一方面加紧实施恐怖袭击。目前，仅哈萨克斯坦境内就有1870多个非法宗教组织，信徒多达4万余人。一些非法宗教组织秘密招募信徒，在国外受训后伺机潜回实施恐怖活动。5月25日晚，几名武装分子使用爆炸装置袭击了乌兹别克斯坦安集延州汗阿巴德市的一处警察哨所；5月26日，1名自杀式袭击者在安集延市引爆炸弹，造成1死7伤；7月8日，塔吉克斯坦维尔达磊区中心附近的警察局遭恐怖分子袭击；7月25、26日，塔首都杜尚别又连续发生两起爆炸事件，塔政府军哨所和警察局先后遇袭。这些情况说明，恐怖势力对中亚的渗透和影响正进一步加强。

（三）西方国家及其盟友仍是恐怖袭击的主要目标

2009年，国际恐怖组织的袭击目标仍以欧美等西方国家和与西方关系密切的国家、人员为主，袭击活动带有明显的反西方、反政府和反异族、反异教特征。2009年度，世界范围内针对西方的恐怖活动数量更多，形式也更多样。除在伊拉克、阿富汗等地频繁遭受恐怖袭击外，欧美等国海外利益也经常遭到威胁。德驻阿富汗使馆和法驻毛里塔尼亚使馆先后遭遇自杀式攻击；2月，西方旅游团在埃及遇袭，1名法国人丧生；7月17日，印尼首都雅加达的万豪酒店和里兹卡尔顿酒店相继遭到自杀式爆炸袭击，造成包括美国、澳大利亚、新西兰等国公民在内的9人死亡，55人受伤；8月，澳大利亚挫败一起针对其境内目标的自杀式袭击图谋，逮捕的4名嫌犯均属于国际恐怖组织“青年圣战者运动”；9月15日，美副总统拜登突访巴格达时，美驻伊使馆也受到武装袭击；来自西方的联合国雇员、非政府组织成员、记者、游客等在也门、索马里、苏丹、肯尼亚、毛里塔尼亚等地也经常遭到绑架或杀害。同时，针对西方国家本土的恐怖袭击阴谋也从未停止。英、法等国情报部门多次警告，大量来自“非洲之角”和马格里布地区的恐怖分子，以移民、偷渡或寻求庇护等方式渗入欧美国家，建立联络、培训、情报搜集等网点，形成小规模“进口”恐怖团体。有报道称，策划实施圣诞节炸机未遂案的也门恐怖组织“阿拉伯半岛基地组织”已发出威胁，将派出约300名“圣战”分子潜入美国，伺机发动恐怖袭击。值得一提的是，欧美地区恐怖活动“本土化”、“个体化”趋势更加明显。5月，美国安全部门破获了针对纽约市犹太人教堂和空军国民警卫队机场的恐怖袭击图谋，涉案4名恐怖嫌犯中有3名是长年居住在纽约的非洲裔美国人；9月，4名瑞典人在前往瓦济里斯坦参加“圣战”途中，被巴基斯坦安全部队逮捕；2009年年内，德国、英国也都有多名年轻人到索马里或巴基斯坦参加“圣战”或加入恐怖训练营；10月，美警方抓获一名美籍恐怖嫌犯，其正计划赴丹麦袭击曾发表先知漫画的报社；同月，法国警方也逮捕了一名叫伊舒尔的阿尔及利亚裔法籍核物理学者。此人承认与“基地”北非分支联系密切，曾向其提供可供袭击的法国核设施名单，并试图炸毁一座炼油厂。同时，沉寂一时的欧洲极左恐怖组织也再度复活，年内发动恐怖袭击56起，致8人死亡，希腊、西班牙、法国和北爱尔兰成为恐怖袭击主要发生地。希腊境内的“革命斗争”恐怖组织尤为突出，2009年共实施29起恐怖袭击，破坏警察、政府和银行部门，还造成本国一名反恐官员遇袭身亡。

（四）俄境内恐怖活动强力反弹势头明显

2009年，俄发生各类涉恐案件千余起，较2008年增长约30%，恐怖威胁和后果更加严重。俄南部高加索等地区反恐形势出现反弹。近年来，俄加大对境内恐怖组织和非法武装的打击力度，北高加索等地安全形势有所好转。但自2009年4月俄宣布结束车臣反恐状态后，恐怖活动重新反弹，并向俄腹地蔓延。7月，车臣总统卡德罗夫遭“人弹”自杀式袭击；8月17日，印古什共和国内务总局发生自杀式袭击，24人死亡，260余人受伤；9月，俄安全部门破获莫斯科地铁爆炸未遂案；11月28日，俄“涅瓦特快号”列车遭炸弹袭击，俄国家公路公司董事长、前上院议员塔拉索夫和联邦储备局局长叶夫斯特拉季科夫等多个政要身亡。为报复俄联邦政府，恐怖分子还对俄强力部门重要人员展开跨国追杀。3月28日，俄罗斯英雄、前驻车臣“东方”特种营营长苏利姆·亚马达耶夫在阿联酋迪拜遭枪击身亡。此外，俄安全部门还多次在北高加索地区的石油天然气管线上发现并排除爆炸装置，表明石油、天然气管线已成为非法武装袭击的重要目标。

二、国际反恐怖斗争的新进展

2009年，国际反恐斗争可谓喜忧参半。面对日趋严峻的恐怖主义形势，世界各国普遍强化反恐措施，加强反恐合作，对以“基地”组织为首的国际恐怖势力给予沉重打击，但与此同时，恐怖主义问题并未得到根本遏制，国际反恐斗争也暴露出很多矛盾和问题。世界范围内，恐怖威胁总体有所下降，但距离实质性好转仍有很大差距。

（一）国际反恐怖斗争力度加强，但成效有限

2009年，世界各国普遍加大对恐怖势力的清剿力度，摧毁了一批恐怖组织，消灭了大量恐怖分子。但从实际效果看，恐怖组织呈现屡打而不尽、死而不僵的势头，恐怖威胁依然十分严重。以美国为首的西方国家加紧清除阿富汗和伊拉克的恐怖组织，并取得一定效果，迫使主要恐怖势力向其他地区转移，但这也给其他地区的安全形势带来负面影响。巴基斯坦政府打击恐怖组织的措施更加严厉。自2009年10月17日起，巴军方发起代号“拯救之路”的军事行动，对南瓦济里斯坦地区的塔利班武装实施清剿。12月12日，巴总理吉拉尼表示，虽然巴方损失多名安全部队人员，但已取得很好的效果，南瓦济里斯坦地区恐怖分子的战略据点已基本被摧毁，还打死600余名武装分子。2009年，俄共击毙148名非法武装组织成员，在印古什、达吉斯坦、北奥塞梯进行的联合行动中，共有38名非法武装分子被打死，在车

臣还逮捕了290名匪帮分子。但俄境内恐怖袭击仍频发不断，仅在车臣地区，4—12月就发生49起爆炸案。非洲地区有关国家也注意加大反恐力度。阿尔及利亚政府在法国协助下，大举清剿北部地区的“伊斯兰马格里布基地组织”，共击毙7名主要头目，使其遭受重创。但该组织目前仍有700余人活跃在阿边远地区。7月，还袭击了马里军队，造成28名马里士兵死亡。与此同时，国际恐怖势力的活动潜力仍在累积和增长，其从事核生化恐怖袭击的可能性仍然存在。“基地”的现实活动能力虽有所下降，但在意识形态领域已成为一面“旗帜”，极具煽动力和破坏力。特别是随着互联网技术的发展，许多极端分子直接借助互联网学习恐怖活动知识，加入恐怖组织。此外，自发性和个体性恐怖活动数量日益增多，危害呈上升趋势。

（二）国际反恐怖合作不断深化，但矛盾丛生

2009年，世界各国继续务实推进国际反恐合作。年内，俄罗斯与《集体安全条约》成员国创建“反恐、反极端主义协调中心”，建立美俄反恐小组，并与美共同倡导“全球反核恐怖袭击倡议”，俄还将反恐合作视为与伊斯兰国家加强合作的重要内容。美、英、法等国强化与动荡地区国家的反恐合作关系。美重点加强与伊拉克、沙特阿拉伯、印度尼西亚、菲律宾、阿富汗、巴基斯坦等国合作，谋求铲除恐怖主义根源。特别是巴基斯坦动荡的政治和安全局势成为西方反恐政策制定者的关注焦点。一方面因为“基地”组织和塔利班藏身于巴西北边境部落地带，另一方面也因为一些克什米尔恐怖组织极具危险性。如果欧盟和美无法帮助巴稳定局

势，巴核武器甚至有可能落入极端势力之手，这对欧美而言将是一场“噩梦”。西班牙与法国、阿尔及利亚签订反恐情报合作协议。斯里兰卡将“猛虎组织”与“基地”组织相联系，赢得意大利、英国、以色列、加拿大等国的支持。日本外相先后访问阿富汗和巴基斯坦，意在促进反恐合作。2009年年底，西方国家普遍提高对也门“反恐新焦点”地位的重视，决定帮助该国政府训练安全部队，提供装备，分享情报，共同打击“基地”恐怖组织。反恐合作成为缓和地区矛盾的重要原因。印尼、马来西亚、菲律宾在三国边境地区采取联合反恐行动。黎巴嫩、叙利亚、沙特、埃及、约旦等国加强反恐合作，遏制恐怖势力的扩张。东盟与日本共同召开反恐合作会议，明确表示要加强在反恐预警、打击恐怖主义、保卫国家利益等方面的合作。阿尔及利亚、马里、毛里塔尼亚和尼日尔等非洲四国武装部队参谋长举行会议，商讨边境地区反恐问题。联合国在孟加拉国达卡举行有关南亚地区反恐合作的会议，计划构建印度、巴基斯坦、阿富汗以及其他南亚国家联手打击恐怖主义的机制。同时也要看到，由于各国在反恐问题上存在根本性的利益分歧，因此在很多具体问题上矛盾难以弥合。随着在阿伤亡人数的上升，一些北约国家要求撤军的呼声日渐高涨。印巴积怨甚深，对美国加强与巴合作的做法心存芥蒂，其与美强化反恐合作的承诺可能是口惠而实不至。巴美反恐合作近期可能有所加强．但从长远看，巴美关系“貌合神离”的趋势难有改观。俄罗斯、伊朗虽出于自身安全需要，给予美国一定支持，但也乐见其深陷反恐战争的泥潭。类似问题都给国际反恐合作的可靠性、信任度及其前景蒙上阴影。

（三）反恐演习数量增多，已成反恐斗争重要形式

2009年，各国明显加强了以反恐为主要目标的军事演习。年内，俄罗斯在汉特曼西斯克举行了代号“台风—2”的专业反恐演习；在明斯克与白俄罗斯内务部特种分队举行了联合战术特种演习，以加强两国在培训反恐兵力方面的合作；针对打击海盗、恐怖主义活动和毒品贸易，俄还联合印度在阿拉伯海域举行反恐演习。美国的参演场次更为惊人。美联合英国、加拿大、澳大利亚、墨西哥4国举行了“国家级别—2009”反恐演习，这是由美政府指导、国会授权，由国土安全部下属的联邦紧急事务管理局具体组织实施的年度应急演习，是美“国家演习计划”中级别最高的演习；美、英、加、希腊、西班牙等10多个北约成员国及伙伴国在格鲁吉亚举行“和平伙伴关系”计划框架下的联合反恐军事演习；美、英、法、澳大利亚、巴基斯坦和巴林等13国海军举行“阿拉伯铁手套”联合反恐演习，重点进行空中、地面和海上反恐训练；美印陆军还在印度北方邦巴比纳基地举行了“作战训练—09”联合反恐演习，主要演练了“城市地形条件下”打击叛乱分子和恐怖分子的战役协同动作；哈萨克斯坦、美、英3国在阿拉木图举行了代号“草原之鹰—2009”的联合反恐演习，旨在提高各国军人协同能力以及联合维和能力，新加坡在圣淘沙岛举行“北斗星7号”反恐演习，主要模拟2008年11月印度孟买发生的恐怖袭击，检验政府各部门应对恐怖事件的合作协调能力。此外，吉尔吉斯斯坦、土库曼斯坦等国也都开展了有针对性的反恐演练。总的来看，这些反恐演习更加重视与盟国之间的沟通与协作，

更加强调预先防范及情报作用，演习内容更丰富，针对性、实践性也更强，对推动反恐形势的发展具有一定的积极意义。

（四）未来国际反恐形势的可能走向

展望2010年，国际反恐形势仍不容乐观。不可否认的是，美国全球战略调整仍是影响国际反恐形势的一个主要因素。2009年底，美再度调整反恐战略。在阿富汗，美提出“以进求退”新思路，宣布向阿增兵3万的同时，明确表示2011年7月前向阿政府转交安全责任。从以往经验看，这种调整可能会在很大程度上刺激阿境内塔利班等武装派别以及其他地区宗教极端势力的“圣战”热情，从而引发新的恐怖活动高潮。同时，美意图“负责任地”从伊撤军，将反恐重心移至巴基斯坦，集中力量打击“基地”组织和塔利班武装，这虽然在一定程度上有助于化解美与伊斯兰世界的矛盾，但也助长了各地恐怖势力趁机捣乱、同美对抗的决心。加之巴对恐怖组织和极端势力的打击深受国内国际因素干扰，严重制约了其反恐手段和效果，使巴国内恐怖主义问题的解决之路依然漫长。因此，在可预见的时期内，南亚地区恐怖活动高发的势头难有根本改观。不仅如此，“基地”等国际恐怖组织可能趁南亚和中亚局势混乱之机，抓紧恢复力量，输出恐怖意识形态，继续在中东、北非等地区发展分支网络的同时，加紧寻找新的生存和发展环境。在这一背景下，中亚和西亚的个别国家很可能被恐怖组织所利用，最终成为恐怖活动新的增长点。一个危险的事实是，“基地”组织正试图将也门、索马里等地变成在全球范围发动恐怖袭击的基地。此外，恐怖势力与有组织犯罪、海盗等不法团体之间正在加强联系，社会危害性日趋增大。2008 年 4 月，“基地”组织沙特分支头目希里公开呼吁索马里海盗在海上加大攻击“十字军”的力度，号召索境内恐怖组织与海盗合作。此后，在索恐怖势力与海盗和“基地”组织等加紧勾联，相互界线已变得模糊，未来走向联合的可能性增大。而乌兹别克斯坦、塔吉克斯坦和土库曼斯坦等中亚国家，更由于同阿富汗接壤，成为阿毒品、武器走私的主要通道之一，每年有超过 30%的毒品经中亚运往俄罗斯和欧洲市场。随着恐怖组织与犯罪团伙的相互借重与合流加深，中亚、南亚地区的恐怖组织和各种有组织犯罪团伙可能形成“以恐护毒、以毒养恐”的活动链。仅 2009 年，塔共收缴 3200 多公斤非法走私毒品；吉警方在 2009 年 8 月的两次行动中，也查获多达 200 余公斤的毒品。这种迹象值得关注。除此之外，强权政治的阴影挥之不去，少数国家利用反恐谋取私利，在反恐问题上奉行“双重标准”，这些都极大地限制了国际反恐怖合作的实际效果。

三、当前恐怖主义威胁与我国国家安全

2009 年，我国的反恐斗争进入一个新阶段。南亚反恐形势持续恶化，对我国国内反恐安全构成严重威胁；境外“东伊运”穷凶极恶，急欲对我国发动袭击；“7·5”事件诱发涉恐因素集中爆发；自发性暴恐团伙纷纷行动；国际恐怖组织也公开向我国发出挑衅。在严峻的形势面前，各方力量密切合作，协同作战，构筑了严密的反恐防线，确保了国庆期

间没有发生严重恐怖袭击事件，保证了国庆 60 周年活动的安全顺利进行。

（一）我国面临的主要恐怖主义威胁

“东伊运”疯狂活动，与国际恐怖组织合流，对我国构成严重威胁。2005 年，境外“东伊运”组织恢复发展，大肆鼓吹将新疆从我国版图分裂出去，建立所谓的伊斯兰国家。从思想体系上看，“东伊运”与“基地”、塔利班、“乌伊运”几乎完全一致，并得到“基地”、塔利班的庇护和资金、装备援助。目前，其主要力量在巴阿边境山区的南、北瓦济里斯坦部落地区活动。北京奥运会特别是 2009 年以来，“东伊运”活动更加猖獗，频频向境内潜伏人员下达行动指令，要求使用肉毒素、人体炸弹、汽车炸弹、多层地雷等方式，对我党政机关、军警、公共汽车和工厂、学校等目标发动袭击。不仅如此，“东伊运”还通过视频、音像资料煽动新疆和全球穆斯林对我发动“圣战”。“7·5”事件发生后，“东伊运”更加疯狂，针对我 60 周年国庆预谋实施恐怖破坏活动。此外，“东突解”、“世维会”、“藏青会”等组织都不同程度地存在暴力恐怖倾向和严重的社会危害性。

国际恐怖主义威胁临近，正面交锋随时可能发生。受国际反恐斗争形势，特别是“7·5”事件的不利影响，国际恐怖组织对我敌视增强。7 月 12 日，马来西亚“达瓦宣教团”指责“7·5”事件是针对穆斯林的大屠杀，要求其成员与我政府和人民展开“圣战”。7 月 29 日，“乌伊运”头目尤尔达舍夫公布录音，发誓支持维族人“反抗中国的压迫”。8 月 22 日，“基地”组织分支“伊拉克伊斯兰国”

发布恐怖视频，呼吁全球穆斯林支持“东突厥斯坦”的穆斯林，参加针对中国的“圣战”。10月7日，“基地”组织三号头目利比发布恐怖视频，攻击我民族、宗教政策，将“7·5”事件描绘成“穆斯林群众的自发起义”，鼓动“东突厥斯坦兄弟在面对侵略者时拿起武器，不怕牺牲”，号召全世界穆斯林“支持和帮助在东突厥斯坦受压迫和伤害的兄弟”。受这些煽动言论和“世维会”的操纵影响，个别国家政要出现反华情绪，对“东突”势力的支持逐步公开化，印尼和土耳其等国伊斯兰极端分子还围攻了我使、领馆，我国际国内反恐斗争形势急剧恶化，遭受恐怖袭击的可能性大幅度提高。

境内暴力恐怖团伙滋生蔓延，个体恐怖事件明显增多。2009年，公安机关打掉多个国内暴力恐怖团伙，抓获的团伙成员大多是恐怖分子“新生代”。其中，30岁以下占绝大多数，18岁以下的未成年人也占据很大比例。这些人多数文化程度较低，宗教极端思想浓厚，极易被恐怖主义思想洗脑，而且滋生迅速，屡打不绝，向内地和境外蔓延的趋势也日渐增强。

与此同时，国内发生多起个体自发暴力恐怖事件，如2009年6月的成都公交车爆炸案、10月的青岛梁正昊爆炸案等。这些案件的涉案人员基本没有组织背景，行动随机性强，防范难度大，已成为影响我社会安全稳定的新威胁。这些案件虽无明确政治目的，不属严格意义上的恐怖事件，但恐怖效应较大，社会影响很坏，具有很强的恐怖活动效果。

我海外利益遭受恐怖袭击的几率越来越高。2009年以来，国家反恐情报中心发布上百次海外恐怖威胁警报，主要集中在巴基斯坦、阿富汗、土耳其和中亚四个方向。随着我海外利益不断扩展，分布在世界各地的华人和涉华利益成为恐怖袭击目标的可能性与日俱增，给我反恐防范工作提出新的严峻课题。

（二）我国反恐斗争的进展情况

中国政府始终旗帜鲜明地支持国际社会反恐怖斗争的正义立场和行动，并且主张世界各国在联合国的框架下，采取一致立场，协调行动，坚决打击一切形式的恐怖主义，还应坚持一视同仁的态度，反对任何国家在反恐问题上搞“双重标准”。中国政府认为应坚持“标本兼治、综合治理”的原则，打击恐怖主义。应注重运用政治、经济、军事、外交等各种手段综合治理，特别是应高度重视解决发展问题，使那些长期饱受战乱之苦的地区尽快摆脱贫穷落后，努力消除恐怖主义滋生的根源。中方一贯积极参与国际反恐合作，愿意本着“平等合作、双向互利”的原则，继续与世界各国加强反恐交流与合作，推动国际反恐合作不断取得新进展，维护地区和世界的和平与稳定。

2009年，我国反恐斗争取得了可喜的成绩。国家公安机关破获多起涉恐案件，打掉近百个涉恐团伙，不仅保证了国庆60周年庆祝活动的安全顺利举行，而且成功确保了全年未发生严重的恐怖袭击事件。为有效应对恐怖主义威胁，2009年，国家反恐办举行了“长城6号”反恐演习，各地还举行各种反恐演习、演练30余次，有效提升了反恐应急处置能力。

中国还积极发挥“上合组织”作用，加强与周边国家的反恐合作。4月8日在莫斯科召开的“国家与企业合作打击恐怖主义”国际圆桌会议上，上海合作组织成员国、观察员国代表共同讨论了已有的国家与企业的反恐合作方案，提出了一些新建议，强调进一步加强国际合作，在自愿的基础上吸收企业界及公民社会参与反恐的重要性。4月17日，在莫斯科召开的“上海合作组织在应对新挑战新威胁保障地区安全的作用”国际研讨会上，上合组织成员国和观察员国外交使团的代表，以及俄罗斯国内外知名学者，就全球经济危机可能刺激恐怖主义、极端主义活动升级的问题进行了专门讨论。会议认为，应加强上合组织成员国的务实合作，防范资助恐怖主义、打击走私毒品、打击民族主义、极端主义。4月17日至19日，在地区反恐机构执委会的协调下，上合组织成员国在塔吉克斯坦境内举行了“努列克—反恐—2009”联合反恐演习，并举行了执法安全部门领导人会议。7月，中俄双方还在我境内举行了代号“和平使命—2009”的联合反恐演习，起到了震慑和练兵的效果。

总的来看，“7·5”事件的发生使我面临的反恐形势更加严峻和复杂，反恐斗争任务也更加紧迫而艰巨。2010年，我面临的反恐怖斗争将延续这种态势：“东伊运”对我实施恐怖袭击的图谋更加强烈，成为我国家安全的重大威胁；境内暴恐团伙及“7·5”事件在逃人员随时可能采取行动，对我构成的现实恐怖威胁增大；个体暴力恐怖活动增多，防范难度更大，对我社会安定构成新威胁；上海世博会、广州亚运会可能成为国内外恐怖势力集中对我发难的有利时机，恐怖威胁风险集中上升；国际反恐形势特别是周边局势对我影响加大，国际恐怖势力对我更加关注，我海外利益受到袭击的可能性显著提升；互联网等现代传媒、通讯工具将进一步为恐怖势力所利用，宗教极端思想和恐怖暴力宣传成为恐怖活动滋生的催化剂。上述涉恐因素交织并存，对我构成重大、现实恐怖威胁，境内与境外、新疆与内地已成为同一战场，我反恐怖斗争进入实战常态化阶段的事实已不可逆转。

（国家反恐办研究中心　刘东哲）

第十五章 太空、极地的竞争及其影响

太空和极地，作为人类还没有完全征服的领域，在人类未来发展中将扮演越来越重要的角色。目前，伴随航天技术的迅猛发展和在军事领域的广泛应用，航天装备建设取得了惊人的成就并在战争中发挥着举足轻重的作用。而极地由于其丰富的资源和特殊的地缘因素也成为大国争夺的焦点。

一、太空竞争与国际安全

2009 年是空间力量迅猛发展的一年。人类社会在卫星研发、空间站和火星探测领域都取得了一系列的新成就。与此同时，空间安全也面临着新的挑战与威胁，如何在利用空间为人类造福的同时确保空间安全成为国际社会面临的新课题。

（一）空间力量的新发展

在全球经济衰退的背景下，航天产业仍保持持续增长。

美国航天基金会《2009 年航天报告》描述了经济危机下全球航天活动的景象：私营部门不断创新和勇于承担风险，政府部门继续加大航天探索力度并大力开展国际合作。

一是多颗卫星入轨，多项技术能力有突破性发展。2009 年，全球又发射了数十颗卫星。其中，军用卫星的研发尤其受人瞩目。在导弹预警方面，首次验证立体式导弹跟踪。2009 年 9 月，美国发射 2 颗“空间跟踪与监视系统”试验演示卫星进入低地球轨道，卫星配备了凝视传感器及多波段红外与可见光传感器，可跟踪火箭发射、在太空巡航飞行、释放搭载物、飞行物再入大气的全过程。跟踪的同时，地面运行中心对数据进行处理并将信息发至地面雷达，以便发射导弹拦截器摧毁目标。在侦察卫星方面，2009 年 5 月，美国空军“战术星”—3 卫星进入低地球轨道，主要是在战区为军队指挥官快速提供目标探测和目标识别信息的能力。其设计寿命为一年，星上携有超光谱成像遥感器，其工作原理是：首先利用望远镜关注感兴趣的区域，然后用分光计将望远镜收集到的电磁图像转换为图表，接着利用存有超光谱识别标志库的星载数字信号处理器，直接在星上对数据进行分析，最后以简短的信息描述目标，并提供目标定位，信息可以被手持计算机或便携式计算机接收。从指挥官通知卫星关注某地，到接收目标描述与坐标，整个处理过程约 10 分钟。星载数字信号处理器取代地面处理中心，节省了资源与时间，为战场指挥官赢得战争提供了重要的保证。这种能力的成功将引发一场情报革命，其意义可与第二次世界大战电码破译员所做的工作相比拟。在通信卫星方面，在带宽、能力和类型三方面均有发展。美国 2 颗“宽带全球卫星通信”——WGS－2 和 WGS－3 入轨，与 2008 年入轨的 WGS－1 一起构成 WGS 初始星座，初步建成的 WGS 星座，超过原有通信卫星数据吞吐量的 10 倍以上，为美军及其盟军在所有战区提供前所未有的军用卫星通信能力。此外，美下一代军事战略和战术中继系统“先进极高频”计划首颗卫星也进入最后的测试阶段，准备 2010 年发射。2009 年发射的还有美国秘密通信卫星 PAN，据推测这是窄带“特高频后继星”向“移动用户目标系统”之间的过渡卫星，进入地球同步转移轨道。在导航卫星发展方面，GPS 系统新增 2 颗 GPS IIR-M 卫星。这 2 颗新卫星入役后，全球用户将获得更高精确度、增强的加密技术和抗干扰的能力。2009 年俄罗斯为“格洛纳斯”卫星导航系统发射 2 组“格洛纳斯”－M 导航卫星，每组 3 颗。到 2013 年将发射 17 颗“格洛纳斯”－M 卫星。目前正在研制的新一代“格洛纳斯－K”导航卫星将具有更完善的内部结构，更轻、寿命更长。现役“格洛纳斯－M”的寿命为 7 年，“格洛纳斯－K”的寿命将达到 10 年。

二是推进导弹防御计划，调整欧洲导弹防御部署。美国继续推进导弹防御计划，2009 年 6 月和 8 月进行两次“民兵”导弹试射，还多次进行海基中段防御测试和终端高空区域防御测试，2009 年底美国联合部队司令部与美国战略司令部合作进行了一次为期两天的概念验证导弹演习，主要验证“一切皆导弹”项目。这是一个横跨三军的统一整合防空与导弹防御训练方案的项目，将把多个导弹防御系统整合为一个系统。与此同时，美国还对欧洲导弹防御作出重大调整。2009 年 9 月，美国宣布放弃在东欧部署用于拦截远程与洲际弹道导弹的陆基中段导弹防御系统，改为在欧洲其他地点部署拦截中近程导弹的海基中段导弹防御系统。对东欧导弹防御计划进行重新设计和配置，目的是更有效地应对伊朗导弹的潜在威胁。新计划还欢迎俄罗斯加入其导弹防御能力，为了共同的战略利益扩大防御规模。俄罗斯领导人高度赞扬近期美国就导弹防御问题的“明智”之举，并表示，美国导弹计划的改变是向正确方向迈出的具有建设性的一步。根据美国奥巴马总统的新计划，陆基导弹防御系统将不会在2015年以前在欧洲部署，海基防御系统将在地中海区域运行至2015年。中国在2009年也进行了反导实验。

三是国际空间站面临难题，载人航天面临重大抉择。从2000年国际空间站迎来首批常驻人员，至2009年站上常驻人员已增至6名。国际空间站的主要用途在于科研。但在2010年之前，国际空间站的首要目标都落在组建上，科研利用并未摆在首位。目前，国际空间站发展面临难题：一方面，航天飞机在2010年退役，其一旦退役，将降低运输国际空间站研究货物的能力；另一方面，发射成本高昂也会阻碍对空间站科研设备的最大程度利用。按美计划，国际空间站在2016年将退役，但俄罗斯表示如果合作国拒绝将国际空间站延长工作到2020年，那么俄罗斯舱段将与国际空间站脱离，并以该舱段为基础建立新的俄罗斯空间站。2009年俄罗斯为空间站研制和设计了两个新的迷你型研究舱段MRM－1和MRM－2。按照NASA的约定，MRM－2将搭乘“进步”号货运飞船飞往国际空间，MRM－1将搭乘航天飞机飞往国际空间站。

与此同时，各国的载人航天也面临抉择。美早在2004年布什政府时期曾提出“重返月球、远征火星”的太空愿景，但由于发生经济危机、加上两场局部战争，美已无法支持其耗资巨大的“新太空探索计划”，奥巴马政府上台后任命独立委员会重新审查这一项目。目前，该独立委员会提出载人航天的三条道路：一是直奔火星。二是先去月球后登火星。三是灵活可变的路线，先在太阳系内的多个目的地进行载人探索飞行，然后再去月球或火星表面探测。目前选择哪条道路还没有确定。目前美载人航天的三大支柱，即“战神”系列火箭、“猎户座”载人航天器及“牵牛星”月球登陆器都进展不如预期。在2009年10月28日在佛罗里达州肯尼迪航天中心发射了一枚“战神I-X”火箭，测试其在飞行过程中的安全性和稳定性。这是美国首次对下一代运载火箭进行飞行测试。“猎户座”乘员探索飞行器2009年刚完成初步设计评审和发动机的地面测试。为了降低重量，“猎户座”可能会将宇航员座位由6名减至4名，还将取消飞行器的无人驾驶能力等。“牵牛星”着陆器招标书已在2009年初由NASA发布。美国现有的航天飞机于2010年全部退役，但“猎户座”以及“战神”火箭最早也要于2017年接棒进行载人航天活动。俄罗斯将于2015年和2018年开始分别进行先进的无人和载人航天飞船试验 。先进的载人运输系统将由载人飞船基本型及其几种改进型组成，基本型就是新一代载人运输飞船，其作用是用于轨道站服务——在轨道站和地面间往来运送机组人员和货物，以及用作救生。改进型飞船用于完成诸如月球飞行等专业任务，为近地轨道的卫星提供服务和维护，为了开展各种研究和实验活动而进行长时间（长达1月）自主飞行，以及向无人驾驶货运返回式飞船往来运送大量货物。[①] 四是撞月备受瞩目，火星探测非常活跃。2009年仍是探月忙碌的一年。2009年6月23日美“守望”月球坑观测与感知卫星进入月球轨道，9月完成试运行和仪器校准，

① 俄罗斯《工业周刊》，2009年9月2日。

并进入月球绘图轨道，开始对月球南极绘图。在经历 4 个月的飞行后，美国“半人马座”火箭和“守望”卫星对月球南极地区先后成功完成了两次撞击，并获得撞月数据。初步分析显示，月球上存在水源。这次发现翻开了人类对月球了解的新篇章。2009 年 6 月 10 日日本“辉夜姬”（原称“月女神”）月球探测器成功撞月，研究人员对撞击点进行研究，观察了辐射和微流星体如何侵蚀新暴露在外的月球土壤。日本政府曾表示计划在 2020 年前发射月球漫步机器人，随后开展宇航员联合任务。2009 年 8 月 30 日印度正式宣布“月球初航”任务提前结束。尽管与航天器失去了联系，不过印度太空研究组织仍庆祝了首个探月任务取得成功，并表示“月球初航”95％的任务都已经完成。

目前人类在火星上的探测器包括：2001 年进入火星轨道的“奥德赛”火星探测器由于电脑内存出现故障，2009 年 11 月处于停机状态并进入“安全模式”。2004 年登陆的“勇气”号火星漫游车已经陷入沙坑，再度患上“健忘症”，无法将信息存储于计算机闪存上。2006 年登陆的“火星勘测轨道器”在 2009 年底已经恢复正常，科学家们渴望在 2010 年重新开始对火星的详细观测。2008 年 5 月登陆的“凤凰”号火星探测器，完成 3 个月的火星探测任务，并延长任务 2 个月，随着火星上寒冷冬季的到来，“凤凰”号最终被冻结，专家们期待它能涅槃重生。另外，俄罗斯航天局已经决定将火星探测任务的发射日期推迟到 2011 年。“火卫一步兵”任务原计划于 2009 年 10 月搭乘“天顶”火箭发射，执行为期 3 年的火卫一探测任务，并将携带岩石和土壤样本返回地球。该任务由一个无人着陆器和一个样本返回舱组成。这是近 10 年来，美国科学家首次参与俄罗斯领导的行星探测任务。

“天顶”火箭还计划携带一枚中国研制的火星轨道器“萤火一号”。此外，为寻找类地行星，美国于2009年3月6日发射“开普勒”太空望远镜，这是世界首个用于探测太阳系外类地行星的航天器；12月14日又发射了“广域红外测量探测器”扫描太空。

（二）空间安全形势的新特点

2009年空间安全形势总体平稳。大国空间竞争仍十分激烈，军事应用更受重视，且空间事故隐患增加，但大国的空间合作范围与深度也在不断加深。

一是大国竞争日趋激烈。Futron在2008年航天竞争力指数的基础上，发布了《2009年航天竞争力指数（SCI）年度报告》[①]。这一报告显示，相比2008年，美国的航天竞争力依然最强；俄罗斯继续保持航天发射大国地位，通过在发射平台和基础设施方面加大战略投资来继续复苏并稳固其航天强国的地位；欧洲航天竞争力没有变化，通过制定共同的军用和民用航天政策，已在法律上确定了全欧洲航天一体化的体制，并在多国协作和市场结构方面取得进展；日本的竞争力指数从2008年位居第七一跃进入2009年的第四位，主要得益于日本航天战略做出重大改变，并发布新的航天法；中国航天竞争力虽然提高了10%，但落后于日本；加拿大竞争力指数也提高了10%，源于政府的军用和民用航天政策；印度扮演重要航天合作伙伴的角色，在遥感领域全球领先；韩国继续加大航天计划的投资力度，建立了第一个正规的航天

---

① “2009年航天竞争力指数”，《卫星应用简报》，航天科技集团公司，2009年第13期。

发射场，标志其在航天领域迈出重要一步；以色列继续在航天技术方面领先，但商业规模较小；巴西竞争力指数略有减少，主要是缺乏明确的航天战略和航天活动投资承诺。

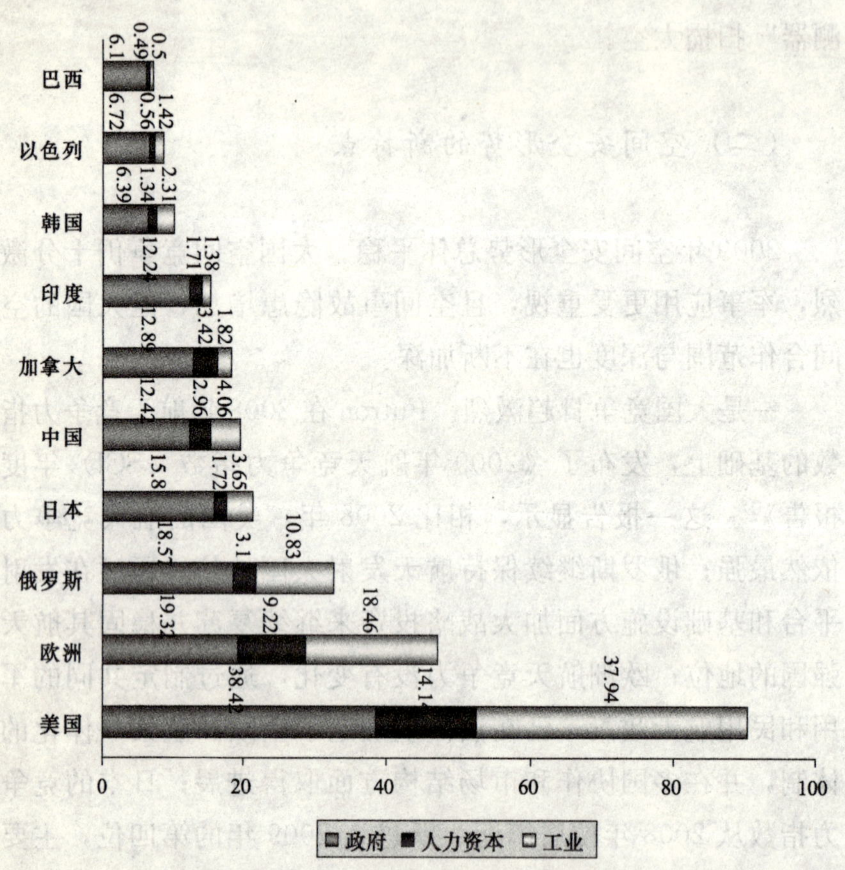

二是空间合作范围更广、程度有所加深。由于空间力量的高技入、高风险和高尖端，任何国家都难以独立承担，越来越多的国家选择合作研发，分担成本和风险。即使是美国也是如此。2009 年 5 月，美奥巴马签署 PSD－3 签署令，要求对小布什政府时期的美国国家航天政策进行全面审查，希望在航天领域加强国际合作。2009 年美欧在太空运输和火星探测等领域开展合作，美法签署民用航天合作协议，美日航天局签署协议开展未来地球科学合作，美印签署协议开展航天合作等。2009 年 6 月，为推进航天国际合作和增强其在国际发射市场竞争力，美众议院通过法令将商业卫星及其部件从严格的国务院出口许可目录中去除。但是美国的国际空间合作仍紧紧围绕其国家安全，并且已形成比较成熟的与国际航天伙伴合作的理论。不仅在发达国家之间，发展中国家也在积极拓展空间合作的范围与深度。如印度太空研究组织在 2009 年末为阿尔及利亚发射一颗极轨卫星，还将为日本、荷兰、德国、新加坡和加拿大发射小卫星。但总体而言，国际航天合作呈现出合作中有封锁、封锁中有合作的态势。

三是空间安全事故隐患大。2009 年 2 月 10 日，在西伯利亚上空 790 千米，俄罗斯废弃“宇宙”—2251 通信卫星与美国铱星公司“铱星”—33 通信卫星在轨道上呈直角方式发生史无前例的碰撞，产生大量碎片。这是首次太空撞车事件。根据专家分析：由于空间发射活动越来越多，未来空间撞车几率将更高。此事件引起了国际社会对空间安全的严重关切。近年来发射的航天器大都运行在低轨道，也是碎片较为集中的地区，容易受到空间垃圾的撞击。按法国空间专家的分析，依靠其太空监测网可保证其 15 颗民用和军用星的运行轨道安全，每年这些卫星都要做 3—4 次躲避性操作。在这一背景下，各军事强国都大力提高空间监测水平与空间机动能力。以美为例，一直以来，美国使用陆基雷达跟踪空间物体，大多数站点只监测北半球，南半球和大片海洋区域存在巨大盲区。为填补这一能力缝隙，美国一面升级现有的陆基雷达跟踪系统“空间篱笆”，准备在南半球等地部署更多的雷达装置，一面向“天基空间监视”卫星项目注资，力促其首颗卫星早日升空。升级后的“空间篱笆”可监视更小的轨道碎片，有望在2015年之前获得初始传感器覆盖整个南半球。“天基空间监视”系统则由4颗或更多极轨卫星组成，每天绕地数周，能使低地球轨道和静地轨道监视分辨率提高一个数量级。其次，提高空间机动能力。2009年初美国利用两颗“微卫星技术实验”秘密航天器检视在轨失灵的“国防支援计划”卫星，演示了地球同步轨道内航天器近距离交会与检视的能力。2009年下半年，可重复使用的空天飞机X—37B验证机建造完毕，准备发射并测试空间机动与自主着陆技术。

四是军事强国强调空间快速反应能力。从近场局部战争看，战争突发性强且进程较短，客观上要求重视快速反应能力。为提高空间快速反应能力，美国国防部提出作战快速响应航天工程四大目标：一是让战场指挥员直接对美国的航天资产（在轨卫星）的进行任务授权指令并直接获取信息；二是改变军事航天的经济性，发展类似战术卫星—3这种小卫星取代天价大卫星；三是降低卫星发射成本；四是开发新技术和新概念以最快速度和合理的成本更新和补充在轨卫星星座。美国国防部在2010财年国防预算中，对航天装备计划做出了若干调整。为降低卫星项目成本，美国国防部决定不再寻求成本高昂的通用卫星，转而研制复杂程度低、使用寿命相对较短、用于特定任务和区域的卫星系统，目的是将先进技术尽早转化为可用能力和装备。

（三）未来发展走向或重要影响

未来十年仍是航天力量大发展的时期。欧洲咨询公司在2009年6月9日公布的《2018年全球卫星市场制造与发射调查》报告中，预测 2009—2018 年全球将制造并发射卫星 1185 颗卫星，较上一个十年增长 50%。[①] 空间力量大发展的同时也呈现出一些新趋势。

一是军民融合。信息技术的共享性、扩散性和渗透性，使军用技术和民用技术、国防建设和国家经济建设的结合面越来越广，融合度越来越深。尤其是航天领域，据有关资料统计，航天技术中的 95%左右属于军民两用技术，军用航天装备与民用航天系统的融合度越来越高。为此，航天大国纷纷摒弃传统的“军民分立”模式，推进航天力量建设的军民融合式发展。2009 年，奥巴马上台后，首先提出要整合军民航天系统，清除美国民用和军用航天计划之间长期存在的障碍，确保其在可能同中国发生的太空竞赛中保持优势。为推动 NASA 与五角大楼开展合作，奥巴马还承诺将恢复国家航空和航天委员会。[②] 军民融合的好处主要表现在：一方面，以民用目标掩盖军事用途。如目前国外重点研究交会对接等在轨服务技术，这些技术在未来则可直接用于对敌方航天器的接近、监视、捕获及至攻击。军事强国往往将一些军用的空间试验项目隐藏在民用的试验项目之中，同时军民相互借力，建立军民一体的空间能力。另一方面，将商业、民用有效载荷以及军用发射任务相结合，有利于谋求资金保障渠道的多元化，为军用发展提供长远支持，实现航天装备长期、稳定和健康发展，从而集约资源、相互配合，形成整体合力。

---

① “未来十年全球卫星制造和发射市场大幅增长”，《卫星应用简报》，2009 年第 14 期。

② 《为确保太空优势 奥巴马将整合军民航天系统》，《参考消息》，2009 年 1 月 3 日。

二是核、太空与网络空间渗透与整合。目前，核、太空与网络空间呈现出相互渗透的新趋势。一方面，空间力量与核力量发展相互交叉渗透。如核武器的指挥系统依赖空间，反导武器可以很容易地用于反卫。与此同时，空间不稳定可能刺激核力量的垂直扩散和水平扩散。另一方面，太空与网络发展相互交叉。例如“全球信息栅格”（GIG）是美军将保密和非保密计算机网络连接而成的全球性信息网，而航天系统网是GIG的重要组成部分，以通信卫星、侦察卫星及地面系统为主的空间信息网位于GIG的顶层，可以说没有航天系统就没有GIG。2009年3月14日—20日，美军在内利斯空军基地进行了“施里弗”—5太空战军事演习。“施里弗”军演始于2001年，2009年的“施里弗”—5军演聚焦战略层面，集合国家所有要素用于作战，美国空军太空司令部把这次军演的时间设定为2019年，美军及其盟军处于一场区域性冲突中，太空能力与网络能力受到攻击，多处战场空间中的能力被毁坏。通过“施里弗”—5军演，美军获得若干关键经验教训，主要集中在：太空和网络空间的整合对太空态势感知、军力倍增以及把商业太空能力融入整体作战至关重要。2009年11月，美国战略司令部司令希尔顿在空军联合全球作战会议上，把太空、网络空间及威慑形容为当代战场作战三条主线。

二、极地争夺与国际安全

北极地区是指以北极点为中心的广阔地区，即北极圈（北纬66°33′）以内地区，包括极区北冰洋、边缘陆地及岛屿、北极苔原带和泰加林带，总面积为2100万平方公里，约占地球总面积的1/25。其中陆地近800万平方公里，全部归属于8个环北极国家：加拿大、丹麦、芬兰、冰岛、挪威、瑞典、俄罗斯和美国，但北冰洋仍属国际公共海域。北极地区有居民700多万，与无人居住的南极地区形成鲜明对照。

（一）北极形势变化

对于北极的争夺一直都没有停止。特别是2008年8月，俄罗斯科考队将三色旗插到北冰洋海底，标志着对北极的争夺进入新阶段。2009年，8个环北极国家对北极的争夺仍十分热烈。

一是竞争更加激烈。这种竞争正演化成北欧五国与俄罗斯的斗争。丹麦、冰岛、挪威、瑞典和芬兰早在2008年6月就联合发表了一份对北极的权利声明报告。其中心思想是北欧国家应该在军事方面加强合作，特别是海军作战方面，主要是要控制水域，保证为欧盟国家畅通无阻的运输石油和天然气，以及联手对付针对北极提出的挑战。2009年2月9日，北欧五个国家外交部长在奥斯陆召开会议，商讨五个国家对北极的计划，以及北极地区安全合作问题。其构想是建立一个快速反应部队，可以进行军事和救助行动，同时要组建一个专门的破冰舰队，水陆两用战舰以适应北极气候条件。但俄媒体认为，该会议最主要的议题是北欧五国将联手与俄罗斯争夺北极[①]。

① 俄《观点报》，2009年2月9日。

二是强调军事手段。环北极国家已不满足于插旗，决定以武力强调对北极的领土诉求，纷纷增加在该地区的军事存在。加拿大宣布在该地区建深水军港，美国和挪威决定为海军增加具有更高防冰能力的军舰。2009 年 7 月 29 日，丹麦议会以压倒性多数票秘密通过决议，加强该国在北极格陵兰岛的军事存在，成立新的武装力量机构北极司令部并组建由它领导的快速反应部队。在其 2010—2014 年军事预算规定，每年追加拨款 6 亿丹麦克朗（约合 8000 万欧元），用于组建一支北极部队，丹麦空军被责成定期在该国北部边界上空飞行。2009 年 7 月 28 日，俄罗斯空降兵司令弗拉基米尔·沙马诺夫中将表示，俄空降兵 2010 年将空降北极。俄海军副总参谋长布尔采夫中将 3 月 23 日在莫斯科高调宣布，海军潜艇将积极参与旨在确定俄罗斯北极大陆架边界的世界大洋科研项目。加强在世界最大岛屿的军事存在，势必加剧该地区的军事化。

三是制定新战略。在 2009 年 1 月布什总统签署了美国北极地区政策指令，强调美国在北极地区有着广泛的根本性的国家利益，其中包括导弹防御、早期预警、战略遏制、海上安保行动等领域，美国准备独自或与他国合作捍卫这些利益，指令责成美国国务卿、国防部长和国土安全部长努力实现北极所有争端的和平解决。美国总统指令同时还敦促参议院尽快批准《国际海洋法公约》，借此合法争夺和捍卫美国的北极利益。近来北极在俄罗斯各种战略文件中的位置越来越显著。俄联邦安全会议起草的国家安全新战略特别指出，今后远期前景国际政治的注意力将集中到能源资源的争夺上，其中包括巴伦支海大陆架和北极其他地区的资源。在世界各国为追逐资源而展开的日益激烈的争斗中，不排除出现借助武力解决争端的可能，这种事态可能会打破在俄联邦边界附近业已形成的力量平衡。对俄罗斯来说北极地区不仅意味着燃料资源的开采，它还是潜艇乘员战斗训练的地点。

四是运用法律手段。1961年《南极条约》生效，冻结了各国对南极主权的争夺。但有关北极的问题，目前尚无类似条约。因此，各国只能依据《联合国海洋法公约》处理北极附近地区的资源开发、大陆架以及公海利用的事宜和争端。俄罗斯、美国、加拿大、挪威和丹麦在北极五国会议上曾商定在现有国际公约基础上开始谈判北极分割事宜，同时决定不再为此通过任何类似《南极条约》的新文件。美国至今仍是尚未批准《国际海洋法公约》的唯一的环北极国家，长久以来美国参议院批准《国际海洋法公约》的主要障碍是保守派共和党议员认为，一旦批准公约，将会迫使美国放弃部分北极主权。如果不参与该国际公约，从理论上讲，可以允许国会通过法律，宣布北极为美国领土。

所有环北极国家都非常关注本国北极大陆架边界划分问题，都在寻找能够支持自己对北极大陆架领土主权要求的证据。美国和加拿大政府曾宣布将在研究和确定北极大陆架边界时动用本国海军潜艇和破冰船。加拿大和丹麦科学家在空军帮助下展开了北极大陆架研究活动。俄总统南北极国际合作事务特使奇林加罗夫2009年1月接受采访时证实，搜集俄罗斯拥有北极大陆架领土主权证据的工作还在继续，一年后所有能够证明北极属于俄罗斯的文献都将递交给联合国，如果联合国不承认俄罗斯对北极的权利，俄将退出《国际海洋法公约》。但是俄外交部消息人士表示，对北极大陆架领土归属问题的严肃认真的科学研究还需要几年时间，而且北极地区的分割将会完全在国际法框架之内展开。

（二）形势变化的主要动因

一是争夺资源。北极地区蕴藏着丰富的石油、天然气、矿物和渔业资源。据估计，25—30 年后，北极海冰就可能完全消融，冰盖下的资源就会曝光，这会给人类带来富饶的矿产资源。科拉半岛有世界级大铁矿，诺里尔斯克是世界上最大的铜—镍—钚复合矿基地。在阿拉斯加—朱诺有石英脉型金矿区。俄罗斯能源部门的报告显示，仅在俄罗斯领海范围内的北冰洋所蕴藏的矿物价值就高达两万亿美元。加拿大已在北极圈内开采钻石，不久产量将达到世界的10%以上。北极还有丰富的渔业资源。尤其值得一提的是，美国地质调查局估计，这一地区油气资源的蕴藏量大约占全世界尚未开发的油气资源的25%。仅1968 年发现的坐落于阿拉斯加北坡的普鲁度湾油田，就有 90 亿—100 亿桶可采原油和 7000 亿立方米天然气。在此油田及邻近的库帕鲁克油田日产原油高达400 万桶。前苏联北极油田的产量则占其石油总产量的60%以上。北极西部煤藏的理论储煤量为 30 亿吨，是阿拉斯加北部煤田中质量最高、用最简便的常规露天采掘技术便可开采的煤田。尽管现阶段开发油气资源在技术上不可行，但全球变暖正在使北极地区冰面以每 10 年 9%左右的速度消失，油气开发今后可能会趋于可行。

二是赢得战略要地。北极的“西北航道”是各国志在必得的战略要地。因为全球变暖导致这些水域的冰盖融化，使无数自然资源曝光，与此同时，它还是一条穿越北极群岛的有吸引力的航线，与通常的巴拿马运河航线相比，走西北航道可能使北美西海岸与亚洲之间的航程缩短 6500 千米。商业运输成本大大节省，是商业利益非常可观的“黄金水道”。同时，航线的军事意义重大更是不言而喻。

三是获取军事效益。北极地区不仅意味着燃料资源的开采，还是潜艇乘员战斗训练的地点。俄罗斯潜艇兵拥有在冰下移动的丰富经验，决定冰下航行迫切性的不仅有在气候变暖、冰层融化条件下对大陆架问题的研究，还有对能源原料的勘察，以及提高潜艇的隐蔽性、战斗稳定性和执行战斗任务、使用弹道导弹的效率等。

自1909年美国探险家彼利向全世界宣布他踏上北极点以来，这片凶险莫测的冰雪世界不仅成为西方各国探险家和航海家频频光顾的地方，而且逐渐成为许多大国所觊觎的一块战略要地。科学家不断警告，当北极冰盖融化时，人类将面临巨大灾难，然而各国从政者把眼光集中在潜在的短期利益上，不惜你追我赶争夺，可说是极为自私和短视。这些行为无疑将加速人类灾难的降临。

（国防大学后勤科技教研部副教授　仲晶）

第十六章　国际军控、裁军与防扩散及其影响

2009年国际军控、裁军与防扩散形势热点纷呈，美国调整核军控政策，美俄新一轮核裁军谈判取得进展，裁谈会就工作计划达成一致，安理会首次召开核峰会，国际社会在朝鲜核问题、伊朗核问题等防核扩散的热点问题上持续开展机制化合作，在控制核军备竞赛、推动核裁军、防止核扩散，促进地区和国际形势的安全与稳定等方面取得了积极进展，使军控裁军及防扩散形势成为2009年国际政治与国际安全的亮点。

一、国际核裁军态势积极问题尚存

首先，美俄双边核裁军谈判取得积极进展。美苏/俄《第一阶段削减战略武器条约》（START I）于2009年12月5日到期，美俄就START条约后续安排的谈判工作于2009年5月正式启动，7月8日，双方达成《关于进一步削减和限制进攻性战略武器问题的共识》，确定了未来条约基本框架。根据两国总统签署的框架性文件，俄美应尽快结束新的削减

进攻性战略武器条约的起草，以便双方签署并批准这一条约。有关新条约的共识规定，在新条约生效7年后，俄美两国的核弹头战略运载工具的数量将降为500件—1100件，部署的战略核弹头数量将降至1500枚—1675枚。具体数字将在两国后续谈判中确定。[①] 同时，共识框架提出了核查措施的基本原则，为条约的最终达成奠定了基础。但由于两国在核查的具体方式、削减下来的战略运载工具的处置、战略进攻武器和战略防御武器的挂钩等问题上存在分歧，未能在START I条约失效之前达成新条约。尽管如此，在条约失效前的12月4日，美俄两国总统就START I条约即将到期发表了联合声明，表示支持两国间战略稳定，尽早就削减战略武器问题达成新条约。应该说，美俄就削减战略武器后续安排达成一致，签署新条约只是时间问题。

其次，主要核大国调整核裁军政策。美国总统奥巴马上台后积极调整核裁军政策。在核武器作用上，奥巴马提出要减少国家安全对核武器的依赖；在核裁军目标上，支持“无核武器世界”倡议；在核裁军手段上，回归以多边谈判维护美国利益的传统军控路线，改变了小布什的单边主义政策。2009年4月5日，奥巴马在捷克首都布拉格发表演说，明确支持“无核武器世界”倡议，并提出四项具体措施：第一，减少国家安全对核武器的依赖；第二，与俄罗斯谈判新的、具有法律约束力的核裁军条约；第三，为实现全球禁止核试验，积极推动国会批准《全面禁止核试验条约》（CTBT）；第四，寻求达成一项新的、可核查的《禁止生产核武器用裂

① Obama, Medvedev agree to pursue nuclear reduction, http: //www.chinadaily.com.cn/world/2009—07/07/content_8384993.htm.

变材料条约》（FMCT）。[①] 奥巴马关于美国核政策的讲话被媒体称为核军控的“布拉格之春”，表明美国正在积极调整其核政策，重塑美国在核不扩散、军控和裁军领域的全球领导地位。其他国家也纷纷发表重要的政策文件，呼应“无核武器世界”的倡议。5月，俄罗斯发布《2020年前国家安全战略》[②]，首次将彻底销毁核武器纳入战略视野。同时，推动俄美双边核裁军条约，维持双方战略平衡；严格管制核材料和核技术出口，推动原苏联地区无核化；主张维护并完善现有国际核不扩散体系；英国2月初发布《消除核阴影》政策文件，提出迈向无核武器世界的6步计划[③]，7月又发布题为《迈向2010之路——应对21世纪核问题》的蓝皮书。英国的主要考虑是：一旦俄罗斯和美国的核武库得到进一步的裁减，英国“将准备参与并实施”未来的核武器削减协议，并维持最低限度的核威慑水平。[④] 法国的政策是：维持最低限度的核威慑力量；使核打击力量向精干和精确方向转型；积极参加国际防核扩散进程。日本也在4月底抛出核裁军的11点方案；中国一如既往地积极推进国际核裁军进程，继续践行中国政府早在20世纪60年代就已明确提出的全面禁止和彻底销毁核武器的主张。

再次，国际社会努力推动多边核裁军进程。一方面，日

① “Obama's Speech on Nuclear Proliferation,” Real Clear Politics, April 5, 2009, http://www.realclearpolitics.com/articles/2009/04/obama_nuclear_proliferation.html.

② http://www.cetin.net.cn/cetin2/servlet/cetin/action/HtmlDocumentAction?baseid=1&docno=385648.

③ “David Miliband sets out six-point plan to rid world of nuclear weapons”, http://www.guardian.co.uk/politics/2009/feb/04/miliband-nuclear-weapons.

④ “Prime Minister sets out blueprint for addressing global nuclear challenges”, http://www.cabinetoffice.gov.uk/reports/roadto2010.aspx.

内瓦裁谈会2009年5月终于打破了12年的僵局，首次就当年工作计划达成一致。工作计划决定成立四个工作组，分别对《禁产公约》进行谈判，对核裁军、防止外空军备和无核国家安保三个问题进行实质性讨论。本次裁谈会最引人注目的事件是决定就《禁产公约》进行谈判，突破了该条约谈判自2000年《不扩散核武器条约》审议会后始终无法启动的瓶颈，使条约谈判有望在2010年启动。另一方面，2009年9月24日，在联合国安理会就核不扩散与核裁军召开的峰会上，一致通过第1887号决议，提出安理会决心为建立"无核武器世界"创造条件，要求成员国履行军控、裁军及防扩散义务，《不扩散核武器条约》所有缔约国开展合作，使《不扩散核武器条约》2010年审议大会取得成功。[①] 美国总统奥巴马在峰会上表示将继续大力推动国会批准CTBT，并呼吁裁谈会2010年1月开始谈判《禁产条约》；中国国家主席胡锦涛出席峰会并发表重要讲话，申明我国在核问题上的立场并提出了关于核军控的五点主张；俄罗斯总统梅德韦杰夫表示应加强国际防扩散和裁军机制，促进现在相关国际机制继续发挥重要作用。此次会议是安理会第一次专门就核裁军与核不扩散问题举行峰会，五个常任理事国，同时也是国际社会公认的五个有核国均公开表示支持"无核武器世界"，此次核峰会也因此将"无核武器世界"作为各国长期奋斗的目标，推动了多边核裁军进程。[②] 同时，国际社会《全面禁止核试验条约》的生效力度加强。主要表现在签署国和批约国

---

① http://www.un.org/chinese/aboutun/prinorgs/sc/sres/09/s1887.htm.

② See Ministry of Foreign Affairs of the People's Republic of China, "Security Council Summit on Nuclear Non-proliferation and Disarmament Opens in New York, Hu Jintao Attends the Summit and Delivers an Important Speech," http://www.fmprc.gov.cn/eng/zxxx/t616870.htm.

的数量不断增长，核查能力不断加强上。到 2009 年底，已有 181 个国家签署了 CTBT，其中 151 个国家批准了该条约；条约筹备委员会（CTBTO）建立的国际监测系统取得重大进展。[①] 美国在时隔十年后首次参加了促进该条约生效的会议并补交了会费，重新赢得了在筹委会的投票权。

国际核裁军态势在 2009 年出现新的积极发展的一面，同时，核裁军领域的老问题依旧存在。

首先，核裁军象征意义大于实际成果。核武器在美俄国家安全中的作用并未发生质的变化，依旧是各自国家安全的基石，双方以“相互确保摧毁”为基础的核威慑战略未作根本调整，加之核武器的裁减涉及核查等复杂的技术问题，真正不可逆的深度核裁军难以实现，新达成的框架协议的军事价值有限。在目前美俄双方政治和安全互信并不深入的条件下，新的核裁军协议象征意义大于实际成果，难以取得质的突破。一是裁减核弹头数量有限。2009 年达成的框架协议规定的核弹头裁减数量有限，新条约的规定也不会超出框架协议划定的范围。如果以 1675 枚的上限为标准，根据 2002 年达成的《莫斯科条约》，美俄最少可保留 1700 枚可部署的核弹头。在此基础上，双方仅需各自再削减 25 枚即可达到框架协议规定的裁减上限。二是裁减方式没有根本改变。美俄以往的核裁军谈判中就存在不触及库存核弹头的问题，即将大量拆卸的核弹头转为库存，使其核弹头总量变化不大，并为重新部署留有余地。此次新条约谈判中，尽管俄在谈判过程中曾提出库存核弹头问题，但最终未能纳入框架协议，为可能的重新部署留下了隐患。三是双方核武器的部署态势短

---

① http：//www. ctbto. org.

期内不会有大的调整。尽管有不少美国军控专家鼓吹美俄应该降低核武器的警戒水平，减少误发射和未经授权发射的风险。奥巴马在竞选期间也曾表示，现有的核武器部署态势“增加了灾难性事故和误判的风险”。[①] 但解除核武器警戒状态不太可能成为美国的官方政策。奥巴马在正式讲话中，仅提出要延长导弹发射的预警时间。美国国会战略态势评估委员会报告认为，现有的警戒态势非常稳定，核导弹受到多层控制，重点是改善预警和延长决策时间。

其次，核裁军谈判严重受制于美国内政治。美国核裁军政策的调整受到其国内保守势力和党派政治的牵制。美国的保守派认为奥巴马政府的核军控政策太天真、太幼稚，对其一系列军控主张都表示反对。例如，美国军控界人士认为在《不扩散核武器条约》审议大会之前批准《全面禁止核试验条约》也会发出非常积极的信号。但美国国内政治让奥巴马政府难以遂愿。2009 年初，美国 6 名前防长致信参议院，反对批约。5 月，美国国会授权组建的美国战略态势委员会发表最终报告《美国的战略态势》，作为美国新版《核态势评估报告》政策性文件，该文件未能就批准“全面禁止核试验条约”达成一致意见，在涉及其他与美国核政策调整有关的内容上，两党分歧也很明显。[②] 在参议院中，两党态度也是泾渭分明，共和党参议员对此普遍持消极态度。因为担心拉不到批约所需的 2/3 多数票，奥巴马政府迟迟没有将该条约

① 详见 2008 年 9 月 10 日“今日军控”对奥巴马的专访：“Arms Control Today 2008 Presidential Q&A：President-elect Barack Obama” http：//www. armscontrol. org/2008election。

② America's Strategic Posture：The Final Report of the Congressional Commission on the Strategic Posture of the United States，Authorized Edition（Washington，D. C.：United States Institute of Peace Press，2009）.

提请参议院批准。再如，共和党还以美俄新的核裁军条约批约为筹码，要求奥巴马政府做出让步。2009 年 12 月，40 名共和党参议员和 1 名独立参议员曾致信奥巴马，威胁如不推动核武现代化，就拒绝批准新的美俄核裁军条约。

二、国际防扩散形势依然严峻

2009 年国际防扩散形势依然面临着横向扩散与纵向扩散“齐头并进”的严峻态势。

一方面，事实上的有核国不减反增。地区核危机顺着西亚北非，再到南亚东北亚的“核国家弧形地带”[①] 一路延伸。

首先，朝鲜核问题再次陷入困境。在东北亚，朝鲜进行第二次地下核试，向具备可靠核能力的国家继续迈进。朝鲜核问题在 2009 年再度恶化并陷入困境。2009 年 4 月朝鲜试射远程导弹，5 月进行第二次地下核试验，7 月连续发射短程导弹，使 2008 年底就面临僵局的朝核问题再陷困境，半岛局势前途莫测。作为对朝鲜核试验的回应，安理会通过了“最强烈谴责”的 1874 号决议，朝鲜则宣布绝不再参加六方会谈，不接受六方会谈任何协议的约束，终止 1953 年《停战协定》，强烈反对安理会的决议。同时，重启宁边核设施，六方会谈陷入长时间停滞。2009 年底，美朝双边接触升温，双方都透露出重启六方会谈的意愿，矛盾焦点是朝鲜将取消制裁及签订朝美和平协议作为重返六方会谈的前提条件，而

---

① 2008 年 12 月美国联合部队司令部发表《联合作战环境报告》，报告指出“目前世界上正在形成一个西起以色列，中间涵盖伊朗、印度和巴基斯坦，东到中国、朝鲜和俄罗斯的核国家弧形地带”。

美方则要求无附加条件重启六方会谈，朝核问题仍在胶着状态，是否会有突破需要各方相当的努力和耐心。

其次，伊朗核问题持续升温。在西亚，伊朗核问题谈判陷入僵局，伊核问题在经历缓冲期后又开始升温。伊朗囤积的核燃料数量足以提取制造一枚核弹所需的高浓缩铀。9 月底，伊朗通报国际原子能机构，表明伊正在修建第二座铀浓缩厂，打乱了美方的谈判计划——奥巴马本来不再要求“暂停铀浓缩是谈判前提”，仅要求将其核设施置于国际监管之下。10 月，伊朗拒绝了国际原子能机构提出的“核燃料外加工”方案，随后伊朗与外界对峙升级，11 月 27 日，国际原子能机构要求伊朗澄清一切未决疑问，立即停建库姆城附近第二座铀浓缩工厂，并不得私自建设其他核项目，被伊朗驻该机构代表一口回绝；11 月 29 日，伊朗宣布将在境内新建 10 处铀浓缩设施；12 月 1 日，伊朗总统内贾德宣称与国际原子能机构的友好关系已告结束，伊朗不需要再就核计划与西方国家对话，伊核问题紧张升温。但伊朗也并未堵死与国际社会对话的口子，依然借此进行周旋，为发展核计划争取时间。然而，美国不可能容忍伊朗拥有核武器，伊核问题是否会激化步入关键性节点。

此外，在南亚，美印核合作升级的同时，美国反恐重心东移需要借重巴基斯坦，使巴基斯坦核武库也增加了安全砝码，这两个事实上的核国家地位逐渐稳固。在中东，以色列拥核继续得到美国的默许，叙利亚核问题又添迷雾，国际原子能机构在叙利亚不断发现非天然铀残迹使外界更添疑问。在北非，已放弃大规模杀伤性武器计划的利比亚抱怨没有得到足够回报。与此同时，国际新一轮核能发展热潮带来更大的扩散风险，恐怖主义与核武器的结合成为最不确定的横向扩散因素。

另一方面，美俄两个超级核大国依旧在更新换代核武库。美俄两国核武库占全球核武器总量的95%，潜在核军备竞赛始终存在，核武器的纵向扩散更值得关注。

美俄核武库升级趋势堪忧。美国无意改变现行威慑战略及力量结构。对美国政府而言，“无核武器世界”主要是一个推动核裁军的口号，并不是真的要立即推动全面禁止和彻底销毁核武器。奥巴马在布拉格讲话中强调，只要其他国家拥有核武器，美国就要维持安全、有效的核威慑。“以不制造任何新式核武器的方式”更新并升级美国的核武库。[①] 美国国会战略态势评估委员会报告认为，除非国际政治秩序发生重大改变，否则“无核武器世界”无法实现。因此，美国的核威慑要维持到“无限的未来”。美国应该维持三位一体的核力量结构，还要对核武器升级换代。[②] 美国2009年完成了B61核弹延长寿命计划，试验改进了“民兵—3”型洲际弹道导弹，并开始生产巨型钻地弹。奥巴马政府要长期维护核威慑力量的决心从其最近提出的2011年核武预算案中可见一斑。在布什政府后期提出的预算案中，核武预算每年维持在60多亿美元，如2009财年为64.1亿美元，2010财年为64.27亿美元。而奥巴马政府提出的2011年核武预算达到70.1亿美元，比2010年增加了9.8%。其中多数用于推动核武库及核武基础设施现代化，其中武器延寿计划等“核武库支持项目”投资增加25%，“国家点火装置”等“科研

① “Obama’s Speech on Nuclear Proliferation,” April 5, 2009, http://www.realclearpolitics.com/articles/2009/04/obama_nuclear_proliferation.html.

② America’s Strategic Posture: The Final Report of the Congressional Commission on the Strategic Posture of the United States, Authorized Edition (Washington, D.C.: United States Institute of Peace Press, 2009).

工程”投资增加10%，核武基础设施建设投资增加4.7%。[①]从这种预算增长趋势中，丝毫看不出为彻底销毁核武器而奋斗的意思。

在美国升级核武库及部署全球反导系统的压力下，保持核力量规模与美国的战略平衡，突出核力量作用成为俄罗斯维护国家安全、保持大国地位的重要手段。尽管美俄于2010年达成新的削减战略性进攻武器条约，核武器数量也有望减少，但在实际上却难以阻止主要国家继续更新升级核武器系统的努力。英国开始加速新型核潜艇的制造。法国也于2010年后把更新后的潜射弹道导弹装备核潜艇。

第二，国际防扩散机制难以实现变革。2009年对国际防扩散机制进行变革的呼声不断增长。5月，在纽约召开的NPT第八次审议大会第三届筹委会上，五核国同意加强国际原子能机构保障监督体系，确保缔约国全面遵守其国际义务，承诺支持落实NPT第四条，进一步探讨以减小扩散风险方式扩大和平利用核能的有关建议[②]。

《不扩散核武器条约》1968年6月由联合国大会通过，1970年生效，1995年无限期延长，是国际核不扩散机制的基石。自生效以来，该条约对于防止国际核扩散起到了积极的作用。但是它也存在一系列的漏洞和不足：一是核查措施不够全面。国际原子能机构仅有权对条约缔约国已经公开的和平核活动进行核查，无力监测和发现无核国家的秘密核活动。虽然条约《附加议定书》授权国际原子能机构对未经公

① “2011 U.S. Budget to Fund Refurbishing of Nukes”, http://www.defensenews.com/story.php?i=4452183.

② 详见联合国《不扩散核武器条约》审议大会，http://www.un.org/en/conf/npt/2010/.

开的以及被怀疑的核活动进行现场质询和核查，但是《附加议定书》只是在自愿的基础上实施，没有法律上的强制性。二是该条约缺乏强制执行措施。对那些强行加入核俱乐部的地区性强国和严重违反核不扩散规定的国家，只能采取制裁、谴责等有限手段。三是对缔约国退约的规定比较宽松。它赋予缔约国退约权利，而未对退约条件作出详细规定。缔约国家一旦被发现违约，或者无核缔约国以和平利用核能的幌子秘密非法获取核武器后宣布退约，《不扩散核武器条约》本身对此无能为力。朝鲜退约，发展核武器，进行核试验，就对退约机制提出了现实挑战。

美国虽然也希望修补不扩散机制存在的漏洞，但其片面强调无核国应承担的义务，而不积极履行有核国的承诺，造成 NPT 难以成为公正的防扩散机制。在美国的片面坚持下，2005 年第七届审议大会上，各方意见分歧严重，未能取得任何实质性成果，被视为一次失败的大会。为避免 2010 年的审议大会重蹈覆辙，国际社会采取了一系列措施，也取得一定成效。2009 年 5 月，审议大会第三届筹备会议已就 2010 年大会的议程达成协议。而要确保审议大会获得成功，就必须要赢得无核武器国家的支持。无核武器国家对多年来有核国特别是两个超级核大国核裁军进展缓慢感到不满。它们要求核武器国家削减核武器，降低核武器在国家安全政策中的作用，降低核武器的警戒水平，增加核武库透明度。同时，各国也注意到奥巴马在高调宣扬“无核武器世界”时，仍然强调要确保美国核威慑的有效性，在东亚的导弹防御计划未作大幅调整，在欧洲的反导计划也无实质后退迹象。特别是在核扩散问题上美国的双重标准变本加厉，对印度、以色列的倾斜政策显而易见。这势必将影响各国推动核裁军，强化核不扩散机制的热情。2010 年召开全球核安全峰会和 NPT 审议大会，各国将就新扩散和反核恐等重要问题展开深入讨论，可能会在现在国际防扩散机制下实施一些新的变革，但鉴于导致核扩散的国际安全环境和各国利益需求结构没有实质性变化，国际防扩散机制难以出现大的变革，其对全球防扩散起到的作用依然十分有限。

三、美俄反导之争暂时得到缓解

导弹防御问题是美俄核裁军谈判的主要障碍之一。在 7 月美俄首脑会晤前，双方负责谈判的事务性官员迟迟未能就此达成协议。会晤期间，奥巴马与梅德韦杰夫亲自拍板，才最终同意就导弹防御合作发表联合声明，承诺共同评估伊朗的导弹威胁，并建立联合信息中心。到 9 月份，事情终于有了突破性进展。9 月 17 日，白宫发布声明，称奥巴马已决定废止在波兰、捷克部署导弹拦截系统的计划，改而在欧洲分阶段实施灵活的反导计划。①

新的欧洲反导方案有 3 个突出特点：一是放弃在捷克、波兰部署巨型雷达和拦截器，在一定程度上消除了俄对东欧反导的担心。今后，美国将谋求在欧洲的南部和北部部署可移动的陆基拦截系统。二是优先采用成熟的海基拦截技术。2008 年 2 月，“标准—3” 成功摧毁失效卫星，其有效性得到验证，因而成为首选。按照美国防部制定的四阶段部署计划。2011 年前，美将在欧洲部署海基宙斯盾系统、“标准—3”

① Q&A：US missile defence，http：//news. bbc. co. uk/2/hi/europe/6720153. stm.

（布洛克 IA）拦截器以及前沿部署的陆军和海军/机动的雷达监视系统等传感器。这比布什政府的部署计划提前了 6 或 7 年。三是保持开放性，逐步强化反导能力，并注重与北约盟国的合作。到 2015 年前，美将部署更强大的“标准—3”（布洛克 IB）拦截器，其中既有海基的，也有陆基的，以应对射程在 3000 千米以内的中短程导弹威胁。到 2018 年前，美将部署更先进的“标准—3”（布洛克 IIA）拦截器，防御射程在 5500 千米以内的中短程导弹。到 2020 年前，美将部署“标准—3”（布洛克 IIB）拦截器，防御各类中程导弹和潜在的洲际弹道导弹威胁，让整个欧洲受到保护。美反导系统将和北约成员国的反导系统整合，还将与北约正在发展的指挥控制网络结合起来。①

美国作出放弃在东欧部署反导系统的决定，受到了俄罗斯有关方面的欢迎。俄总统梅德韦杰夫当即称赞奥巴马这一决定“负责任”。俄罗斯国防部副部长波波夫金 9 月 19 日说，俄罗斯目前已经没有必要在俄加里宁格勒州部署“伊斯坎德尔”导弹。俄驻北约大使罗戈辛称，美俄多年来一直在反导问题上纠缠不休，美取消部署有利于双方深入探讨解决实质性问题。放弃东欧反导已使俄罗斯在对伊政策问题上立场松动。梅德韦杰夫在联大开会期间表态支持对伊朗实施制裁，承认“在某些情况下实施制裁是不可避免的”。美俄核裁军谈判也随后取得了积极进展。美俄反导之争暂缓。

然而，奥巴马政府根本不打算放弃在欧洲部署反导系统的战略选择，其对俄罗斯造成的威胁依然存在，美俄两国间建立安全互信很难有所突破，两国缺乏基本互信的现状不会

① “The US Administration’s new Missile Defence plans”，http：//www.rusi.org/go.php? structureID=commentary&ref=C4B7A87F069E3D.

得到明显改观。奥巴马宣布这一决定时的用词是对原来的反导计划做出“战略调整”，在欧洲部署能够应对21世纪威胁的强大导弹防御系统。新的欧洲导弹防御体系并非是对东欧反导计划的简单替代，而是一个功能更为强大的“升级版本”。按照美国的设想，到2020年前完成时，该系统将能够应对中程、中远程导弹威胁及洲际弹道导弹对美国本土的威胁，并向美国驻军和盟友提供更前沿、更精确和更快捷的保护。届时美国可以通过部署在欧洲国家及其附近海域数以百计的海基“标准—3”型导弹、陆基“爱国者”导弹拦截来自伊朗的远程导弹，而先前准备在波兰部署的10套导弹拦截装置最多只能同时拦截5个来袭目标。为此，俄罗斯对欧洲反导系统可能给地区战略平衡及俄国家安全带来的影响的担心，远非短时间内可以消除。新的美俄裁减战略武器条约是否能够“绕开”与反导挂钩的核心矛盾，尚有待观察。

四、核安全问题日益凸显

核安全包括两方面内容：一是核设施本身可能产生的安全问题，主要是核武器与核材料的安全；二是基于人的主观恶意引起的核安全问题，如破坏核设施造成核泄漏，走私或盗窃核材料等。2009年，核安全议题逐渐由专业领域进入大众视野，其受关注程度呈上升趋势。在核武器安全方面，2月份英、法核潜艇相撞引发国际社会对海基核力量安全的关注。相撞的两艘潜艇——英国“前卫”号核潜艇和法国“凯旋号”核潜艇——均携带导弹和核弹头。碰撞致使前者外壳受损，后者声纳罩遭到破坏。英海军高官表示，碰撞“可能产生核泄漏”。英“核裁军运动”主席哈德逊称之为“最严重的核梦魇”。这次事件使海基战略核力量巡航的价值受到质疑。海基核力量因为隐蔽性好，机动性和生存能力强而为各核大国所青睐，被视为维持核威慑力的关键支柱。但随着核战争风险下降，非传统安全威胁上升，继续进行战略巡航的军事价值在减小，由此带来的潜在风险反而在增加。英“核裁军运动”主席哈德逊称，英、法核潜艇相撞与英政府仍坚持至少一艘核潜艇在大西洋全年不间断巡航的冷战政策密不可分，呼吁英政府效仿美降低核武器警戒程度的措施，借此机会取消核潜艇巡航，切实推进全球核裁军。这与“无核世界”理念所主张的改变冷战时期核武器部署态势的主张一致。法国“远离核能组织”发言人雷欧米称，核潜艇是移动的核反应堆，只要存在就有风险，即使停靠港口也可能造成核泄露。

在核材料安全方面，由于管好民用裂变材料是防止核恐怖主义的重要措施，加强核材料管制成为国际合作新的努力方向。2004 年，布什政府启动了“全球减少核威胁倡议”，改造使用高浓铀的反应堆，移除和处置过量的核与放射性材料，防止重要的核与放射性材料被窃或遭破坏。奥巴马在“布拉格讲话”中提出了更为激进的计划，希望在 4 年内让 50 个国家的所有核燃料得到安全保管，并从民用燃料循环中移除高浓铀。[①] 美国还筹划在 2010 年举办全球核安全峰会，集中讨论核材料安全问题。

英国在核材料安全问题上也非常积极。在 7 月发布的核

---

① “Obama’s Speech on Nuclear Proliferation,” Real Clear Politics, April 5, 2009, http: //www. realclearpolitics. com/articles/2009/04/obama _ nuclear _ proliferation. html.

军控蓝皮书中，英国提出将核安全作为核不扩散机制的第四根支柱。它认为，不扩散、裁军、和平利用核能是国际核不扩散机制的 3 大支柱。但随着核能的全球范围扩散以及核技术的发展，越来越需要确保核安全，以阻断核扩散与恐怖主义分子获取、使用核能的途径。应将核安全列为核不扩散机制的第四根支柱。英国将努力建立核实物保护、核材料处置与安全的高标准。[①] 英国认为，尽管 1987 年生效的《核材料实物保护公约》规定了会员国关于核材料实物保护的强制性义务，但仅限于国际运输范畴，因此需加以修改，以覆盖所有领域的核材料安全。

据国际原子能机构统计，自 1993 年至 2008 年，发生了 1500 多起核材料或其他放射性物质丢失和被盗等事件。此外，恐怖分子袭击核设施，使用“脏弹”甚至核爆炸装置的潜在威胁也需要引起重视。2006 年，美国和俄罗斯联合倡导成立“打击核恐怖主义全球倡议”，许多发达国家和发展中国家都参与了这一机制。2009 年 9 月，安理会核不扩散与核裁军峰会上通过的安理会第 1887 号决议中，也提出要加强核安全和开展相关国际合作。随着核技术门槛越来越低，核材料用于能源等和平用途越来越广泛，加之全球反恐态势的演变，如不妥善处理好核武器与各方安全关切的关系，未来全球核安全面临的挑战将越来越大。

（国防大学战略研究所研究员 鹿音）

---

① “Prime Minister sets out blueprint for addressing global nuclear challenges”, http：//www. cabinetoffice. gov. uk/reports/roadto2010. aspx.

后　记

《国际战略形势分析（2009/2010）》是国防大学战略研究所组织撰写的年度报告，时限为2009年1月至2010年3月。各章作者是：第一章，马刚、张楠；第二章，唐永胜、庞宏亮；第三章，曹先玉；第四章，李云飞；第五章，王冬双；第六章，韩旭东；第七章，刘丽群；第八章，蒲宁；第九章，孟祥青；第十章，杨育才；第十一章，赵毅；第十二章，杨成；第十三章，全林远；第十四章，刘东哲；第十五章，仲晶；第十六章，鹿音。全书由赵毅、马刚、段克兢负责统稿。

由于我们水平有限，报告中存在一定不足，敬请专家和学者批评指正。

国防大学战略研究所

2010年3月

图书在版编目（CIP）数据

国际战略形势分析（2009/2010）/国防大学战略研究所编．—北京：时事出版社，2010.7

ISBN 978-7-80232-359-9

Ⅰ.①国… Ⅱ.①国… Ⅲ.①国际形势—分析—2009～2010②战略形势—分析—世界—2009～2010 Ⅳ.①D5

中国版本图书馆 CIP 数据核字（2010）第 111034 号

出 版 发 行：时事出版社
地　　　址：北京市海淀区万寿寺甲 2 号
邮　　　编：100081
发 行 热 线：（010）88547590　88547591
读者服务部：（010）88547595
传　　　真：（010）68418647
电 子 邮 箱：shishichubanshe@sina.com
网　　　址：www.shshishe.com
印　　　刷：北京昌平百善印刷厂

开本：787×1092　1/16　印张：19.25　字数：216 千字
2010 年 7 月第 1 版　2010 年 7 月第 1 次印刷
定价：48.00 元